Sonja Sekula

Im Zeichen der Frage, im Zeichen der Antwort

*Ausgewählte Texte und Wortbilder
auf deutsch, englisch und französisch
(1934–1962)*

Herausgegeben und mit einem Essay versehen
von Roger Perret

Lenos Verlag

Roger Perret, geboren 1950 in Zürich. Studium der Literaturkritik und Philosophie in Zürich. Lebt in Zürich.
Herausgeber der Werke von Alexander Xaver Gwerder, Hans Morgenthaler, Sonja Sekula und Annemarie Schwarzenbach.

Der Verlag dankt der Cassinelli-Vogel-Stiftung, dem Erziehungs- und Kulturdepartement des Kantons Luzern, dem MIGROS Kulturprozent, dem Präsidialdepartement der Stadt Zürich und der Pro Helvetia für die freundliche Unterstützung dieses Buches.

Copyright © 1996 by Lenos Verlag, Basel
Alle Rechte vorbehalten
Satz und Gestaltung: Lenos Verlag, Basel
Umschlag: Anne Hoffmann Graphic Design, Basel, unter Verwendung eines Bildes von Sonja Sekula, 1954 (Sammlung Manina Jouffroy, Venedig)
Printed in Germany
ISBN 3 85787 250 0

Inhalt

Lyrik   8
Prosa I   54
Prosa II   116

Wortbilder 1945–1961   *zwischen Seiten 144 und 145*

„Der Ruf der Sirenen"
Essay von Roger Perret   178

Anhang
Transkriptionen der Texte in den Wortbildern   238
Zur Edition   255
Anmerkungen zu den Texten   257
Anmerkungen zu den Wortbildern   274
Nachweis der Fotografien   278
Bibliographie   279
Biographie   281
Dank   285

Lyrik

Bild

Flamingo senkt die roten Glieder ...
seine weiten Rosenflügel
blühen im glühenden Gefieder

Steht der Vogel im Morgensee
blickt befremdet den Widerschein seiner Farben
fasst erstaunt das schillernde Weh ...

Flattert das blumenlebendige Blatt
auf und ab ...
fliegt der Entflammte mit leisem Schrei über den Wald.

(1934)

Florentinischer Brunnen

Und viele Wölfe mit noch ungeleertem Euter
Wasser aus dem Rachen speien
daneben mit gesenkten Blicken
Madonnen um den Brunnen stehn
man hört das Schreien von den Regentropfen
die Wölfe auf dem Marmor gehn
das Gegenüber lacht als fleischlicher Palast
in Rosenfarben der noch getrennt vom steigend
stummen Platz als Spitze einen
windgeschlagenen Eisenlöwen türmt –

(1935)

Too much Time

Not yet old enough to fold my hands,
and to sit motionless in a chair,

Not yet old enough to turn the radio on
and listen eagerly to the sound,
the sound of distant music.

Not yet old enough to go alone to bed,
every night alone in a lovely apartment,
to go to bed.

Not yet old enough to forget the daily make-up
to dye the hair, to polish the nails,
to pluck the eyebrows.

Not yet old enough, to stop looking at attractive men
to stop before flowershops, to wait for a caller,
to wait for a telephone ring.

Not yet old enough to live in memories,
to cherish the past, where there never has been a past,
where there never has been a past to cherish.

Not yet old enough to smile at young people
having fun, and think I had fun once too.

Not yet old enough to smoke Yuana cigarettes,
to get a license for a gun, to bend out of windows,
and to think what a mess it would be if I
should fall down to the street, fall down twenty stories.

Not yet old enough to search God, to think of the hereafter
to yearn for inward peace, to read books without end.

Not yet old enough to shrink from humming a tune,
from writing letters across the ocean,
from writing letters and tearing them up,

Not yet old enough to give up
I want to hold on and not give up,
not to drown, to break, to fade away,
to be old, old, old.

(1938)

Stunde

Dir will ich eine sanfte
Gabe schenken –
die zaubern soll an
einem stillen Abend.
In dieser Stunde schälen
meine Hände an fernen
Traurigkeiten und bergen
dumpfe Angst
in ihrem Puls.

Dir will ich manches sagen,
und viele Lieder werden
unser Leid beruhigen.
Die weissen Vögel im
Winterhimmel
fliegen tief, und
rühren
mit ihren
wunden Flügeln an die
müde Stunde.

Viele Nächte liegen
in meiner alten Gabe –
die dich beengt und nicht
bereichern darf –
Wache Nächte ohne
Augen, und ohne Wärme
die eine namenlose Klage
bergen,
wie schwarz-rote Tulpen,
die zwischen feuchten Blättern
einen grauen Blumenstengel
säumen.

Fremder Mensch,
in dieser Stunde
wirst du meinem
Land
begegnen – das
Hügel wie leise
Wellen weiterträgt
bis sie zu scharfen Bergen
wachsen.

Wir werden weinen und
zu Blut gefrieren
und werden lächeln
mit Kinderlippen
die sich wie Äste
in die Wälder zweigen –
und deine Lenden werden
bis zu meinen steilen Brüsten
ragen –

Wir sind die stets
Verbannten, die sich Gaben
reichen ohne Freude,
die mundlos in
das Dunkel treten,
und deren blinde
Beine nimmer Wege
finden –

Auf deinen
Rücken fällt ein grosser Regen
Und du entgehst
dann meinem Blick –

War diese Stunde wie
ein Gähnen im langen
Spiegel? Und war dein
Gehen *mein* Gesicht?

Und wie ein
Tier mit hohem Halse –
begegnet sich die Stunde
im Spiegel, und war
doch Gabe an ein
schönes, weisses Warten.

(7. Januar 1939)

Composition

Man geht auf weichen Pfaden ...
Irgendwo singt ein Vogel ohne Namen,
und ein Mann mit grauen Wangen
verlässt seine Heimat.

Man steht auf einer Planke,
der Wind rauscht über Brücken,
der Strom fällt lautlos über
welche Ufer –
Eine breite Hand blättert das Buch.

Dann wieder Kinderstimmen,
die den ersten Frühling lächelnd
vergessen –
Im Dunkeln wartet der
Mensch auf den Ruf seiner
einstigen Trauer, und das
Erinnern durchbricht das nahe
Gitterfenster –

Die Zukunft sagt: „Ich bin."
Hast Du die Blumen begriffen?
Ihr Duft erwartet die Nacht ohne Antwort.

(April 1940)

Gedicht ...

Nur das graue Moor leuchtet durch
die tiefe Stunde ...
der Sand verläuft sich in welchen kahlen
Wegen ... und das Schilf singt lautlos seine
Klage durch die Bucht ...
Einsam schürzt der Halm die sanften Glieder
da und dort verfliegen sich die Möwen
eine weisse Fläche birgt der Himmel
manche Dünen steigen in den Abend
Pinien winken leis von ferne
ewig still ist diese leere Insel
horch, und der Wind kommt durch das Meer
jetzt rauschen die Wellen –

(Cape Cod, August 1941)

Gedicht

Sind klare Gedanken,
ein stetes Vermiedensein
unter den Menschen, den
vielen Gesichtern, die
bald vergehn,
sind Blicke des inneren
Lebens, urteilslos, wo nur
noch müde Augen hohl aus
Masken starren und wo der
Dichter keine Nahrung findet,
sind kleine Städte, Gewesenes der
Erinnerung und welche verschenkte
Blumen an solche die der Wind verweht ...
Sind Vermiedene, Frauen mit losen Schritten
und Männer ohne Stand,
sind mittellose Begebenheiten, ohne sonderbaren
Urlass und ohne Farbe,
sind vergessene Bücher, geschriebene Zeilen
in späten Stunden,
sind leere Worte und so viel Gehen an Orten
wo der Herrgott keine Hoffnung findet, an
Tagen wo der Himmel ohne Sonne steht,
sind Dinge, Fenster, lauter Türen, und Hände
die sich bang vermummen,
sind schwere Fragen, grosses Schaffen und ist
ein Wille der den Künstler durch die namenlosen
Jahre lenkt,
sind Käufer mit freudlosen Augen,
sind Wochen der Arbeit, leere
Dankbarkeiten, und bewohnte
Häuser durch die der Teufel mit dem
Hufbein geht ... sind Lieder vergessen
im Getriebe, sind Mädchen mit den

roten Lippen, derselbe Herbst dieselben nackten Monde, derselbe Wahnsinn und dieselbe Zeit, und sind verlöschte Herzen die nächtlich wachen bis ein neuer, alter, Morgen die Dächer wieder dreht wie jene Leiern die früher durch die Gassen sangen.

(Westport, November 1941)

Poem 1942

I am engaged to become a garden
with small hands
with orange stripes haunting
a broad table –

I am engaged to *be*(come) a glass –
drinking – drinking – drinking
moon shaped, full and waning,
to the brim

Yellow eyes in this head –
and a transparent siamcat thin
stripe in both –
with yellow eyes

on my pillow, with my mind all
bent – seagray grass in
January, with snow thru the
ochre grassent (landstripes)
with yellow eyes, there on the
pillow, at night
when I close the door
on her body – –

(1942)

Gedicht

Ohne Ursprung,
wendet der Morgen
seine Augen, dem Fluss
der langen Barken –
Gegenüber
da ist eine dunkle
Schale, das Gedächtnis
der fortwährenden Bewegung,
die frühe Stunde
hebt alle Sonnen-
flächen in die
Nähe des Wassers
und der Antritt
deiner Reise beginnt.
Der Fluss mit den
weiten Eis-Schichten
zählt seine Brücken
mit der gleichen Bewegung,
die fliegenden schönen Brücken.
Die Stille kommt um mich,
das grosse Erwarten
des Geistes
selbst dieser Ursprung,
der unbegreifliche,
wird zu Ganzem
und die Seevögel
entbinden ihre Flügel –

(12. März 1948)

Ich sehe die Menschen im Dunkel*

(New York, Januar 1951)

*Gedichtsammlung, umfasst die Gedichte von S. 22–28

Anfang

Ich baue in der ganz durchsichtigen Stille
an meinem eigenen Leibe
meinem grossen einsamen Haus,
ich versuche in fremden Sprachen ein Lied zu
singen
und versuche das Unbekannte mit der mir fremden Sprache
zu fragen ...
Ich war im Streite, so, im Kerker der eigenen Seele ...
Jetzt ist aus dem vielen Reisen eine fast
unerklärbare Stunde geworden ...
und bald muss ich es sagen, im Deutschen, der innerlichen
Sprache, deren Worte ich fast alle verstellt und vergessen habe,
es ist jetzt Tag geworden ...
ich sehe die Menschen im Dunkel –

Betrachtungen

Früher erfasste ich mein menschliches Leid
mein merkwürdiges Geborensein als einzelne
Begebenheit einer seltsamen Regung ...
Jetzt ist die Mutter schon im Spiegel verschwunden ...
alle Zeichen der Freude sind wie unbegriffene Früchte
gefallen ...
Ich stehe vor den Vögeln, und wenn der Fluss sich durch
den Winter trübt, muss ich vorläufig das Ich betonen, denn
es ist eine Wahrheit gestiegen in ein sich unbekanntes
Land ... ohne Tränen ...
So steht man da, mit Kopf und bunten Augen,
so sieht man sich selber durch das
Maschinennetz der neuen Fenster und Töne ...
die Malerei hört endlich auf, ich will dem Raub der Farben entfliehen –

Begebenheit

Mehr und mehr muss sich das Suchen fügen,
jede Nacht lässt es mich wünschen endlich den Lauf der Sterne
zu erkennen, die Wissenschaftler sowie alle Musiker ... erwecken in
mir die Hoffnung einer Freundschaft, aber ich bin den Sehern
verschrieben, so soll sich eben mein Schicksal fügen und da tasten
wo es am meisten hämmert im Herzen, ihr werdet mir meine Fehler
innerlich und im Sprechen oder Schreiben verzeihen denn ich versuche
mutig mit leeren Händen eine Form zu gestalten die sich zum Sehen
formen soll, ich will den Gott beschreiben der mir näher, so nahe,
manchmal die Stirne löst, ich will den Baum beschreiben, ganz einfach,
der endlich seine Äste lockert, ich will viele Worte wiederholen, denn
der Herr wünscht es.

Versuch

Ich sehe die Menschen im Dunkel
die Reihe der vielen Glieder aber leuchtet ...
ich fasse das Ende meiner Hände und verbiete ihnen
den Drang, den gierigen Druck der Gestaltung, denn
diesmal ist es die Stille, es muss alles im Warten geschehen,
sie müssen alle lernen, da und dort, die Menschen der vielen
verschiedenen Erden wie man sich im gegenseitigen Anblick
verstehen darf ...
So ist auch die Liebe, wir rücken uns näher, alles ist erlaubt ...
du musst bloss fühlen dass du das Richtige fühlst –
Es ist die Stunde der Seher,
ich kenne eine Frau, die ohne Sünde ihre Wange ganz sachte, ja so
unglaublich ruhig an die Seite der anderen reiht –

Mehr

Es soll so wie ein Brief sein, eine seltene Erzählung
geschieht in der Leere der Strassen einer grossen
leeren Stadt –
Ich kenne die Gesichter im Inneren der leeren Häuser,
denn im Herzen der Menschen entsteht die furchtbare
schreiende Leere –
Manchmal beruhigen die steten Regentropfen das entzündete
Schicksal der menschlichen Armut.
Sie stehen knochenlos im Rahmen der Türen
es gibt welche die sich noch selber öffnen und andere die
kraftlos in den Hallen, den teppichbedeckten Räumen sitzen,
sprachlos, mit blinden Augenlidern, denn die Menschen warten
auf eine neue Reise, sie wollen alle, dass eine Freude geschieht,
denn die Menschen warten auf eine neue Reise –

Erfinder

Sie sprechen viel über Zerstörung, in den Maschinen bewegen
sich alle Räder und in den schönen Stahltieren die fliegen
bewegen sich die erfundenen Eisenflügel
auf den Tischen stehen Gläser und auf den Papieren stehen
viele Worte, es hat alles mit dem Ende zu tun und niemand
glaubt daran –
Sogar die Kinder bauen Räder für die Maschinen und alle Blumen
blühen durch Räder
der Himmel und das Meer werden betrachtet als harte Spiegel
und die Gegenstände der Zerstörung geschehen täglich durch die
Spiegel der nassen Feuer-Erde.
Ich trage meine Stille durch das blumenerglühte Rad,
denn meine Sünde ist das Rad und meine Strafe sind die Gesichter
der Blumen –

Irrung

Wir sehen uns alle an
das wunderbare Erstaunen hat aufgehört ... und trotzdem –
ich möchte dir von meiner Reise erzählen, dem Fahren durch
eine Wüste in einer Nacht ohne Bäume ...
von einer Stimme die später wieder erstand und von einem
Sommer mit richtigen Sternen ...
Ich möchte dir die Säle beschreiben meiner Angst ... und auch
das Lauschen im Gewitter als alle Tiere still standen ...
von den vielen Schiffen und der Sandebene und den dunkeln
Männern die im Sand lagen in der roten Mittagsstunde ...
von dem Abfahren der Schiffe und der Angst im Sandhaufen als die
dunklen Leiber plötzlich sich bewegten –
Ich war in einem Dorf in den Bergen, in der Nähe der Wüste,
und da habe ich den Priester singen hören im Turm in der Nacht
und da geschah eine Antwort, in den Nächten der Steine und dem
Singen der Priester auf den plötzlichen vielen Türmen –

Ruf

Du bist der Baum der durch meine Seele sägt ...
der zersägt wird in der Mitte meiner Seele ...
du bist mein Leid ...
du erschütterst mich in meinem Innersten
du bist alles Schöne, alles Gott –
ich liebe deine Sage der Traurigkeit ...
deine Irrlichter, alles Erdachte –
alle Träume der Jahre, alle Steinbänke im Kindseingarten –
sind leer,
wie im Herbst, im Mittagsnebel
regungslos,
die Erwartung –
sündhaft und auch sündlos ...
und dein Eintritt ...
Du bist die Säge, der gefällte Ast, der Henker meines
irren Glaubens ...
alles zittert und schwebt dann – –
du bist der Schrei meiner Not
du bist mein gewaltloser Tod
denn ich liebe den Anfang deiner Augen
denn ich liebe den Schmerz meiner Seele
und deine Hand die wieder und wieder in das umbundene Nichts
deutet –

PS. Säge = mythisch (eigene Mythologie)
Sage ähnlich, „im Rufen" der nahen Erinnerung –

(5. Februar 1951)

Anklage

Mit gleichgültigem, bewusstem Übersehen ... Durchblicken,
so bist du jetzt in mir zum Richter geworden,
meine Strafe
deine Ablehnung,
dein Weiterblicken ...
Wissen ...
Entfernen einer Hand,
die Strafe der entzogenen Nähe, ohne Handdruck.
Meine Klage ist eine furchtbare Frage,
über den Fluss und durch das Eis deines Überblickes,
durchsehen,
blauschwarze Räder, im Wegblicken
oh, wie schwer ist die Last deiner gesenkten Augen
wie schwer ist die gleichgültige Abwesenheit
ich verlange nach Strafe, und nach Ablösung,
denn mein Ruf ist ein gleichzeitiges Wieder-Bild im
Spiegel deiner Flügel.

(Februar 1951)

Prosa-Gedicht, vielleicht in einer Tages-Traum-Stunde

Regen-Plätze, inmitten der vielen Blumen, dann die Schritte der Kranken im Gras, die vielen Bäume im runden, um-mauerten Kleeblatt-Garten, und die alte Frau die da plötzlich hin-kniet und laut zu beten anfängt ... dann die beiden Kranken-Schwestern, sie rennen die drei Treppen-Stufen hinunter, greifen die Alte mit beiden Armen; dann wird sie abgeführt und wieder in die Halle hineingeführt.
Hier betet man nicht im Garten, die öffentliche Wahrsagung, no sir, not here –

Hinter den rost-roten Backsteinmauern, die uns auf der einen Seite einschliessen, sind mehrere Fenster eingebaut; und hinter den Glasscheiben da schreien und beten die Kranken in den Bädern, da, in jener Wanne, (das ist, *meine* Erinnerung) liegen die Tages-Opfer unter dem flachen Leinwandstück, da siehst du bloss den Kopf, der aus der Leinwand heraus-zweigt, aus dem Loch, das für den Kopf in bequemer Rundung eingenäht ist, der Rest vom Körper liegt im Nassen – und neben jedem (mental case) sitzt eine der Krankenschwestern und hält Wacht.
– In der Nacht sind die Wärterinnen meistens Irrländer – – Ja, die haben viele Ideen ... und plötzlich kommen die Dichtermomente ...
von Irrland sprechen, vom Meer, von Tod und Teufel, von den Schlössern allen „leprechauns", von den Geistern, dem Überirdischen, ja vom lieben Gott, von Engeln, die kommen dann fast wie Wunderstrahlen ins Nachtzimmer und halten mit Wacht ... in der Nacht, bei den Kranken, dann schlägt das Herz immer schneller und alles ist fast wie ein Regenbogen-Traum – –
(Et la Croix Rouge?)
Der eine kommt da vom Norden, und der andere von der Toten-Insel ...

Das sind „morbide Gedanken", sagt der Arzt, jetzt aber tapfer sein, zur Wirklichkeit zurück ...

PS. „Was ist denn das, Wirklichkeit?"
Rêve? (Peut-être)

(April 1952)

Frage, ohne Klage

Das da geschah,
war nah und sah
das da kommt
und bekommt, so
reglos, im Gehen
sehen, irgendwo
verstehen wir die
Begegnung,
ach ja da sind die
Seelen die sich
quälen,
anhalten, walten
es ausschalten,
das Wort ...
geh fort, in deinem
Meer-Blick kommt
mir die Wahrheit
zurück,
geh fort,
an deinen Ort
und nimm mich hin
so wie ich bin –

(November 1952)

I love,
It is not It
or the drawing
or
again the
Pain / ting
It is just a —
walking

oh I love
all of it, to —
yester-day
April

(1952)

Being

To hum said a bee,
(a bee carefree) is to work wax,
to hum and relax
and make honey and drum
to hum, said the bee with a
song of humility –
is to fly away and lay each day
a drop of the sweet,
to hum said the bee
makes the bee-heart beat
makes me free
me the bee and the queen
both free in air and on green.

(1952)

A Spot

moon sailing
no more word, wailing
the mountain, ice / sea
and rock, thrice
not failing not ailing –
a rhyme ... time in time
o, let the rock drop thru –
you – glacier deep, hi – ho
just blue, around a moon
no sound, never
ever, the guessing pit, it, we,
you I, it ... forget hungry
clouds
It's a black blue or a white moon –
soon we remember a bloody summer
Fall – moon in the noon of a holiday
night – red rocket, flight, red moon
then, when ... no more name, no
men, alarm, for the asking, is there a
place, to ask home, under your arm, no
harm, just faith, no face no place –

(1953)

Sometimes they don't
understand
that now
they have arrived
Elsewhere,
sky
may be,
so others and partly
they too
inside out
try to make believe,
all is as it was ...
Yet, may be, suppose
this one is God.

(Whisper: Is G. locked up too?)

(1955)

Auf der Suche ...

Will mit Worten
Farbe taufen, mit
Farben Worte gebären
will mehr,
will ohne Sühne
und mit den Händen
der Arbeit
das überwinden,
sogar die Freude
nicht mehr erklären,
mein Auge
und mein Licht
mein Unwissen,
Glaube,
Sommerlos,
und die Herbst-Er-
Träger die noch
im feuchten Heu
den Winter ver-
decken, mit
und ohne Farben,
das Mögliche
versuchen.

(August 1955)

„da ist man wie
gelähmt im Mund
und will doch
endlich geben
kund,
viel-wie-leicht
die letzte
Lebensstund
das erste Wissen
von dem Rund ...

(1. September 1955)

Ge(h)-dicht

Da, die Blätter und da
die Runde
und du, noch mehr,
noch länger, du meine
klare Wunde,
wo ich die Hände falten muss
mit knochenruhigem Gruss ...
da, her – wo her, Herr
das Deine, mitten im Einen
Steine –
da trag ich das Kreuz
und lege es weg, da
ist das Grab und dort noch Steg –
wir walten, halten fragen
und lassen die Rosen
blühn,
ach lass uns ziehn, noch
ein Schritt,
Du, Seele, *jetzt*
kommt er mit,
holzlos und
wie im Traum,
da, weg zum Meer – –
er frägt uns
     kaum – –
Da, da ist dein Heer

(1956)

Be fearless and
welcome
stranger,
a bird opens
his beak
all is well
+ orange inside
even the sound

(Juni 1961)

Oui poème tu
t'écris à travers
le poème cœur de
toimême, en
couleursansmots

et en mots avec
couleurs inédites —

(Juli 1961)

Womb

I am in the rain, with black writing,
I am in the night with strange hands
I swim in the heat in the humid fear
of day and hate, I close my ear ...
and the step the step of the stone that
falls is the space in the heart and
the man in the moon waving goodbye to
the boat that goes where the mouth
is red with a little word that parts
where the womb stands still beyond
speaking.

(undatiert)

The fruit, two oranges on
one table the fruit
the norm of the daily
form to visualize
and glamorize to keep
on ice,
To look and look
to write a book
about one and one is
two and soon one
more is three (with a trembling pad on a trembling knee),
take a pencil and
draw the law the   (Remembering that wing and
round the square   sing are words to rhyme
2 oranges were   Rhyme rimes swine
in my lonely room next   and gloom with weaves working
to a vase   the loom)
do you hear the window sill
sitting still, against my will, round
and bound, in a hospital
on a day of gloom
and I tried to make
without mistake
a line with one hand
and did not understand
why my other hand has not found
to hold in any land
another hand.

(undatiert)

It will never come again
you and I in the rain
without being together

It will never come
again, how
certain we are of a nevermore

(undatiert)

In der Mitte, im heissen Sand,
wo die Sommerküste an krieg-
gehackte Bäume grenzt, dachte
ich an unsere Begegnung –
deine Arme halten die Welle
in der Mitte vom Meer,
und deine Augen sind die
unendliche Öffnung im Meerboden,
mein Sagen ist wie eine
Glassäge, mein Erfassen sind
deine Arme im Wasser.
Von weither bist du er-
schienen, als es
geschah, sass ich am Mittag
vor einem Feuer mit einem Menschen,
sie war das helle
Brennen im Feuer mein neues
meine Erde.

Durch alle Felsen hindurch
kam dein Aufstand, du
kamst zu mir in der Mitte
der Stunde in der Mitte vom
Meer, deine Hände, die
unsichtbaren,
verschollen, da wo die Algen
mit Muscheln verschellen.

Da kam das Rufen –
durch deine Augen sah ich
die Finsternis im
tiefen Himmel,
so bin ich dann durch den
Wald gewandert, allein,
und liess dich versinken

in der Mitte vom Meer und
liess dich schweigend rauschen.

Vergass den Menschen
vor einem Feuer,
denn ich verstand,
dass jetzt alles begann.

(undatiert)

Die Zeit der Feinde
die Stille im Nicht-verstehen-Wollen
-Dürfen [?], die schreckliche Leere
des gefangenen Fluges,

Wende

Dein Sichwenden, ist mir fern,
willst du denn nie mit mir
durch viele Dunkel liegen
ich rufe dich ich höre dich,
ist es dir zu eng in meinem
grossen Kerker?
Willst du nicht einmal Opfer sein
für meine Sünde der Sucht nach
dem Ewigen, ich will mit
dir im Dunkel liegen, ich
bete zu dir, ich rufe dich
in meine Nähe,
du musst mich erhören denn
mein Gebet ist ein reines,
ich will mit dir wandern.

[Am Rand:]
Ich suche dich und mein Suchen ist eine Wahrheit
ich bin das Treue der Sehnsucht,
so soll es verbunden sein
die Sprache der Richter war nicht meine Schöpfung –
die wirren Menschengeschichten [?] haben mich in das Wirre gefügt,
unerwünscht, ich bete zu deiner Erhöhung.

Lass mich doch Büsser sein, die Fussstapfen der
Sonne deuten ein schwarzes Gelächter –

(undatiert)

Gedicht-liches

Das Dickicht, tief innen, das Gestrüpp der äusseren Grenzen, der Sternen- und Luftgesang, der Maschinenhorden [?], das vergessene Rosen-Gedenken unserer Tage, die vergangenen Brücken die von einer Stunde zur anderen führen, das Lichtmeer der stillen Werke ... da wo wir uns noch im Kindheitsgarten bewähren, alle Fenster wirken so wie Hände von einem Tagesanbruch zu einer immerwährenden Nacht-Reise, das Gedenken der Mutter, ach ja, wie klar ist dieser Seelensaum, dieses einzelne Geborensein, dieses Stillewerden, immer dem Blumenrand entlang, das tägliche Rosenblut malt sich durch das Hören der Dichter, unsere Ohrmuschel wird zum Stundenmass der Insel.
Alle Begebenheiten, das plötzliche Altern der Menschen, jede Stufe, jedes verlorene Kleinod, jede entrissene Rosenblattschale, all das findet seinen Widerhall im Becher des tiefen Herzens, der Sommer welkt der Schneewende zu und die sanften Augen der Tiere bereiten alles vor, das Abendleuchten, die einsamen Schritte unserer langen Reise die da in Bechertiefen über einen namenlosen Laut wacht, die Tiere, die vielen Waldblumen, die Regenbogen im Schlangenfell der unendlichen Versuchung, das Wort-Spiel der Mensch zu menschlicher Begebenheit [?], und der Sturm, der vieläugige Sturm unserer Träume ... all das drängt mir die bangen Flächen der Hände in-einander all das ist ein unendliches Geschenk für meine unendliche Andacht.

(undatiert)

An Nietzsche und alle seine Zarathustra-Berge

Selten ist das Nichtsein
das tiefe Erfassen
nur jetzt, da in der
wortlosen Fügung,
schon vergangen die
Gestern oder die Morgen
Es ist *jetzt,*
und doch die Ahnung,
das Wiederholen
der *Tiefe,* auch in
allen Gedichten „tief",
sich wiederholend
„Tief ist die
Mitternacht ... noch
tiefer als der Tag
gedacht" so ist
es jetzt, wenn
die Stirne mass-los
wartet auf das
Stirnenlose, alles ist
so sachte,
die Schläge vom
Vater, so sachte,
immer wieder die
Spiegel von Kindheits-
begegnungen, das
Sich-selber-Sehen in
dem Frühgarten auf
der Steinbank,
durch Säulen und
auf fallenden
Schaukeln, im
Herbstgarten und in
der Zeit von Nüssen ...

Jetzt ist das
angstlose Erinnern ...
eingehämmert, fast
mit Hammersägen
mit scharfen Spinn-
rädern, wieder mit
Ästen, jedes Wort
ein Ast der durch
Schläfen hämmert
und dann der
Stillstand, dann
ohne Berge und
auch meerlos
fast menschenlos,
dicht [?], immer wieder
die Brücke, und
die Mitte der
Stadt und
immer wieder die
Nacht, das arge
Begreifen, jetzt,
das ist mein Körper,
das bin wirklich ich,
*un*geteilt, aber
jetzt bewaffnet mit
Sprachen und mit
dem Rücken der
Worte, schwarzblaue
Noten, so wie Töne, ganz
hell und sehr dunkel im Klang,
in der Andacht
ungeteilt in der Andacht,
das Sonnen-
öffnen, und jetzt
stadtlos, ich rufe
alle Fenster *an,*

die Fenster wo meine
Freunde blicken,
an vielen Orten
und zwischen
Buchten von grellen
von Lichtern,
„Jetzt" ist das Kennen
das wortlose
Stirnenöffnen,
die tiefe Andacht
die Wiederholung
der tiefen Andacht
das Ungeteilte,
denn ich bin Gott
ungeteilt von
allen Göttern in
Wolken, ohne
Entfernung, es ist
alles Eines, und
Er ist das Eine
ausserhalb und
in meiner Stirne,
in der Stirne der
Freunde sein
Rufen ist mein
Schrei und sein
Schlaf sind meine
Tränen und sein
„Nichtsein" ist
meine bewusste
Tat der fort-
währenden, sehenden
tiefen, der stillen
Andacht.

(undatiert)

Durchgänge von Toten ...
von Lebendigen ... ja,
am Anfang war das
Wort, und am Ende
kam vielleicht das
undeutliche Zeichen,
aus dem sie das Zeich-nen
ableiten ...

(undatiert)

Prosa I

Fragment of Letters to Endymion

Now the sad music from Vienna. They had all gone. And you cried. It was as though it had been death. It was not only sickness; but slowly, painfully and carefully the fever had given way; you took the veil, though only a small bit. Are you envious of her belated happiness? It is just contempt, that the far off countries are not at your immediate disposal? Dig deep down to the marrow of life; it can hurt more than your imagination; take it out by the roots; forget the blood poisoning, a hot waterbottle will all clear it up. And don't worry: lately words did come, as though they were tender pastel shadows, and mysterious smiles blossomed on well known faces. And it was not their smile, I mean they were not aware of what happened on their countenance. It's facial telepathy, as though it were easy to understand the sudden sadness. How could I know? Walking out of the dark in a daze. Sun. Near the Italian boat line. The space inbetween. How reconcile the two oceans, the two; the garden, and hell, the city: And the lonesome bed of self-pity, and more than that. With rose mattress covers. Spring in Paris. Right now she is there, in the white house with the black shutters, the post-colonial style, waiting, waiting; not for the postman, but for you, that will shatter her timidity, and that will paint circles of morphium and tears under her eyes. It's rheumatism. Maybe. But then, while you sat alone on that bench, before the number 300, slowly turning your eyes away from the pale unshaven man, for you both knew, as though it were again a brink; or a pedestal, from which one might so easily, as though it were a mere excuse, fall off. It is too soon, too soon in the spring, Endymion, that I tell you this; for I have not revised my memory, it is not clear; it is in the embryonic stage; it is not digested; I had been erring; without danger, over and past the streets, to the east, to the west, to the east, to the west ... north, northwind blowing. Alone; that's what we are, you and I and the man in the moon, and the laughing, the dying bajazzo and he, the good man, that holds his hand out into the air, beckoning to music, to emerald blue beaches, that flow as though they were lovers, the dying bajazzo and he, the good man, that holds his hand out into the air, beckoning to music, to

Briefe an Endymion – ein Fragment

Nun also die traurige Musik aus Wien. Sie waren alle gegangen. Und du hast geweint. Es war, als wäre es der Tod gewesen. Es war nicht nur die Krankheit; doch sachte, schmerzlich und vorsichtig hatte das Fieber nachgegeben; du nahmst den Schleier, wenn auch nur ein kleines Stück. Bist du neidisch auf ihr spätes Glück? Es ist einfach Verachtung, da du nicht frei über die fernen Länder verfügen kannst? Dringe tief bis ins Lebensmark; es kann verletzender sein als deine Vorstellungskraft. Reiss es mit den Wurzeln aus; vergiss die Blutvergiftung, eine heisse Bettflasche wird alles klären. Und keine Angst: vor kurzem sind Worte gekommen, als wären es zarte Pastelltöne, und geheimnisvolle Lächeln waren auf bekannten Gesichtern aufgeblüht. Und es war nicht ihr Lächeln, ich meine, sie waren sich gar nicht bewusst, was mit ihren Mienen geschah. Es ist die Telepathie der Gesichter, als wäre es leicht, den jähen Jammer zu verstehen. Wie konnte ich wissen? Wenn ich im Dämmer aus dem Dunkel gehe. Sonne. Bei der italienischen Schiffslinie. Der Raum dazwischen. Wie die zwei Ozeane versöhnen, die zwei; der Garten, und die Hölle, die Grossstadt: und das einsame Bett aus Selbstmitleid, und mehr noch als das. Mit rosa Matratzenschonern. Frühling in Paris. Jetzt ist sie dort, im weissen Haus mit den schwarzen Fensterläden, im postkolonialen Stil, und wartet, und wartet; nicht auf den Postmann, sondern auf dich, der ihr scheues Fenster offenfegt, und ihr Augenringe mit Morphium und Tränen malt. Es ist Rheuma. Mag sein. Aber dann, als du allein auf jener Bank sassest, vor der Nummer 300, und ganz sachte deine Augen vom blassen, stoppelbärtigen Mann abwandtest, da ihr beide wusstet, als wäre es wieder ein Rand; oder ein Sockel, von dem man so leicht, als wäre es ein Vorwand, fallen könnte. Es ist zu früh, zu früh im Frühling, Endymion, um dir dies zu erzählen; denn ich habe mein Gedächtnis nicht durchgesehen, es ist nicht klar; es ist im Embryonalstadium; es ist noch nicht verdaut; ich war Irrwege gegangen, ohne Gefahr, über die Strassen und vorbei, nach Osten, nach Westen, nach Osten, nach Westen ... Norden, Nordwind bläst. Allein; das sind wir, du und ich und der Mann im Mond, und der lachende, der sterbende Bajazzo, und er, der Gute, der der Luft seine Hand hinhält, die Musik heranwinkt, die smaragdblauen Strände, die fliessen, als wären es Liebende, der sterbende Bajazzo und er, der Gute, der der Luft seine Hand hin-

emerald blue beaches, that flow as though they were lovers' limbs towards the white dust, the sand, the snow. Don't show it. Don't spoil it. Wait.

Ungratefulness. No, it's a psychological fact. Have every tooth pulled out, it won't change the facts. Abscesses can become self-acting. You are afraid and you don't know why. Fear; horrible sound of fear. Is there no heroism, no weapon, of positive self-assertion to be sought in the field of the wounded, where a rattlesnake is hiding behind the blood of the fallen? Telephone it all around. Telephone that you are blind, that the wire can't be held. It's a long distance call. It was not worthwhile the climax. You could have joined them in the movies. But oh no. Believe the bitter smell in the infected corners of your mouth. Be discouraged, continue so. Why, darling, has the lust, the craving for reality come back? Are we once more the same? Say yes. But don't mind the gasp in between. Don't forget that. While you had been lost, while the voice from under your black heart had said: You are lost, lost, irrevocably lost; but do hide the fact, that you are lost. Afraid to die. Afraid to live. What the hell do you want us to do for you? Compose yourself. Don't worry; the sun shines, she had said; don't worry. Dr. Dunn knows what he does, he certainly does. Then the colored maid. You must stay home tonight. Saltwater every half hour, an electric shock, that's what you need to wake up. Wake up from what? It won't be the same. The separation is not final; but that is the after-effect. Oh how wonderfully it can all be prearranged. Put the act on thick; it's all your own doing. Sure, it's the artist in you. Artists are permitted everything. Let your head hang down and say: I am sorry, but I can't help it, I am an artist. One can be an artist, one can be good, have color, spicy paprika, faith, but, Miss, don't forget God, after all, He always gave you a kick, once He let you down, He has always re-established you. No, I won't forget. I won't be ashamed. It was the same thing for the second time. Yes, the time element plays a great role. You forgot, that it was last year; it won't come again. But be gentle; crawl out of yourself; and give what you have to give. A

hält, die Musik heranwinkt, die smaragdblauen Strände, die fliessen, als wären es Glieder von Liebenden dem weissen Staub entgegen, dem Sand, dem Schnee. Zeig es nicht. Zerstör es nicht. Warte.

Undank. Nein, eine psychologische Tatsache. Auch wenn jeder Zahn gezogen ist, ändert das die Tatsache nicht. Abszesse haben Eigendynamik. Du hast Angst und weisst nicht warum. Angst; grausiger Klang der Angst. Gibt es keine Heldentat, keine Waffe zur Selbstbehauptung im Lager der Verwundeten, wo hinter dem Blut der Gefallenen sich die Klapperschlange verbirgt? Telephoniere es rundherum. Telephoniere, dass du blind bist und die Verbindung unterbrochen wird. Es ist ein Ferngespräch. Es war den Höhepunkt nicht wert. Du hättest sie im Kino treffen können. Doch o nein. Glaube dem bitteren Geschmack der infiszierten Winkel deines Mundes. Bleib so mutlos, mach so weiter. Warum, Liebes, ist die Lust, das Verlangen nach Wirklichkeit zurückgekehrt? Sind wir noch einmal dieselben? Sag ja. Doch vergiss das Japsen dazwischen. Vergiss das nicht. Als du verloren warst, als die Stimme unter deinem schwarzen Herzen hervor sprach: du bist verloren, verloren, auf immer und ewig verloren; aber verstecke das, dass du verloren bist. Angst zu sterben. Angst zu leben. Was zum Teufel sollen wir für dich tun? Nimm dich zusammen. Keine Angst; die Sonne scheint, hatte sie gesagt; keine Angst. Dr. Dunn weiss, was er tut, er weiss es genau. Dann das farbige Hausmädchen. Heute abend musst du zu Hause bleiben. Salzwasser jede halbe Stunde, Elektroschock ist was du brauchst, um aufzuwachen. Aufwachen wovon? Es wird nicht dasselbe sein. Die Trennung ist nicht für immer; aber das ist die Nachwirkung. O wie wunderbar dies alles vorher bestimmt werden kann. Setz dich dick in Szene, es ist alles deine Schuld. Ja sicher, es ist die Künstlerin in dir. Künstlern ist alles erlaubt. Lass den Kopf hängen und sag: Es tut mir leid, ich kann nicht anders, ich bin Künstlerin. Du kannst Künstler sein, gut sein, Farben haben, pikante Paprika, Vertrauen, doch, Miss, vergiss nicht Gott, denn immer war es Er, gab dir jedesmal einen Fusstritt, wenn Er dich einmal fallenliess. Er hat dich immer wieder auf die Füsse gestellt. Nein, ich werde es nicht vergessen. Ich werde mich nicht schämen. Es war dasselbe beim zweiten Mal. Ja, das Zeitelement spielt eine grosse Rolle. Du vergisst, dass es letztes Jahr war; es wird nicht wieder sein. Sei lieb; kriech heraus aus dir; und gib, was du zu geben hast. Ein

checkerboard; that's right, he said, that, as long as I did not know how to handle the brushes any more, I should paint a checkerboard, not the fire, but one, two, three, four, five, a checkerboard, black and white, and a little yellow once in a while. Go up to her room, but don't collapse; she's not in the mood for that. Say: I am the land, I am the tree. Am here.

You can't eat yet; it will be scrambled eggs and coffee, and milk, and orange juice for another two months. It will be soft marsh-mallows. Don't lie down; it has all cleared up. Yes, the bully, the butcher, meeting you there, in Seventh Avenue, big broad nose, potatoe shape, and a scar on the left mouth corner. He had a protruding belly, and pants that were not tight enough. Oh how physical, how repelling he was, and you visualized that he ate his spaghetti as though he would belch doing that; long spaghetti, with his fingers, with his head bent downward. He passed by; and it was the same day, the same stupor; „shall I make it?" Then, above from the window: „Shall I try on the red straw hat or jump down the window?" This or that? Why not look into each others eyes, once in a while? Why not have a drink every second day? Don't let them know. They are far ahead. They want something in return, time marches on, you know? And she has lost her brother; yet she meant to soothe you. Actually she was sorry. She forgot her pain in order to soothe you; to tell you that it all had to do with the eternal recurrence. Nothing being lost. It's always the spring. We are here, together. We are happy. It's the couch, where that movie star lost her innocence on; then she did wear it as an evening dress. Cheer up, make an appointment at the hairdresser's, look out for a friend, he will turn up at the right moment; be grateful, put lipstick on, forget that tooth, a bridge can be built; and Endymion may bloom forth again; don't blame him, it's you, who wanted it so. You gave him to her, it had to be, now you've got the result. Sometimes one day, one hour, one shout may change it all. Yes the wild palms of Jamaica. I never fell asleep under them. And the English boy, playing the ukulele, when he wore a fig leaf – These are all tales, from summernightsdream. Remember it will be summer. Be glad. Don't catch a cold. It can't mean death. Smoke a cigarette. Just to get over it. It shall be Easter, with the bells tolling, but not for you. It was a promise; he shall take

Schachbrett; stimmt, sagte er, ich soll ein Schachbrett malen, solange ich mit den Pinseln nicht mehr umgehen könne, nicht das Feuer, sondern eins, zwei, drei, vier, fünf, ein Schachbrett, schwarz und weiss, und ein kleines bisschen Gelb dann und wann. Geh in ihr Zimmer rauf, doch brich nicht zusammen; dazu hat sie keine Lust. Sag: Ich bin das Land. Ich bin der Baum. Bin hier.

Du kannst noch nicht essen; es wird Rührei geben und Kaffee, und Milch, und Orangensaft für weitere zwei Monate. Es wird weiche *marsh-mallows* geben. Leg dich nicht nieder; es hat sich alles aufgeklärt. Ja, der Bulle der Bluthund, hat dich dort getroffen, an der Seventh Avenue, grosse breite Nase, Kartoffelform, und im linken Mundwinkel eine Narbe. Er hatte einen Bauch, der vorstiess, und eine Hose, die nicht eng genug war. O wie körperlich, wie widerlich er war, und du stelltest dir vor, wie er seine Spaghetti ass, als rülpse er hierfür; lange Spaghetti, mit seinen Fingern, mit seinem Kopf vornübergeneigt. Er ging vorüber; und es war derselbe Tag, derselbe Stupor; „Soll ich es tun?" Dann, oben vom Fenster: „Soll ich den roten Strohhut anprobieren oder aus dem Fenster springen?" Dies oder das? Warum uns nicht in die Augen schauen, dann und wann? Warum nicht einen Drink jeden zweiten Tag? Sag's ihnen nicht. Sie sind uns weit voraus. Sie wollen etwas dafür, die Zeit schreitet weiter, weisst du? Und sie hat ihren Bruder verloren; und wollte dich trotzdem besänftigen; um dir zu sagen, dass alles mit der ewigen Wiederkehr zusammenhängt. Nichts ist verloren. Es ist immer der Frühling. Wir sind hier, zusammen. Wir sind glücklich. Es ist die Couch, auf der der Filmstar seine Unschuld verlor; dann trug sie es als Abendkleid. Freu dich. Geh zum Frisör, such dir einen Freund; er wird zur rechten Zeit erscheinen; sei dankbar, schmink dir die Lippen, vergiss den Zahn, eine Brücke kann gebaut werden; und Endymion mag wieder weiterblühen; gib nicht ihm die Schuld, du wolltest es so. Du gabst ihn ihr, es musste sein, jetzt hast du, was du wolltest. Irgendwann einmal mag ein Tag, eine Stunde, ein Schrei all das ändern. Ja, die wilden Palmen auf Jamaica. Ich schlafe nie unter ihnen ein. Und der englische Knabe, der die Ukulele spielte, wenn er ein Feigenblatt trug – das sind alles Geschichten, vom Sommernachtstraum. Denk dran, es wird Sommer sein. Sei froh. Erkälte dich nicht. Das kann nicht der Tod sein. Rauch eine Zigarette. Um drüber wegzukommen. Es wird Ostern sein, mit Glockengeläut, doch nicht für dich. Es war ein Versprechen; er wird die

the stitches out, don't forget, the promise, and the letters, and the vow. Yes, it's God, I admit, in a solemn oath, in the twilights, give me time, there where the stars shine, sometimes you have to exhaust the mental strain, even in a cliché form. Milk of magnesia. This is the after-effect.

Paragraph Endymion ... decide without weeping. Sunset. Yes, glorious; I believe it to be red, though my head turns. Don't be alarmed. It is a heinous crime, not to be spontaneous. It must be so. Take a walk. Get near. The sky is above. Endymion, soon we shall make you over. It flows right on, can you hear it? Tralllalalalal. It's the whistling of the radio. There. And it talks. Put it off. There. It's whistling. A boat. S.O.S. Initials. The piano of the bar in the world. A bar song of the universe. Why must one grow universal in order to be genuinely sentimental: Courage, be one in the group. The moonlight and you, a heaven just for two. The radio ditty. A perfect setting for letting this come true. Nothing serious. Just to be a sailboat in the moonlight and you. Now, what about the jaws? Drill it right down to the bone. The nerves were out since a long time. But the root canals are not filled well in Europe. Expenses? Hell no. He drove you down in a red Ford. Long live Fords. I need a germ, to have an excuse to be sick and go to bed. Take it easy now. Tomorrow will be another day. Your entire family, all your friends and you ... It's the radio. It's homesickness; it's the dentist, it's Endymion turned wrong. It's love, that never came. It's nature, it's the city, it's too much sound, and too much sleep, and not enough dreams, and not enough warmth, and southern laziness, southern pines, ask for favors, be sure, you won't get them. Write to Endymion. Tell him to come down. He stays with her up there in the country. I love him. No, it's not her, and not him, that I love. But it's the place. The frame it took place in. It's the dimes and nickles I spent on telephones. It's the hospital; and the Henrik Hudson Parkway. It's nuts, and a nutcracker. Do control the language, and say it, and make it real, so that you and they and we all can tremble, and be happy to tremble. Be alive. And stay in my heart, till the dude ranch is yours. They are here again. They will break the

Fäden ziehen, vergiss nicht, das Verheissen, und die Briefe, und das Gelübde. Ja, es ist Gott, ich gestehe, in feierlichem Schwur, in der Stunde der Dämmerung, gib mir Zeit, dort wo der Stern scheint, manchmal muss man den Bogen der Gedanken überspannen, selbst wenn er zum Klischee wird. Magnesiummilch. Das ist die Nebenwirkung.

Abschnitt Endymion ... entscheide, ohne zu weinen. Sonnenuntergang. Ja, strahlend; ich glaube, sie ist rot, obgleich mir schwindlig ist. Erschrick nicht. Es ist ein verruchtes Verbrechen, nicht spontan zu sein. Es muss so sein. Geh spazieren. Komm nah. Der Himmel ist darüber. Bald werden wir dich Endymion übergeben. Es fliesst fort, hörst du es? Tralllalalalal. Es ist das Pfeifen des Radios. Dort. Und es spricht. Schalt es aus. Dort. Es pfeift. Ein Schiff. S.O.S.-Kürzel. Das Klavier in der Weltbar. Ein Barlied vom Weltall. Warum muss man allumfassend werden, um wirklich empfindsam zu sein: Nur Mut, sei eins in der Gruppe. Das Mondlicht und du, ein Himmel für zwei. Die Radiomelodie. Die vollkommene Kulisse, um dies wirklich werden zu lassen. Nichts Ernstes, nur ein Segelboot im Mondlicht sein und du. Und was ist mit dem Kiefer? Bohre bis auf den Knochen durch. Die Nerven lagen schon lange frei. Doch die Zahnwurzeln werden in Europa nicht gut gefüllt. Ausgaben? Zur Hölle, nein. Er fuhr dich im roten Ford hinunter. Ein Hoch auf die Fords! Ich brauch einen Bazillus, um krank zu sein und ins Bett zu dürfen. Immer mit der Ruhe. Morgen ist auch noch ein Tag. Deine ganze Familie, all deine Freunde und du ... Es ist das Radio. Es ist Heimweh; es ist der Zahnarzt, es ist Endymion der Fehlgeleitete. Es ist die Liebe, die nie gewesen ist. Es ist die Natur, es ist die Stadt, es ist zu viel Geräusch, und zu viel Schlaf, und zu wenig Träume, und zu wenig Wärme, und südliche Trägheit, südliche Pinien, bitte um Hilfe, und wisse, dass du keine bekommen wirst. Schreib Endymion. Bitte ihn runterzukommen. Er weilt dort oben mit ihr auf dem Lande. Ich liebe ihn. Nein, es ist nicht sie, und nicht ihn, den ich liebe. Doch es ist der Ort. Der Rahmen, wo es geschah. Es sind die Zehner und Fünfer, die ich ins Telefon steckte. Es ist das Krankenhaus; und der Henrik-Hudson-Parkway. Du hast einen Knacks, und einen Nussknacker. Halt die Sprache im Zaum, und sag es, mach es wahr, so dass du und sie und wir alle beben miteinander, und freudig beben. Lebe. Und verweil in meinem Herzen, bis die Vergnügungsfarm dir ist. Sie sind wieder da. Sie werden

news. It's Mamba's daughters. Negroes. I haven't seen it. They like to sleep with negroes. It was the plain American family. Oh how I longed for it. To be uncomplicated, to have a roof. And children. And a dog. No elevators, no bellboys. Nothing elegant, no bluff. But a plain tall father. White hair, young skin. And they are happy. He loves the wood, and fishing. They are settled down. How I envy those children. They go to dancing schools; they have a grandfather, being progressive and reading Harper's. It's all normal, and quiet, and healthy. No decision needed. What next? South America, Mexico, Australia. No happy voyages in three. Yes I'd rather have it that way. Plain simple bourgeois. Pleased at the sewing club, at the matinees, once a week, at the neighbors. Art is good for the sickening man. This woman wears short hair. She drives the car and is not nervous. She goes every five weeks to the city. Her daughter wears a pink evening dress and wants to be a journalist. Mother and daughter talk too much over trivial matters; and when I looked at the aunt the other day, I thought that her kind cow eyes would jump out and stick to the oven in the kitchen. They brought cookies from Schrafft's, and the host said to the broad-teethed colored maid: You made a nice home dish. And they all laughed like horses; with wide open mouths. He crawls to bed every night, too tired to speak, and she said it's better to work. Man of leisure complains. Sleep drugs. Take enough of them. In the morning they will hear you snoring; and making noises. Come in. A letter; please don't wake me up; leave it at that. It had happened. In a new bought house. Pride. Bankruptcy. Wife running off. Children indifferent. Melancholy. Inherited and willed. A garden. But nothing to pay with. Sleep drugs. Veronal. Snoring. The next day the pretty girl writes pretty letters ... He had to leave. Heart attack. Don't let the public know. What combinations? Trains in between? They hurt coordinated thinking. In the bus? Bring the luggage over the street. Gasoline. Wait for the stop light. Repetition. Escape? Air-conditioned nightmare. Close the bathroom door. Leave the light on, lay down, while they cook turkey in the kitchen, and remain on the mattress. Where else? No writing table anywhere. No walk to be taken. Wear the fur coat. Shopping. I love you, but this is not the place to say so. It had been a yellow book; getting

es schonend bringen. Es sind Mambas Töchter. Negerinnen. Ich hab's nicht gesehen. Sie schlafen gerne mit Negerinnen. Es war eine richtige amerikanische Familie. Wie sehnte ich mich danach. Einfach zu sein, ein Dach zu haben. Und Kinder. Und einen Hund. Keinen Lift, keinen Liftboy. Keine Eleganz, kein Bluff. Aber einen richtigen grossen Vater. Weisses Haar, junge Haut. Und sie sind glücklich. Er liebt den Wald, und das Fischen. Sie haben sich eingerichtet. Wie ich die Kinder beneide. Sie nehmen Tanzstunden; sie haben einen Grossvater, sind fortschrittlich und lesen Harper's. Alles ist normal, und ruhig, und gesund. Keine Entscheidung wartet. Was nun? Südamerika, Mexiko, Australien. Keine glücklichen Reisen zu dritt. Ja, so möchte ich es haben. Richtig einfach bürgerlich. Zufrieden im Nähclub, an Matineen, einmal die Woche, bei den Nachbarn. Kunst ist gut für Kranke. Die Frau trägt ihr Haar kurz. Sie fährt Auto und ist nicht nervös. Sie geht alle fünf Wochen in die Stadt. Ihre Tochter trägt ein rosa Abendkleid und möchte Journalistin werden. Mutter und Tochter reden zuviel über Bagatellen; und als ich kürzlich einmal die Tante ansah, dachte ich, ihre gütigen Kuhaugen würden rauskugeln und sich in der Küche an den Backofen kleben. Sie brachten Backwaren von Schrafft's, und die Gastgeberin sagte zum farbigen Mädchen mit den grossen Zähnen: Hausbacken nach Omas Rezept. Und sie lachten wie die Pferde; mit weit aufgerissenen Mäulern. Er kriecht jede Nacht ins Bett, zu müde, um zu sprechen, und sie sagte, es sei besser zu arbeiten. Der Müssiggänger klagt. Schlafmittel. Nimm genug davon. Morgens werden sie dich schnarchen hören; und Geräusche machen. Komm herein. Ein Brief; weck mich bitte nicht; lass es gut sein. Es war geschehen. In einem neu gekauften Haus. Stolz. Bankrott. Frau davongelaufen. Kinder gleichgültig. Melancholie. Geerbt und gewollt. Ein Garten. Doch kein Geld, um zu bezahlen. Schlafmittel. Veronal. Schnarchen. Am nächsten Tag schreibt das hübsche Mädchen hübsche Briefe … Er musste gehen. Herzanfall. Lass es sie nicht wissen. Was für Verbindungen? Züge dazwischen. Sie verletzen zusammenhängendes Denken. Im Bus? Bring das Gepäck über die Strasse. Benzin. Warte an der Ampel. Wiederholung. Flucht. Der klimatisierte Alptraum. Schliess die Badezimmertür. Lass das Licht an, leg dich hin, während sie in der Küche Truthahn zubereiten, und bleib auf der Matratze. Wo sonst? Nirgendwo ein Schreibtisch. Kein Spaziergang irgendwohin. Trag den Pelzmantel. Einkaufen. Ich liebe dich, doch ist dies nicht der Ort für das Wort. Es war ein

hold of your entire brain; as though it were a hand inside the brain, pressing, pressing, hurting unnecessarily; a yellow book, a green blotting paper with two zigzag ink blots. The suffering man did understand. Yes, now you are in it too. Don't be afraid to be ridiculous. Even so. It must grow out of the womb, as though it were a child; with a small round head, and black hair, slant eyed, with ivory skin; an Indian miscarriage. The tooth, the dizziness, the ache in the back, the memory of the hospital, a year ago, the trip to Europe, the fear of being left alone; somber premonitions, hate; desire to kill, to change, to break away from, hate of responsibility, hate of masques; desire to misconstrue; to take off, reveal; to understand, why, why must I foresee, why can't I react, why have those circles under one's eyes; why this repugnance against iron pills? Have her bowels moved? Not yet. A laxative. He is a surgeon you know. But it was a mental case. Psychiatrist. No, they want birds in their bleak cages, and then they never let loose. Buy violets. Flowers. Contempt for lilies, for daliah, for forget-me-nots. I can't talk about color. But there is a bar. Round. Look, there is so much to see. They turn around too. Dense. Don't move. Hey, we have the World's Fair People from all over. Oh, yes; buy a new dress; the architect will show you around. He is so empirical and rejoices in good food. But he knew that Tom Collins was a shoe cleaner, a bootlegger, but not your husband. They know that one returns. It's the cycle of Medusa. Each head will grow. Poor strumpet. You wrote a letter with the false address. Lilli. Mademoiselle est bien jolie. Stockings, underwear, high-heeled shoes, a bare back, ridiculous thin legs, no possibilities of reaching beyond that form. The vulgar brute. He made you do it right then and there. Meanwhile I hear the key turn in the door. It is midnight. Don't kiss; I have no money to pay for the consequences. Hop out of the boat. Genua; Napoli. Yes, the same narrow streets. And they room there; you can see the beds; and look through the windows. There is rich fruit, and fish and holes, where they live in, and *carrozzellas,* with slow horses. But the coachman whips them; and later, the boat moves off. It's no more Italy; it's midocean; it's rubbing the deck. Being a sailor, and giving food to the sea-sick, be a comfort to the

gelbes Buch gewesen; hatte dein ganzes Gehirn ergriffen; als wäre es eine Hand im Gehirn, die drückte und drückte, unnötig verletzend; ein gelbes Buch, ein grünes Löschpapier mit zwei Zickzacktintenklecksen. Der Leidende verstand. Ja, jetzt gehörst du auch dazu. Fürchte dich nicht, lächerlich zu sein. Wenn schon. Es muss aus dem Schoss wachsen, als wäre es ein Kind; ein kleiner runder Kopf, und schwarzes Haar, Schlitzaugen, Elfenbeinhaut; eine indianische Fehlgeburt. Der Zahn, der Schwindel, die Rückenschmerzen, die Erinnerung ans Spital, vor einem Jahr, die Reise nach Europa, die Angst, allein gelassen zu werden; dunkle Ahnungen, Hass; Lust zu töten, zu ändern, sich loszureissen, Hass auf Verantwortung, Hass auf Maskerade; Lust missveruntehen, abzuheben, zu enthüllen; zu verstehen, warum, warum muss ich vorhersehen, warum kann ich nicht reagieren, warum die Augenringe; warum diese Abscheu vor Eisentabletten? Hat sich ihr Darm geregt? Noch nicht. Ein Abführmittel. Weisst du, er ist Chirurg. Aber es war ein Fall für die Irrenanstalt. Psychiater. Nein, sie wollen Vögel in den kahlen Käfigen und lassen sie nie mehr fliegen. Kauf Veilchen. Blumen. Verachtung für Lilien, für Dahlien, für Vergissmeinnicht. Ich kann über Farben nicht sprechen. Doch hier ist eine Schranke. Rund. Schau, es gibt so viel zu sehen. Auch sie kehren um. Dicht. Beweg dich nicht. Hey, wir haben die Weltausstellung. Besucher von überall her. O ja, kauf dir ein neues Kleid; der Architekt wird sie herumführen. Er ist so ein Quacksalber und ein Feinschmecker dazu. Doch er wusste, dass Tom Collins ein Schuhputzer war, ein Schmuggler, doch nicht dein Ehemann. Sie wissen, dass man wiederkehrt. Es ist der Zyklus der Medusa. Jeder Kopf wächst. Arme Metze. Du schriebst einen Brief mit falscher Adresse. Lilli. Mademoiselle est bien jolie. Strümpfe, Unterwäsche, hochhackige Schuhe, ein freier Rücken, lächerlich dünne Beine, keine Möglichkeit, über diese Form hinauszuwachsen. Dieses vulgäre Vieh. Er zwang dich gleich dort und dann es zu tun. Inzwischen hör ich den Schlüssel in der Tür. Es ist Mitternacht. Keine Küsse; ich habe kein Geld, um die Folgen zu bezahlen. Spring vom Schiff. Genua; Napoli. Ja, dieselben engen Gassen. Und sie hausen dort; man kann die Betten sehen; und durch die Fenster schauen. Eine Fülle von Früchten, und Fisch, und Löcher, in denen sie wohnen, und *carrozellas,* mit langsamen Pferden. Doch der Kutscher peitscht sie; und später legt das Schiff ab. Es ist nicht mehr Italien; es ist die Hochsee; es heisst das Deck schrubben. Matrose sein, und die Seekranken

asiatic man, lying green on deck in a green deck chair. And incessantly there are children, playing ping pong; the same smell. And caviar. It still is the wire. Childhood again. A spiral wire, gray, on a foul wooden fence, that I saw lying still in the rain; defenseless. I picked it up, with the wood it hung on, but it fell again to the ground and remained there. I can't walk much on my feet yet. To remain for two hours in the studio, with jittery legs, and the empty head; but scared. Lost memory. Too much lonesome talk. It has become a habit. The gruesome fear and abandonment of the future I mean. To get up late, and to hear him eat fruit, hear the noise of plates, and a knife, and to be quiet. Bring in the „Times". Draw the curtains. The coffee has to wait. Then radio. And what dress shall I wear? Why a dress? Not a sweater, and socks, and flannel trousers. And where to go? To a picture gallery? Write? No. Long telephone calls. About the weather. Look down. Opposite wall. Down, into the court. Make an end. No, not yet. You have to wear city clothes; and enjoy life, give pleasure to your parents. Yes, it's conscience. They did a lot for you. You want a garden. You could run naked and amok, and they would pour water on you, as though a naked child were a fountain. Run on top of the tulip grove. Little gay shrieks. It was I. (... Insanity?) Abscess in the brain? How can you tell. With my cheek taken out like that. You could not come to my rescue anymore. Endymion. If I were to say: Take me away. Where to? Cover my blindness, my fear, my poor empty frightened head with your strength, with your strong hands and your strong lips, and cover it. Don't let me go back. I don't want to awake there; I am in a trance, Endymion, self-delusion. Come, come. The world has diminished. We are but dwarfs, and shapes to shrink to minute unrealities; they become so small, sheer details, and yet they make me drown. Is it mental? Or was I the grip? Was this a holy sonnet? I am but as a door, through which the whole world pain does wander; my mind the window as of pain, and when I close my eyes, a voice of blood sings into a wild long room of sickness. It's the light, it's the light, it calls, it wants you back, it's your soul, that makes the blood tremble. Through this window (mind the iodine near your tooth) which we can't perceive, flows and

speisen, den Asiaten trösten, der grün auf Deck im grünen Liegestuhl liegt. Und immer sind die Kinder, die Pingpong spielen; derselbe Geruch. Und Kaviar. Und immer noch Funkverbindung. Kindheit wieder. Ein grauer Spiraldraht, am faulenden Holzzaun, den ich still im Regen liegen sah; schutzlos. Ich nahm ihn auf, samt dem Holz, an das er sich klammerte, aber er fiel wieder zu Boden und blieb dort. Ich kann noch nicht weit zu Fuss gehen. Zwei Stunden im Atelier, auf wackligen Beinen, mit leerem Kopf; doch in Angst und Schrecken. Verlorene Erinnerung. Zu viel einsames Reden. Es ist Gewohnheit geworden. Die grausige Angst und die Preisgabe der Zukunft, meine ich. Spät aufstehen, hören, wie er Früchte isst, das Klappern der Teller, und ein Messer, und still sein. Bring die „Times" herein. Ziehe die Vorhänge. Der Kaffee kann warten. Dann das Radio. Welches Kleid soll ich tragen? Warum ein Kleid? Warum keinen Pullover, und Socken, und Flanellhosen? Und wohin gehen? In eine Galerie? Schreiben? Nein. Lange Telefongespräche. Übers Wetter. Schau runter. Gegenüber Wand. Runter, in den Hof. Mach ein Ende. Nein, noch nicht. Du musst Stadtkleider tragen; und das Leben geniessen, deinen Eltern Freude machen. Ja, das Gewissen. Sie haben viel für dich getan. Du willst einen Garten. Du konntest nackt und Amok laufen, und sie gossen Wasser über dich, als wäre ein nacktes Kind ein Brunnen. Lauf über den Tulpenhain. Kleine fröhliche Schreie. Ich war das. (... Irrsinn?) Abszesse im Gehirn? Wie kannst du es wissen? Mit meiner Wange, die sie ausgenommen haben. Du konntest mir nicht mehr helfen, Endymion. Wenn ich sagen würde: Bring mich weg. Dann wohin? Bedecke meine Blindheit, mein Entsetzen, meinen armen verängstigten Kopf mit deiner Kraft, mit deinen kraftvollen Händen und deinen kraftvollen Lippen, und bedecke sie. Lass mich nicht dahin zurück. Ich will dort nicht aufwachen; ich bin in Trance, Endymion, Selbsttäuschung. Komm, komm. Die Welt ist geschrumpft. Wir sind bloss Zwerge, und Schattenrisse, und schwinden zu winzigen Unwirklichkeiten; werden so klein, bloss, Kleinigkeiten, und doch ertrinke ich darin. Ist das Irrsinn? Oder war ich der Halt? War dies ein heiliges Sonett? Ich bin bloss wie eine Tür, durch die der ganze Weltschmerz zieht; meine Seele das Fenster wie das des Schmerzes, und wenn ich die Augen schliesse, heult eine Blutstimme in den wilden langen kranken Raum. Es ist das Licht, es ist das Licht, es ruft, es will dich zurück, es ist deine Seele, die das Blut beben lässt. Durch dieses Fenster (pass auf, das Jod neben dei-

moves the world, flows life and death, and things that have not been meant to blossom yet. It's the terrible song of a nameless bird, and fear, subconscious knowledge, hidden truth, does conquer and fight. Yes you must kill your love, and soar away, soar away. Being caught in his distant grace. In a minute's time one does reach eternity. First it was like fog; the certain pink in the sky, though it was day, that moment of recognition. For. Fall backwards. It is late. It is later than you think. The bill must be paid. How could you pay it with the pain of the spine. He will soon be back, and you spoil her holiday of belated youth. Kill him. Kill the father of aggression. Is there a way out of the tunnel? Why can't they cure me? Why can't they find a medicine? Why has the inner monologue become a habit. Fresh air. Advices roam around my head, as though they were enervating rhapsodical airplanes. I can't paint a picture. And I hear only half of what each man has to say. Today, it is again the guillotine. I can't face his monosyllabic repetitions. His ugly, selfish, noisy moods. The way he eats; and the way he hurts. No consideration. Talk only about women. And others despise you too. It's hate, that made me sick. Hate and fear. And it's restless sleep. And the lack of a friend. If I had just one friend. But how? I don't know how to decide. How to stop the terrible anguish. Get used to it again. But you don't dare to look straight into her eyes. Close your eyes incessantly. She has left. It's Friday. She went to see Endymion. They shall rest together tonight. Whenever she talks to Endymion, her voice grows husky; as though it were a rainbow, with feathers in it. Do you understand that? I don't, but I can feel it and sense it. It's breakfast at late noon. Move out. Leave the luggage there. Is he the best dancer? The lawn is green. Stop that melancholy face. Others have bronchitis; they rest their black hair on white cushions, and they will think of you in the midst of their hot bath; rubbing the back with soap, and taking it easy. Do copy. The churchbells. That man and his sideglance. There, tear it out. I can't feel any pity for you. It's the nerves. You need light. Don't worry. In there where the books are. Change a whole lifetime. Mother, mother, mother take me back forever in

nem Zahn), das wir nicht sehen, fliesst und bewegt sich die Welt, fliesst das Leben und der Tod, und Dinge, die noch nicht zum Blühen bestimmt sind. Es ist das furchtbare Lied eines namenlosen Vogels, und Angst, halbbewusstes Wissen, verborgene Wahrheit, erobert und kämpft. Ja, du musst deine Liebe töten, und dich aufschwingen, aufschwingen. Gefangen in seiner fernen Gnade. In einer Minute erreichst du die Ewigkeit. Erst war es wie Nebel; das gewisse Rosa am Himmel, obgleich es Tag war, jener Augenblick der Erkenntnis. Denn. Fall zurück. Es ist spät. Es ist später, als du denkst. Die Rechnung muss bezahlt werden. Wie konntest du bezahlen mit den Schmerzen im Rükken. Er wird bald zurück sein, und du verdirbst ihr die Feiertage der späten Jugend. Töte ihn, töte den Vater der Aggression. Gibt es einen Weg aus dem Tunnel? Warum heilen sie mich nicht? Warum finden sie keine Arznei? Warum ist der innere Monolog zur Gewohnheit geworden? Frische Luft. Ratschläge schwärmen um meinen Kopf, als wären es entnervend ekstatische Flugzeuge. Ich kann kein Bild malen, und ich höre nur die Hälfte von dem, was jeder Mann mir zu sagen hat. Heute ist es wieder die Guillotine. Ich ertrage seine einsilbigen Wiederholungen nicht. Seine hässlichen, egoistischen, lauten Launen. Seine Art zu essen; und seine Art zu verletzen. Keine Rücksicht. Nur Gerede über Frauen. Und andere verachten dich auch. Es ist Hass, der mich krank machte. Hass und Angst. Und es ist ruheloser Schlaf. Und ein fehlender Freund. Wenn ich einen einzigen Freund hätte. Doch wie? Ich kann mich nicht entscheiden. Kann die furchtbare Qual nicht anhalten. Mich wieder daran gewöhnen. Doch du wagst es nicht, ihr in die Augen zu sehen. Schliesst unablässig die Augen. Sie ist gegangen. Es ist Freitag. Sie ging Endymion besuchen. Sie werden die Nacht beieinander ruhen. Wenn immer sie zu Endymion spricht, wird ihre Stimme ganz heiser; als wäre es ein Regenbogen mit Federn darin. Verstehst du das? Ich nicht, aber ich fühle es und spüre es. Es ist Frühstück am späten Mittag. Zieh aus. Lass dein Gepäck da. Ist er der beste Tänzer? Der Rasen ist grün. Hör auf mit dem melancholischen Gesicht. Andere haben Bronchitis; sie betten ihr schwarzes Haar auf weisse Kissen und denken an dich, inmitten ihres heissen Bades; seifen sich den Rücken ein und nehmen es leicht. Mach's nach. Die Kirchenglokken. Der Mann und sein Seitenblick. Da, reiss es raus. Ich kann kein Mitleid mit dir haben. Es sind die Nerven. Du brauchst Licht. Keine Angst. Dort drin, wo die Bücher sind. Ändern eine ganze Lebenszeit. Mutter, Mutter,

thy womb, and let me rest there, in the warmth, and the cool, the mellow shade of nature and the no-bliss, the curve, the avalanche. Why don't you pray for me tonight? I love you so. Why don't you prepare the catechism. Dress warm for the orthodox Greek church. And roll on the bed again. Why should they cry along with you? They are fat, and they are not hungry. They hate you. The wheel shall turn. Wheel turn. I am the magician who suggests with sudden hope and failure and pity. The wheel must turn.

(First part of Endymion probably was but a picture ... some sort of a painting that I gave away)

(1939)

Mutter, nimm mich für immer und ewig zurück in deinen Schoss, und lass mich dort ruhen, in der Wärme, und in der Frische, im saftigen Schatten der Natur und der Un-Seligkeit, der Kurve, der Lawine. Warum betest du nicht für mich heute nacht? Ich liebe dich so sehr. Warum bereitest du nicht den Katechismus vor? Zieh dich warm an für die griechisch-orthodoxe Kirche. Und roll dich wieder aufs Bett. Warum sollten sie weinen mit dir? Sie sind fett, und sind nicht hungrig. Sie hassen dich. Das Rad wird sich drehen. Sich drehen. Ich bin der Magier, der deutet mit jäher Hoffnung und Versagen und Mitleid. Das Rad muss sich drehen.

(Teil eins von Endymion war vermutlich bloss ein Bild ... irgendeine Art von Gemälde, das ich weggab)

(1939)

Maybe this is the final inward crisis. But you did not answer on my call for help. Self control. But why was it my carcass that which shone through the Venetian blinds. And he, the oriental man with the cold eyes, smiling full of hate and knowledge and making her heart heavy though she offered him ham and eggs in a nutshell. Those circles under the eyes are narcistic as everything else is. If you take the train your heart will be killed. But the confusion was wrought in the wrong place. It's the roses the only bouquet. It's the self-dictated promotion. Born on a Monday. Dead on a Monday. The side of it had turned on a boy passing in the street told me through his Egyptian mask that I had died a slow death and now was watching his face growing into my head as though I had known it all along. Go to him the gross sensualist (Rado?). He will know and tell and brake and spoil. But it has stopped a year ago.

In you facing the sky and your soul not finding a branch to hold – that cry. Find a friend. Don't have impatience, the fever of hell and wickedness burn you up completely inside. He believes in Christ. She gave me the book ahead. As though I were ill. The Bible but it is just an attack. It is all right, jump down. Be the poet, the murderer cry. The sun is not here. Time has stopped. Iron pills smell in your open palms. No, the lose love? The womb deliver yourself from it. The heat. The traffic. All but ugliness.

Transparent. Unreal one big error. All but fiction. Back and forth Bridges. Playcards. Dresses money for what. And a photo with a telephone. Make the last testament you can't fight destiny. Have the appendix out. No – let it burst. It was not the tooth or the terrible backache or the sleepless nights. Or the storm. The lightning. Her hair turns gray. It's the hat with the flowers inside. I love. I hate, oh why was I born. Book of Job. Final result. Sad voice no more cheerful springlike youthful spirit. You can't change it. Not you not positive self-assertion. Endymion you have deserted me Telephone: They look at you. Point their fingers. It is pretending phantasy – fear. Self-love. Result. Years ago lesbian orgies playing with young Englishmen that keep their but-

Dies womöglich ist die letzte innere Krise. Aber du erhörtest meinen Ruf nach Hilfe nicht. Selbstbeherrschung. Aber warum war es mein Skelett, das durch die Jalousien schimmerte. Und er, der Morgenländer mit den kalten Augen, lächelt voller Hass und Wissen und macht ihr das Herz schwer, obschon sie ihm Eier und Schinken in einer Nussschale reichte. Diese Augenringe sind narzisstisch wie alles andere auch. Wenn du den Zug nimmst, wird dein Herz getötet werden. Aber die Verwirrung wurde am verkehrten Ort gestiftet. Es sind die Rosen das einzige Bouquet. Es ist die selbstbefohlene Beförderung. Geboren an einem Montag. Gestorben an einem Montag. Die andere Seite war auf einen Knaben gefallen der auf der Strasse ging und mir durch seine ägyptische Maske sagte ich wäre einen langen Tod gestorben und sähe jetzt sein Gesicht das mir in den Kopf wuchs, als hätte ich es immer gekannt. Geh hin zu ihm, der stumpfsinnige Sensualist (Rado?). Er wird wissen und sprechen und brechen und verderben. Aber es hat aufgehört vor einem Jahr.

Du findest dich vor dem Himmel und deine Seele findet keinen Ast der ihn festhält – den Schrei. Such dir einen Freund. Hab keine Ungeduld, das Feuer der Hölle und der Gottlosigkeit brennt dich innerlich völlig aus. Er glaubt an Christus. Sie gab mir das Buch zuvor. Als ob ich krank wäre. Die Bibel aber es ist bloss ein Anfall. Recht so, spring runter. Sei der Dichter, der Mörder Schrei. Die Sonne ist nicht hier. Die Zeit steht still. Eisenpillen riechen in deinen offenen Handflächen. Nein, die liederliche Liebe. Der Schoss entbinde dich selbst. Die Hitze. Der Verkehr. Fast nur Gemeinheit.

Durchsichtig. Unwirklich ein grosser Irrtum. Fast nur Fiktion. Hin und zurück. Brücken. Spielkarten. Kleider Geld wozu. Und eine Photo mit Telephon. Mach das letzte Testament du musst dem Schicksal folgen. Lass den Blinddarm entfernen. Nein – lass ihn platzen. Es war nicht der Zahn nicht der schreckliche Schmerz im Rücken nicht die schlaflosen Nächte. Der Sturm. Die Blitze. Ihr Haar wird grau. Es ist der Hut mit den Blumen innen. Ich liebe. Ich hasse, o warum bin ich geboren. Das Buch Hiob. Endergebnis. Traurige Stimme kein Geist mehr freudig frühlingshaft jung. Du kannst es nicht ändern. Nicht du nicht selbstsichere Selbstbehauptung. Endymion du hast mich verlassen Telephon: Sie sehen dich an. Zeigen mit ihren Fingern. Es ist gespielte Phantasie – Angst. Selbstliebe. Ergebnis. Vor Jahren lesbische Orgien spielen mit jungen Engländern die ihre Butler wie Frauen hal-

lers like women. All wrong from the beginning, crime against the organism. Typewriter. Reaching excitement heartbreaking. Now now help. He knows He is the hero, He will save. I am afraid. God what did I do? Run one's head through the wall. It is not possible physical reaction. But why here. Why did they not take me into a dark room, without self-restraint.

(1939)

ten. Alles verkehrt von Anfang an, Verbrechen am Organismus. Schreibmaschine. Erregung erreichen herzerschütternd. Jetzt jetzt Hilfe. Er weiss Er ist der Held, Er wird retten. Ich habe Angst. Gott was habe ich getan? Mit dem Kopf durch die Wand rennen. Es ist nicht möglich Körperreaktion. Aber warum hier. Warum brachten sie mich nicht in eine dunkle Kammer, ohne Selbstbeschränkung.

(1939)

Sans Souci

C'était que le chant de soi-même, la mélodie silencieuse du printemps encore en rêve des aubes hivernales; c'était l'air morose du piano et des doigts sévères de quelque musicien professionel –

Et peut-être c'était même la voix dans le sombre qui défendait aux nuages d'annoncer le repas ensommeillé de quelques âmes sans maison –

Ce chant solennel, chérie, tâchait d'expliquer mon amour pour les choses cachées, qui se trouvent derrière les rideaux de quelque chambre délaissée; attendant la clef et le soleil.

(Mai 1940)

Keine Sorge

Es war nur der Gesang seiner selbst, das stille Lied des Frühlings noch im Traum der winterlichen Morgengrauen; es war die mürrische Melodie des Klaviers und der nüchternen Finger irgendeines Berufsmusikers –

Und vielleicht war es die Stimme selbst im Finstern, die es den Wolken verbot, die verschlafene Mahlzeit irgendwelcher unbehauster Seelen zu verkünden –

Dieser feierliche Gesang, Liebes, versuchte meine Liebe für die verborgenen Dinge zu erklären, die sich hinter den Vorhängen irgendeines verlassenen Zimmers befinden; im Warten auf den Schlüssel und die Sonne.

(Mai 1940)

Brief an die bekannte Fremde

Es gibt Tage da wir plötzlich den ungeheuren Drang spüren dem inneren Gefühl Sprache zu geben. Die Stunde, vielleicht im Winter ... wenn man müde ist von der bunten, unklaren Weihnachtszeit, trübe im Dankgefühl, schuldig noch immer den Freunden innerlich leere Hände entgegenzubieten, plötzlich die Feststellung „warum schreibe ich denn wieder, plötzlich, nach den vielen Jahren des Wort-Schweigens, ich bin Maler und male mein Sagen seit zwölf Jahren und heute möchte ich dem Fremden Freund alles mit Worten darstellen ... und das deutsche Reden ist so schwierig ... denn es ist mir mühsam, denn ich habe die Sprache verloren, und im Englischen geht es nicht, aber es muss gesagt werden".

Das rote Glas, kurz, so wie in den katholischen Kirchen, wo die kleinen dicken weissen Kerzen nächtelang brennen in den roten Gläsern ... stand auf dem Fensterrand gegen die Scheibe ... draussen ist alles blau geworden, gegen Abend zu, Winterabend, drei Tage nach Weihnachten ... und die Form vom Glas, der Rand, die Farbe, das Innere, die Beleuchtung ... draussen liegt der Fluss ganz steif und grau und hart gefroren ... in der Nacht wird die Kerze noch immer brennen. In der eisigen Nacht, wenn das Nebelhorn den Schiffen im Fluss hilft, das offene Meer zu erreichen.

Ich habe heute einige philosophische Geschichten und Bemerkungen von Hans Arp gelesen ... Selbst sein Gesicht, ich kenne es bloss von Bildern, ist in grosse ursprüngliche Stille eingemauert, tief und rein so wie seine selbstgefundenen Formen –

In den Ferientagen kommt eine grosse Übersättigung in das Menschsein. Denn noch immer bin ich von mir selbst, meiner eigenen gleichgültigen Wahl übersättigt. Zu reich. Zu viel. Denn es braucht lange um endlich die Stille, von der Arp spricht und die er schafft, zu bestätigen, zu ergreifen, zu erfassen. Ich habe noch nicht den Weg gefunden, *der zur heiligen Einfachheit führt.*

Aber jetzt weiss ich es ganz genau, dass ich Künstler bin. Und dass das nun immer so sein muss und immer so war. Es ist eine vollkommene Sicherheit in mir, dass das der Grund meines Daseins war.

Endlich dem Unreinen zu entrinnen. Säubern. Das Ganze, das Selbst. Die lebendige Stille finden. Das Leben erreichen. Der Mut alles eigene, das unrein ist, zu verneinen. Der Weg zur Besserung. Es ist schwierig ohne Überzeugung den Göttern gegenüberzustehen.

Ja, der Drang nach Ruhm. Es waren wenige die namenlos bleiben wollten. Vielleicht war auch das menschlich „Namenlose" ein blindes Trugbild der erwünschten Grösse.

Was sind sie denn diese unklaren Wünsche der Grösse? Sich zu verewigen. Es ist die stete Angst des Vergessenwerdens. Das Namenlose ist so wie Tod oder Geheimnis oder Stummsein, das Nichtige soll eine christliche Überlieferung sein. Aber die Dichter und alle Künstler sollen frei sein. *(Menschen sollen frei sein, Natur frei sein.)*

Dreissig Jahre alt. Die Zeitangst ... der Gegenwart ... vielleicht hört es bald auf ... ach wenn es bloss nie enden würde. Ich möchte die innere Ruhe finden bald ... um schaffen zu können ... vieles zu schaffen ... die Stärke des Glaubens an das Schaffen zu finden ... die Übertreibung der Arbeitslust ... im Spielen wird es plötzlich wunderschön, viele Bilder entstehen aus dem Spiel, war es?

Gibt es für uns noch einen Alltag? Oder sind schon die Sonntage ins Alltägliche verwandelt? Wo waren sie, und wie fingen sie an, die Dinge der Alltäglichkeiten?

Die Missstimmung unter Freunden [Fremden?]. Ich bin wie die Irren wenn andere um mich herum sind ... ohne Sicherheit ... stets mit dem Drang nach dem endlichen Alleinsein. Aber im steten Einsamkeitszimmer ist es eng ... und dann kommt wieder der Trieb nach dem vielen, den vielen, der

Vereinfachung, ja das wäre das höchste Ziel (des Zusammenseins): die Vereinfachung im vielen.

Noch immer vom Gefühl der Demut überschwemmt, der unchristlichen Demut. So wie die nordamerikanischen Zuni-Indianer die sich vor der Sonne verneigen. Manchmal denke ich an die Berge zurück und das schnelle Gehen durch den Schnee –
(Kindheit oder Schweiz oder Berge in New Mexico und Mexiko).

25. Dezember 1948–[Februar 1951]

Monroe view

It is living next to the Bridge, reading inside windows, covered by noise … not to hear others, the night is on, you doubt Doubt the book, the night outside, layer by layer … the talk across brown squares, the table, now covered with a single glass. You listen to music, you write in English, not your language, you try to be simple, so wisely simple, the „footsteps of the sun" title of *each* drawing … you say you for I + do not know how to transform … Now is already later, it is tomorrow and it is now, it is a road away, no more fear … yesterday, no more fear. Let me make love to you, be still, just fall asleep gently while I gently love you as I know to, so very gently … all you have to do is believe me + be still … no more fear, theatre going, speaking to others, speaking, the great tiredness, no not sad, just tired, the waiting … others speaking, just one touch of it, somewhere in town, waiting for nearness … against the ocean, the war, the bridge … the multiplicity of outside strangers, the tiredness … the death-riddles … the ugly buses, the East Side faces the funeral parlors + their names … all this is a prayer … to you … + it is living next to the Bridge.

(St-Tropez, Sommer 1949)

Monroe-Blick

Es ist leben bei der Brücke, lesen in Fenstern drinnen, vom Lärm überdeckt ... andere nicht zu hören, die Nacht ist an, du zweifelst Zweifel am Buch, die Nacht draussen, Schicht um Schicht ... das Gespräch quer über braune Karos, der Tisch, jetzt mit einem einzigen Glas bedeckt. Du hörst Musik, du schreibst in Englisch, nicht in deiner Sprache, du versuchst einfach zu sein, klug und einfach, die „Fussspuren der Sonne" Titel *aller* Zeichnungen ... du sagst du für ich + kannst es nicht transformieren ... Jetzt ist schon später, es ist morgen und es ist jetzt, es ist eine Strasse hinweg, keine Angst mehr ... gestern, keine Angst mehr. Lass mich dich lieben, sei still, schlaf nur zart ein, während ich dich zart liebe wie ich es kann, so sehr zart ... nur, glaube mir + sei still ... keine Angst mehr, Theaterbesuche, kein Reden mit anderen, reden, die grosse Müdigkeit, nein, nicht traurig, nur müde, das Warten ... Reden der anderen, nur eine einzige Spur davon, irgendwo in der Stadt, warten auf Nähe ... gegen den Ozean, den Krieg, die Brücke ... die Menge von Fremden draussen, die Müdigkeit ... die Todesrätsel ... die hässlichen Busse, die East Side ... drüben die Leichenhallen + ihre Namen ... all dies ist ein Gebet ... an dich ... + es ist leben bei der Brücke.

(St-Tropez, Sommer 1949)

I remember the room, bare + moonlit, finding shelter after the drunk driving thru the mountains from Var to Aix ... finally arriving in the first place in the first street, the tiredness + the small car trembling ... to speak to my only friend the *car that stops* – and then to stretch out, away from humiliations + the false sun of the boats ... ghost yachts + ghost sailors ... away ... away from the summer ... it is autumn now ... red brisk fall weather + the voyage will continue tomorrow ... how can I speak to you ... my lover ... some day, how can I ever explain my painful drive, each village more illuminated, the evening hours + the screaming inside my head + soul ... my beloved bird caged in invisibly, not flying ... the ghost of a ghost next to me is the empty seat + the unpainted canvas rolls behind my seat. Three months gone by with pastice with empty hands strolling on empty beaches, the sob in a field of reed ... the memory of people spilling, breaking glasses at each other ... the woman that smashed one against my face in a smoky bar ... every sound of the mechanical piano at PALMYRE'S memorized, the evening hours + my friends there the stray cats ... the featherless chicken ... the garbage-flowers ... the laughter in hired rooms ... I had a friend there an old woman always a tremble + a sandheap where the fishermen peed in + a room with a brickfloor + a tiny window + a thin cot to sleep on ... so many loveless summernights gone, the gypsy boy who threw in a rock in my window at dawn ... but I could not even follow his rock-call ... so many words, bottles, deeds undone ... but oh how beautiful it all was ... being alive ... and now the recurrence of the departure, the drive the evening ... going *where now?* and the room in Aix where I found shelter for a night + a shield to hide away from myself + to be able to see the Full moon + not to be afraid of myself a *whole* night.

(St-Tropez, Sommer 1949)

Ich entsinne mich, das Zimmer, kahl + mondhell, Schutz zu finden nach der betrunkenen Fahrt durch die Berge von Var nach Aix ... endlich die Ankunft am erstbesten Ort in der erstbesten Strasse, die Müdigkeit + das kleine Auto zittert ... zu meinem einzigen Freund zu sprechen dem *Auto das hält* – und dann mich auszustrecken, weg von den Demütigungen + der falschen Sonne der Boote ... Gespensterjachten + Gespensterschiffer ... weg vom Sommer ... es ist Herbst jetzt ... rot wirbliges Herbstwetter + morgen wird die Reise weitergehen ... wie kann ich zu dir sprechen ... mein Lieber ... eines Tages, wie kann ich je meine schmerzhafte Fahrt erklären, jedes Dorf mehr erleuchtet, die Abendstunden + das Schreien in meinem Kopf + meiner Seele ... mein geliebter Vogel unsichtbar eingesperrt, fliegt nicht ... das Gespenst eines Gespenstes bei mir ist der leere Sitz + die unbemalten Leinwandrollen hinter meinem Sitz. Drei Monate verflogen mit Pastis mit leeren Händen schlendern an leeren Stränden, ein Schluchzen im Schilf ... die Erinnerung an Menschen die Gläser verschütten und aneinander zerbrechen ... die Frau die mir eines in einer rauchigen Bar ins Gesicht schmetterte ... jeder Ton vom mechanischen Klavier im PALMYRE'S in mir drin, die Abendstunden + dort meine Freunde die streunenden Katzen ... die federlosen Hühner ... die Müllblumen ... das Gelächter in gemieteten Zimmern ... Ich hatte eine Freundin dort eine alte Frau immer ein Zittern + ein Sandhaufen wo die Fischer reinpinkelten + ein Zimmer mit Tonboden + ein winziges Fenster + ein schmales Feldbett zum Schlafen ... so viele lieblose Sommernächte verflogen, der Zigeunerjunge der mir im Morgengrauen einen Stein durchs Fenster warf ... aber ich konnte nicht einmal seinem Steinruf folgen ... so viele Worte, Flaschen, ungetane Taten ... aber o wie schön das alles war ... am Leben zu sein ... und jetzt die Wiederkehr des Weggehens, die Fahrt der Abend ... *wohin jetzt* gehen? Und das Zimmer in Aix wo ich für eine Nacht Schutz gefunden habe + ein Schild das mich vor mir selbst verbarg und wo ich den vollen Mond sehen konnte + mich nicht vor mir selbst fürchten musste eine *ganze* Nacht.

(St-Tropez, Sommer 1949)

There is no reason to write about it, the island, or the rockphantoms appearing man-like on the other side of the bay. The moon going up and the fishermen hanging their big oillamps out on the boats to draw their prey like moth in a lightcircle.
I don't even want to know about it all myself, and I try to write some of it down because I can't spend another day lying down on the rocky beach or in bed anymore.
There is the square, very theatrical, with an oriental white church on the left side of the square and a handsome broad bed of steps leading up to the church ... it's like an everlasting cocktailparty the way people stand around crowded in the middle of the piazza and the way they squat on the staircase ... all they do is look around hungrily, wanting to pick up somebody new ... I don't know, it might be fun to stay here a while, I want to leave the island since ten days and I go on staying.
Yes the water is beautiful. It's all green and sometimes deep blue like in a very noisy painting. You can see to the bottom of the sea with your eyes and you can spend hours having a glass mask on through which you breathe too, sticking your head endlessly into the water and looking at the fish and the shell of the sea.
I am summing it all up unable to convey that it is not a pleasure to have so many possibilities of pleasure. To sit in a sandolino (canoe) and take off toward one of the rainbow streaked grottos, to paddle yourself through stalactite, the weird caves made by waves and milleniums of ebb and tide.
It's all beginning to be a big blur in my mind. Confusing different issues. The nightlife. The good tunes they play at the Tragara nightclub, really good and sexy, here-composed. You dance and see big floods of moonlight dripping on the sea as you do in movies ... lots of drinking, and staggering home at dawn through the lane where white and red flowers grow on the same tree ... getting hungry at dawn. The baker in town won't let you in till seven, you see him baking through the window, but his doors are shut. There is always a chance of going down to the harbor in the little funicolare and getting a cup of coffee in a place near the boats, but usually you fall into bed alone,

Es gibt keinen Grund zu schreiben, von der Insel, oder den Phantomfelsen, die menschengleich auf der anderen Seite der Bucht erscheinen. Vom aufgehenden Mond und von den Fischern, die ihre grossen Öllampen aus ihren Booten hängen, um die Beute wie Motten in den Lichtkegel zu locken.
Ich will ja selbst nichts wissen davon, und ich versuche einiges davon niederzuschreiben, weil ich keinen Tag mehr damit verbringen kann, mich niederzulegen auf den steinigen Strand oder ins Bett.
Da ist der Platz, sehr theatralisch, mit einer orientalisch weissen Kirche zur Linken des Platzes und einer stattlichen breiten Treppenbettung, die zur Kirche hinaufführt ... Es ist wie eine immerwährende Cocktailparty, wie die Leute sich in der Mitte der Piazza drängen und wie sie sich auf die Treppe hocken ... alles, was sie tun, ist sich hungrig umblicken, um sich jemand neues aufzuwicken ... Ich weiss nicht, es könnte ja ganz amüsant sein, ein wenig hier zu bleiben, ich möchte die Insel seit zehn Tagen verlassen und bleibe doch weiterhin hier.
Ja, das Wasser ist wunderschön. Es ist ganz grün und dann tiefblau wie in einem sehr schrillen Bild. Du siehst mit den Augen bis auf den Meeresgrund und du verbringst Stunden mit einer Taucherbrille, durch die du auch atmen kannst, steckst deinen Kopf endlos lange ins Wasser und schaust dir die Fische und die Muscheln im Meer an.
Ich zähle dies alles auf, da ich unfähig bin zu zeigen, dass es kein Vergnügen ist, so viele Möglichkeiten zum Vergnügen zu haben. In einem Sandolino (Kanu) zu sitzen und aufzubrechen zu einer dieser regenbogengestreiften Grotten, dich durch Stalaktiten hindurchzupaddeln, die unheimlichen Höhlen, von Wellen und Millennien von Gezeiten geschaffen.
Alles verschwimmt mir, verliert sich. Verwirrt verschiedene Eindrücke. Das Nachtleben. Die guten Melodien, die sie im Tragara-Nachtclub spielen, wirklich gut und sexy, hier komponiert. Du tanzt und siehst grosse Lichtfluten vom Mond aufs Meer triefen, wie sie es im Film machen ... viel trinken, und nach Hause taumeln im Morgengrauen, durch den Heckenweg, wo am selben Baum rote und weisse Blumen blühen ... hungrig im Morgengrauen.
Der hiesige Bäcker lässt dich nicht vor sieben rein, du siehst ihn durchs Fenster beim Backen, aber die Tür ist verschlossen. Du kannst immer noch zum Hafen runter im kleinen Funicolare und an einem Ort bei den Booten eine Tasse Kaffee kriegen, aber meistens fällst du allein ins Bett, hungrig

hungry and sad and drunk, and each night it's the loneliest night in the week.

It's beautiful, the island. All the olive trees and black and white grapes hanging down from all over, and fig trees, lots of bamboo-like looking bushes or maybe sugar cane it's all exotic and bird-like with beaks and feathers and long crane necks, the form of the leaves, especially at night when I sit on my terrace I look at the foilage a lot before I go to bed, never able to read a book or draw or write a letter or think a straight thought ... being in a perpetual daze, wanting to go to the square, look at people, making a nervous habit of it, buying sandals and whiskey and having a silkshirt made and flanellslacks without really wanting it all, having things made in order to create an „Event" each day ... looking into mirrors and watching the face as you watch the decline of a nation ... it's all so pleasant. Slowly you get organised, slowly you become used to it. Is it Hell or Heaven?

More. They begin to melt in my mind, if only somebody were kind enough to wake me up from the dream, more, it's a sigh now, the unfulfilled, the sleepwalking step growing the fear is overwhelming the trap of an island, the guilt the great longing, the knowledge, this is it, the beautiful hell, the artless sleepless ones, we all, the Sodomite appearing with a myrtle crown, the un-vulnerable forehead, the Greek and the Roman profiles, the many beautiful creatures here, gazing at each other, the deep noise, the deep silence of horror. This is after the war. The killing is still there, it's in the bloody gesture with which they lift their glasses, it's the stretch of loneliness. I want to fetch the rain, the flood, and all I find is a torn necklace. Gold.

(Capri, September 1949)

und traurig und betrunken, und jede Nacht ist die einsamste Nacht der Woche.

Sie ist wunderschön, die Insel. All diese Olivenbäume und überall blaue und weisse Trauben, hängen herunter ... und Feigenbäume, viele bambusgleiche Büsche oder vielleicht Zuckerrohr, es ist so ganz exotisch und vogelgleich mit Schnäbeln und Federn und langen Kranichhälsen, die Form der Blätter; vor allem nachts, wenn ich auf der Terrasse sitze, schaue ich mir lange das Blattwerk an, bevor ich zu Bett gehe, kann kein Buch lesen oder zeichnen oder einen Brief schreiben oder einen einfachen Gedanken denken ... da ich in einem immerwährenden Dämmer bin, zum Platz hin wollen, Leute anschauen, es zu meiner Marotte machen, Sandalen und Whiskey kaufen und mir ein Seidenhemd schneidern lassen und eine Flanellhose, ohne das alles wirklich zu wollen, Dinge anfertigen lassen, um jeden Tag ein „Ereignis" zu schaffen ... in Spiegel schauen und dir das Gesicht ansehen, wie du dir den Untergang der Nation ansiehst ... Es ist solch ein Vergnügen. Sachte richtest du dich ein, sachte gewöhnst du dich ein. Ist es Himmel oder Hölle?

Mehr. Es verschmilzt mir in meinem Gemüt, hätte nur jemand die Güte, mich aus dem Traum zu wecken, mehr, es ist ein Seufzer jetzt, der Unerfüllte, der schlafwandelnde Schritt mehrt die Angst überwältigt die Falle von einer Insel, die Schuld, die grosse Sehnsucht, die Erkenntnis, das ist es, die schöne Hölle, diese kunstlos Schlaflosen, wir alle, der Sodomit erscheint mit Myrtenkranz, die un-verwundbare Stirn, die griechischen und römischen Profile, die vielen schönen Geschöpfe hier staunen einander an, der grosse Lärm, das grosse Schweigen des Grauens. Dies ist nach dem Krieg. Das Morden ist noch da, es ist in der blutigen Geste, mit der sie die Gläser heben, es ist ein Raum der Einsamkeit. Ich will den Regen rufen, die Flut, aber alles, was ich finde, ist ein gerissenes Halsband. Gold.

(Capri, September 1949)

Im Wünschen

Ohne Kennzeichen, im Wünschen vielleicht, ohne Namen ... ohne Narbe ... Das Gelingen, die Steigerung ... dem Hohn mit Ruhe zu begegnen ... denn die Fremden und die Fremde deuten ... sie verbieten das SEIN, das ungeteilte Leben der Lose ... sie nennen es das Verlieren, das abstrakt Gewollte, die Flucht der täglichen, menschlichen Wirklichkeit ... Das Alleinige das Unerfüllte wird zum Vorwurf der Welt – Ja, meine Sehnsucht ist noch stärker, das Dasein, und *du,* das Dasein in meinem traumbekannten, gitterlosen Gartenleben ... So soll es sein ...

Doch aus dem Warten und dem Nicht-mehr-Halten eröffnet sich die Gruft der neuen Welten ... die Stahlbrücken werden eng, leise öffnen sie die Gitterstangen im Herzen ... Ich liebe deine Weite, ich liebe die Weite meiner Einsamkeit ... so geschieht das Vorübergehen an allen Spiegeln, die Faltenkunde der geheimnisvollen Spiegelbegegnung verliert sich ... so wie Klang im Wasser ... Ich höre dein Lied in der tiefen Mitte der Rosen ... denn aus den Rosen stieg das Entrinnen der Spiegel und aus dem Singen wuchsen alle Rosen im Blut und aus dem vielen Rosenblut wurde ein Gang ... Irgendwo am Fluss beten die Henker mit den Bettlern irgendwo fängt die Reise an ... jetzt, mit geschlossenen Augen freue ich mich auf das Reisen der Schiffe denn du bist da und du bist meine Augen, denn ich liebe den Anfang deiner Augen denn deine Augen sind das Leuchten der Reise, sind das Schiff und das blaue Bewegen,
Augen, die durch den Nebel, ohne Abschied auf die Fläche der weissen See-Flügel blicken ...

(New York, 19. Januar 1951)

Dein Wissen

So stell ich mir dein Kindsein vor ... irgendwo, durch viele Jahre ... dass du beim Schlafengehen den Kopf tief durch alle Kissen versteckst ... und dass ab und zu schon ein Traum sich deutet ... ganz ruhelos stehst du manchmal am Fenster und bist alleine in einem Zimmer ... vielleicht werden die Seiten schon mit Zeichen beschrieben ... plötzlich bist du auf dem Blatt deiner Zeichnung und weisst es –
Auch im Reden und in den seltenen Stunden wo du den Grossen eine Frage stellst ist irgendwie ein Lächeln ... die Grossen trotz dem Versuch und dem Sprechen können es dir nie sagen ... denn du weisst es ... ich sehe dich mit Spielen ... auf Wegen ... auch im Wald und am Meer, deinen eigenen Spielen ... du gehst so durch die Jahre, durch frühe Spiegel ... manchmal kommt ein Staunen in deine Augen denn du hast dich erblickt ... das bin ich deutet die Hand ... das sind meine wilden Haare und das ist mein Gesicht ... ohne Angst begreifst du das Schöne, deine Augen sehen sich an ... das fern-nahe Erkennen ... (sie sind bewohnt vom Auge des andern ... dem deinen) denn es sind deine Augen vom Blau in das Schwarze und durch den durchsichtigen grauen Schleier deiner endlosen Wimpern ... durch sich selber sehen sie in die Augen der vielen und dann steht das All im Raum ... so sehr so einfach, dein Blick und deine Handlung, im Stillen ... so ist dein Anfang –

(New York, 20. Januar 1951)

[Anfang fehlt]
Bist du, Ich bin ... Ich bin die Grüne, die Dunkelschwester ... bin das schrille Rufen der Kranken, bin die Angst, bin Lärm und Schmerz, selbst das Lächeln, bin das Boot im Moor, das lange Warten, die Selbstsuchung, ach nimm meine Hand, sei ruhig, denn ich leide, denn ich suche ... sinnlos und auf zornige, trübe Weise.

Bis zum Fluss reicht diese Schlangenkette, farbenlos, die Wiederholung ... das Kämpfen der letzten Waffe, glühend ... die spitzenlosen Speere, und die blinde Wut der Reiter ... das fensterlose, das einsame hüpfende Flattern der Tauben, das Gebet der Blinden, Gebet von Menschen, und dann wieder die Angst ... glühend fruchtlos, erstarrt sind diese Stunden vom Körper und von seiner Seele. Alle wenden sich von uns. Warum?

Ich bin. Zwei Worte. Ich leide. Zwei. Ich bin einsam ... drei Worte ... Bewohnt, da ... wie die Blüten im Sturm, die Kugel liegt in der Bucht von Gläsern, faustschwer. Alle Gedanken schneiden durchs Herz, jedes Gefühl für andere ist ein Messer.

Mühsam ist die unendliche Versöhnung vom Engel zum Leib des Teufels. Das Müssen ... und die Wand. Ich küsse Deine Fäuste, Deine Wunde, ich lege mich quer durch alles Verlorene ... weltlos ... die Erde dreht sich noch einmal rund herum ... mühsam ist die Versöhnung ... und das Lied der Wunde. Herr, ich bete zu Dir. Um die Gnade. Wirr ist mein Denken und wirr meine Handlung. Im Gefängnis der Liebe. Die Klage. Die Anklage, einer zum anderen. Im Garten singt irgendein Vogel und ein Kind füttert die Tauben, graue, schwarze, braune Tauben ... Ja, Du bist der Kerker, das Wortlose ... die Unruhe ... und dann die herrliche Erwartung der endlichen Ruhe, die Verwandlung vom Müden in das Neue ... Du bist Kerker, rothalsiger Wein ... und Flaum von Schwänen ... bist Auge, so wie Bruder ... oder Schwester ... bist Weg und Retter.

Erwartung
Ja, es ist das Seinige. Das Lachen der Engel mit Menschen ... die Vorstadt der Armen ... die leeren Arme der Armen. Das fortwährende Beten. Meine

Erinnerung an die Stadt und die stadtleeren nachtschweren Strassen ... die Türme und das Hügel-Schloss, die Mauer ... die Auffahrt und das Kindliche ... das endliche Weinendürfen im Schoss der Mutter, und die Märchenstunden mit der Mutter, der meinen oder der deinen –

Die Vorstadt der Bettler und die Zufahrt der Wöchnerinnen, das schleimige Plätschern der alten Brunnen, so wie mein Brüllen, tief drinnen, Schrei meiner Seele, verdammt ... das Treten der Engel, geheimnisvoll ... wortlos, heute in hundert Jahren ... noch Jahrmarkt ... Schlangenbändiger und Affenfänger, das Raddrehen ... Musik, macht einer ein Lied ... Komm näher, Geräderter, sieh an, sieh zu, auch die Toten lachen mit, jeder kommt zurück für das Fest der Wende. Irgendwo sieht man den Staub, im Weiterfliegen, die Engel zeigen uns das Fliegen, und der Schneider fertigt neue Flügel an mit grossen Scheren, schneidet Korn auf Feldern, und näht Flügel mit Wiesengras zusammen ...

Die Verschworenen eilen ... Da gibt es Dornen inmitten vom Surren der Giftbienen, ich bin jetzt richtig Engel, durchsichtig, mein Fliehen und mein Fluch mit Gott geschah, denn ich bin Spiegel –

Gib mir den Zaun, kettenlos ... verlassen wir endlich die Betten der Kranken, sei milde ... vergiss den Ruf der Schrecken, die Finsternis und die Fledermaus im Dachzimmer ... den Schrei der Alten, im Wald, das lahme Irren ... sei du mein Lager mein Moos mein Atem, denn ich bin mit dir, spiel du die Geige, so ziehen wir durch die Dörfer am Nachmittag mit der Sonne und den Vögeln, da auf der Bank, jetzt schon im Abendmond, bald wirst du weiterfliegen, Herr, da höre ich vom Fischfang der Jünger ... schwer auszuhalten ist das blödsinnige Nadelgreifen vom Hässlichen ... durch Wellen, durch das Netz der Jünger ... Du, Träne meiner Morgen ... Engel ... so bricht sich das Glas durch den Abend.

Gefahr aller Gefühle, sogar das richtige ist gefährlich und das Schöne ist jetzt bloss Lüge, denn ich bin unglücklich und verloren in meinem fremden Körper und ich kann die Menschen und ihre Gesichter gar nicht verstehen ...

Furchtlos nackt gähnt der Engel. Gelangweilt, sein Antlitz ist bleicher als die Mondscheibe vom Mond ... er gähnt alles von Sternen ins Innere seiner Innenwelt, ich kann es nicht sagen, denn meine Sprache ist kurz und ich kenne fast keine Worte, denn ich fühle und mein Leiden ist wortlos und ohne Ziffern, speichellos – –

(Juli 1951)

Mündung

I. Die unfassbaren Momente in denen der Geist im All und derjenige in der Eigen-Seele sich stumm die Regenbogenhände reichen, so wie die

II. beiden Flügel der Schmetterlinge die wortlos in der Stille vom grossen Frühlings-Flug die Verwandlung betrachten, denn so wurden die Engel geboren.

III. Aus dem Zeichen, im Sturm findet das Gestirn den Weg der endlichen Rundung, durch das Licht der roten Leuchtkäfer mündet die Menschen-Sprache ...

IV. Ich erwarte mit Sehnsucht den lautlosen Klang der Dämmerung und ahne schon den Gang im Tau der durch die Heide führt bis zum Schilf und dann zum Sand, den Klang im Meer, das Gebet der Heiligen die vielleicht im Moos am Waldsaum auf dem Berg ihre Offenbarung spürt – ach der Leib der Heiligen leidet, ich erwarte, und das namenlose Warten ist meine Genesung.

(1951)

Beten

Wo ist der Erden- oder Höllenhimmel, den man auf dem Märchen-Apfelschimmel so traumverloren bereist?
Wo ist denn die Tat des Vergehens, das in dem kleinen Ich-Fenster unwillkürlichen Bestehens die Tat der Träume durch fremde Räume drängt –?
Das zarte Nahesein brauchen auch [?] die selber Müden. Ist das die Sünde dieser täglich kühlen Allein-Wanderung?
Da wo die Schlitten nicht mehr weiter können, da wo der Schnee so tief vom Wiederholen der Winterschwere ist, das Nicht-mehr-Können, die Zeit der vergessenen Lebenswanderung –
Engel komm bald, und leg mir ein Blatt, einen Laut in die trüben Hände, Hände die nicht mehr tragen, Engel komm bald.

(Kreuzlingen, 28. März 1956)

Wir haben über das Sphinxmärchen über die Rätselerfüllung zusammen gesprochen ... alles wiederholt sich und durch die tausend Jahre der Gesichter und der Fragen, den Irrtum und den Wechsel der Augen, Augen von Frauen die durch Stein und Sand das grosse Wüstentier erbauten, da erkannte ich unter dem herrlichen Selbstbetrug dein Gesicht + deine Augen, denn du warst die Königin der grablosen Sage + doch der Hüter im Grabe, du warst das Fragment der ersten Schlösser und du warst Salomé und du warst das Messer, alles, meine Flucht von dir und mein Vergessenwollen im Rachen der vielen Reisen und der blinden Gestalten ist vorbei. Denn jetzt bist du die Türe und es geschieht dass die Stimme mir den Eintritt als Ahnung in Träumen deutet, denn ich suche dich, du bist mein Hauch und mein Leben steht vor deinen Augen du bist das wesenlose schreckliche Untier und du bist der Ahne, denn ich liebe die Mitte deiner Seele und ich liebe die Angst deiner Hände (Nähe) denn es soll so sein und es stand im ersten Buch der Wüste, es sind die Schritte der Sonnen-Ferse die Schritte der Königin,
dein Gewand ist das Tuch der Rubine und dein Schleier ist das Meer und dein Mund ist das grosse Laster der Sehnsucht und deine Stimme ist das Rätsel ... und so stehst du in der Nacht und ich darf mich nicht verwandeln denn unsere Begegnung muss dauern im unerklärlichen Warten der Stille.

(undatiert)

Wenn ich die Augen schliesse so fühle ich deine Nähe ... es ist alles ganz wunschlos geworden ... und es soll dich nie berühren mein Denken und mein Glauben und selbst mein Fühlen ... denn es hat so sein müssen ... und doch geschieht mir das innerliche Wunder der Erinnerung wo wir zusammen waren ... und du hast es vergessen ... *vor* den Jahren der Menschen ... da geschah ein gemeinsames Strahlen ... und später, da war ich ein „Anderer" und du warst das „Andere" und wir waren zusammen ... + es ist weder du noch ich – aber es führte fast in den Tod ... dann kam die Auferstehung ... und so wurden Masken aus den frühen Gesichtern ... du bist so weit so unendlich weit fortgegangen.

(undatiert)

„Im Zeichen der Frage, im Zeichen der Antwort"

[Anfang fehlt]
Die ganze Seele + und der ganze Bau des Körpers.
Und mittendrin der Herzschlag.
Dein Herz schlägt andere Längen als das meine – aber das Kinderherz ist in uns beiden + bleibt und ist Sonne und Mond, Berg im Meer –
Ich höre dein Herz, auch im Wald, auch dann wenn der Wald aufhört. Im Geröll. Und ich entdecke deine Ohren, die Formen von deinem Hals und deinen Ohrwölbungen, deinen Schläfen. Durch meine rechte Schläfe geht eine dunkle Ader. Diese Ader ist bei dir eingehüllt –
Und wir gehen alleine, jeder für sich.
Meine Schritte führen zu dir.
Dem Herrgott sagt man oft Du. Dann kann man auch dem Menschen das Wort vom Du reichen so wie Brot und so wie die Flamme zum Holz reicht; das ist das Wort Du, Brot und Same –
Die Öffnung in deinen Leib. Gebacken aus Sonne und Harz. Harz ist das Honigblut das aus dem Baum rinnt.
Das ist der Ruf.
Du stehst still in deinem Heidentum –
Angriff? Das Wild geht vorüber, der Hirsch stapft durch den Schnee + er hält still im Sommerregen (Sonnenregen).
Deine Wange kennt den Tau und reicht sich dem Eisgeflüster vom Nordwind. Das ist der gleiche Tau der auf Schneckenhäusern leuchtet, gelbgrau, auch farblos. Und die Schnecken klammern sich an die Schilfstengel und zerrinnen in den Blättern vom Schilf. Schilf blüht.

Du bist die Wüste. Die Wüste blüht und geht tief hinunter ins Wasserloch.
Da ist das Geheimnis.
Da ist das Feuer unter der Erde, noch tiefer als das Wasser. Und dann wieder die Leere.

Es gibt Tage wo der Begriff von Blumen vergeht, wo Worte still werden. Wo die Blume ohne Namen *da* ist, gegenwärtig, so wie dein täglicher Gang; du gehst mit weiten Schritten ohne Gedanken … mit dem Gefühl von der Gegenwart.

In dieser Gegenwart, jetzt, da bin ich dir begegnet –
Ich sage ich und ich sage du.
Im Grunde, ja [je?] Stein, ja [je?] undurchlöchertes Kreuz, da verstehst du mich, es gibt weder das eine noch das andere.
Der Begriff vom Ich und vom Du verschwindet. Dort drüben ist eine Mauer. Da, es reicht uns ganz langsam die Flügel, da fliegen wir ganz sanft über die Mauer –
Das war früher in der Spätzeit Kerker. Das Vorher und das Nachher –
Die Junge im Mund ist da. Sie dürstet sie ist wieder immer Schlange –
Sie ist ein Wunder, sie heilt die Ufer der Gebirge. Links + rechts.
Die Gebirge, das nennt der Mensch in sich selbst seine Zähne. Die Ahnenzähne (Weisheitszähne), alles ist da, begründet. Das Gestein im Leben der Tiere.
Der Tiermensch. Die Erst-Göttin. Die sich selbst befruchtet. Man nennt sie Gott und man nennt sie Göttin. Schwester, Mutter.
Die Mutter Erde geht weiter. Sie entschläft in der täglichen Verwandlung –
Der Himmel trägt einen männlichen Vornamen. Es gibt Himmel ohne Er, sie, das –
Das Ei in dir in der Last deiner Gebärmutter gibt mir die Kraft mit der rechten Hand all dieses Geschehen zu umschreiben, zu begatten. Du bist die Henne die in der wuchtigen Grossmutter-Eigenschaft brütet. Viele deiner Eier sind wie Taubeneier ... wie die klaren halbrunden Eier der stillen Schildkröte. Du gebärst ganz behutsam. Dann entfernst du dich und wirst sehr scheu.
Das ist die menschenfremde Natur der Löwin. So behutsam geht sie in ihrer Entfernung – sie verlässt den Löwen und ihre Brut –
Das ist das Beispiellose, Einmalige. Der Ruf. Sie sinnt in ihrer Brunst. Sie trägt ihren Körper zum Körperlosen, sie erträgt das Eingreifen. Sie versteht stumm den Moment der Versteinerung –
Der Löwe wartet. Heute ist er einsam, sein Herz pocht alleine, er ist jetzt Löwe.
Mitten in deinem Gang legst du dich nieder –
Das ist die würdige Frucht vom Schlaf.
Jetzt bist du alleine in der Welt. Du erstehst –
Im Schlaf ist die Leere –

Geburtenlos. Im Zeichen der Frage, im Zeichen der Antwort. Beide verlassen, jetzt kommt die Erinnerung, das erste.
ER hat dich aufgenommen. Der zu dem du wanderst. ER ruft.
Aber er ist taub so wie du. Ihr hört einander und alles andere muss jetzt taub sein. Jetzt seid ihr alleine.

Ich spüre deinen Mund, wenn du erwachst, ohne Menschenstätte. Hauslos – in deinem Mund.
Mein Mund muss in die Nähe deines Munds. Da sind alle 10'000 Jahre dazwischen und da ist die Erkenntnis.
Es ist weder Nacht noch Tag. Es ist vielleicht das Entfalten.
Alte Wunden vergehen. Wunden waren Wege vor dem Horchen, die Entwicklung vom Gebein zum strahlenden Insekt. Das Auffliegen. Und das heilige Werden. Es sind Momente, die Menschen nennen es Tage, Wochen, Jahre, und da bist du bei mir. Das ist mehr als Wunsch und mehr als Traum. Sehr deutlich.
Du bist mein Haus und meine Heimat, du bist mein Vater und mein Tod.
Du bist mein Schmerz –
Du bist die gefundene Heimat.
Und du sagst mir ich müsse jetzt wandern und all das deine verlassen.
Aber es gibt keine Trennung –
Keine Hindernisse, alles ist wie die Mauer –
Und dann der Flug und das Verlassen der Mauer.

Da war eine Bank, und ein Rosengarten. Und Eisenzäune. Aber die Rosen standen mitten in ihrer Glut, viele Rosenblätter lagen auf den Wegen.
Warten. Aber du kamst. Und wir sassen auf einer Bank inmitten vieler Menschen und vieler Rosensträuche.
Und manchmal sah ich deine Schritte und fühlte dein Kommen bevor du da warst. Denn ich war da. Und das genügte – wir waren beide da, auf dem gleichen Gestirn.
Da war ein kleines Haus weit weg von den andern Häusern mit den oft argen roten Dächern –
Da war ich noch im Beten. Und verstand die Sünde nicht, das Knien war da – und der Kreuzmann. Die Nägel im Kreuz.

Aber wenn du kamst dann war vieles in Lächeln verwandelt.

Dann kamen die wilden Tiere, die ungezähmten. Und in deiner Nähe spürte ich die grosse Freude –
Ich fühle in dir die Kraft des Wilden. Du kennst das Geheimnis – ohne Asche und ohne Schrei. Auch das, auch den Schrei kennst du in deiner All-Seele.

Ich fühle deinen Leib und ich kenne ihn. Ich kenne deine Schultern und das Dach von deinem Rücken.
In der Ferne tasten meine Hände nach deinem Rücken und finden Halt.

Es gibt viele Stunden wo du erwachsen bist und eingehäust in neue Zeitrichtungen. Umgeben von Kindern und einem Löwen. Dann gehörst du denen.
Aber es gibt Tage wo du niemandem gehörst. Dann wirst du zur Mitternacht, zur Gnadenfrist.

Du heilst –

Da ist der wahre Logos. Das Geräder vom Körper. Die Schienen der Seele, und das Ganze.

Wenn ich meinen Mund öffne kommt die Stimme + spricht, oft im Flüstern, Worte. Diese Stimme und diese Worte gehören uns beiden. Wir sprechen zueinander. Es ist möglich dass du das gar noch nicht erfasst hast, bewusst. Du kommst zu mir und du heilst mich. Du bringst deine Stimme und deine Heilung in die vielen.

Wir lieben uns. Das Wort der Liebe habe ich verdient, auch die Tat. Ich kannte das Wort schon früher, sogar ohne Kampf. Schon vor dem Entstehen der Erde und der anderen Sterne. Das Wort Liebe hiess auch Finsternis. In der Höhle dieser einmaligen oft alltäglichen Finsternis fand ich die Liebe.
Heute, *jetzt* darf ich dieses seltene Wort aussprechen, ohne den Begriff von Mut und Angst.

In der Ruhe. Im Sterben der Erfahrung. Alles war und alles wird sein.

Ich werde dich immer wieder finden –

Irgendwo.

In der Nähe des Asts, eines Luftraums.

Das Wort von der Musik ist ähnlich.

Ich kenne nur noch die armen Menschenworte einer fremden Sprache. Musik, das nennen wir auch Nebelhorn und Wellengang. Klang.

Ich will dir sagen dass ich dich liebe, das *Ganze*. Du bist mein Leben und mein Tod und meine Auferstehung und mein Verzicht. Du hast mir den Verzicht gar nicht auferlegt. Das kam von selber. Aber muss bald sein.
Ich muss mich durch alles durchbeissen, durch jeden Durchgang, durch alles Harte und alles Weiche bis ich deinen Mund finde. Ich kann warten, länger als alle Knochen + alles Fleisch. Wir werden zusammen atmen, irgendwo – das ist unsere Bestimmung.
Das hat nichts mit Wahnsinn zu tun. Das ist gewiss, auch dann wenn alles untergeht und alles zerstört wird.
Mein Mund ist das Schwert und der Segen für den deinen. Ich kann warten bis zuletzt und bis an jeden Anfang –

Und in deiner scheuen erstaunten Abwehr liegt nicht einmal Ekel. Nur Abwarten. Du bist das Wild und ich bin der Jäger – wir werden uns gegenseitig finden.
Wir sind beide ohne Vergleich. Die dumpfe Trommel im Urwald und der furchtbare Waldbrand. Du bist der Jäger und ich bin deine Waffe + dein Frieden.

Ich werde dir als Häuptling begegnen, auch als federloser ungeschmückter Diener. Ich bin dein Leibeigener, auch dein Herr. Eigentlich bist *du* das alles für mich – aber ich sage ich so wie du. Es ist so ähnlich, es ist die andere Seite

derselben Muschel. Es ist der Kern, die Frucht. Ich lege meinen Mund ohne Reue ohne Frage in die Mitte deines Leibes und deine Hüften sind mein Haus. Und mein Mund lebt in der Tür deines Daseins.

[Am Rand:
Wir entdecken uns mit unseren Händen. Du bist auch der Abgrund, du bist das Werden. Meine Hände suchen dich und alles an dir überall –
In deiner Mitte, auf deinem Bauch, ist ein Loch. Das ist meine Perlmutter. Du hast mich geboren + und ich habe dich.]

Geboren und erkoren –
Und der Herrgott weiss es. Auch seine Gnadenmutter die ihn endlich entlassen hat.
Der Herrgott besucht seine Mutter so wie wir unsere Mütter besuchen. Er verlässt sie so wie wir die unseren verlassen. Und er verlässt sich selbst so wie wir die Väter verlassen.

Hast du verstanden warum ich bis jetzt das Wort *MANN* und *ER* so selten erwähnt habe? Die alte Sage von Adam aus dessen Rippe die Eva entstand. Ja, es geht noch weiter.
Sie war nicht nur Schlange. Sie war Auge – der Herrgott nannte das Erste Auge seiner vielen Leuchter einmal Frau – sie war sein Sehen. Das Geschenk in seinem Antlitz, seine Pause.

Sie ist alleine.

Auch der Mann ist alleine.

Sie finden sich. Auch die Kinder sind alleine.

Der Tag kommt in irgendeinem der Leben die da folgen da ich auch Kinder gebären werde.

Aber vorläufig ist mein Geheimnis noch *da* in der Gegenwart.

Ich bin dein Widerstand und meine Sehnsucht ist so stark wie mein Warten.

Diese Nächte sind ohne Ziffern, so viele Nächte in denen du bei mir bist. Ich fühle dein Einschlafen und dein Erwachen, ich kenne den Grasgrund in deinen Armhöhlen. Da leben die Völker – da geht es durch Sumpf und Schluchten und da steht das Erholen in deinen Armhöhlen. Und da ist der Duft deines Seins.
Da duftet es so stark, da sind die Raubtiere und auch die Wohnungen der Steinböcke – Nach allem Kämpfen und nach den Tränen und dann im Lachen darf ich meinen Kopf und meinen Mund in deine Arme betten und da sein –

Du hast Augen und viele Haare die dich da in die Wildnis deiner selbst begleiten. Wenn du nachdenkst dann schliessen sich deine Augen – in deinen Haaren ist die Natur entstanden. Und dann sprichst du plötzlich –

Ich fühle das alles immer mehr. Deine Augen sind schuldlos. Das Wort der Schuld wird dich nie berühren –

Ich habe Durst und Hunger nach DIR. Nicht alt und nicht jung. Vor all dem, vor den Begriffen. Vielleicht bist du mir noch nie begegnet aber du wartest auf mich, ich fühle es –

Wir wandern zusammen, da ist der Weg – ich bin dein Haus und du bist das meine. Keiner gehört dem andern. Wir sind zusammen. Jetzt wird es Tag. Deine Hand ist bereit –

[Am Rand:
Ich bin noch langsamer als du. Im unendlichen Schlummer. Wir werden zusammen erwachen – als ein Da-*SEIN*. Spürst du es jetzt wie ich dich suche und wie ich dich finde –
Du kannst singen, und ich kenne dein Singen auch wenn du es verweigerst. Es ist das Singen vom Leben + und ich lebe deinen Gesang.]

(undatiert)

Begleiter

Mit bangen Klängen teilt sich die Stunde,
Wendung von gestern,
So war, Mond der Gelbe, immerwährend
da geht dein Blick, bald, die nächste
nach seiner still stehenden Fülle,
noch fehlt das Viertel –
da warten wir und hören von weither die Schreie durch den Lindenbaum, ja so wie Mond (Mann mit Bürden – Kindermärchen ...) die Taube gurrt und klopft mit den zarten Füssen, umringt, da blickt das Taubenauge im Süden Orangenbäume dein Auge so, in der unbeweglichen Pupille, und das Eichhörnchen zahm geht alles an mir vorbei, tritt auf Blättern, die ersten Gedanken vom Herbst, von meinen (unseren) Händen fällt das unnötig Bittere der Zigaretten, sie fliegen dann auf endlos leicht und zart durch meinen Mund mit Tiger-Krallen stechen die kleinen Schlangen, am Tag durch das Sommerdonnern im Vor-Gewitter versteckt, die Rast unter dem Zungendeckel, Herrgott und die Genesung? Die Schauspielerei – Herr Doktor, es wird regnen, ja, es geht schon besser, spricht das Spiel fertig, wir müssen bald wieder die Treppe hinauf, die letzte Buchseite, noch ein Gang ja, es geht besser. Mit mühseligen Bewegungen ich will heim, vielleicht richtig nach Hause ziehen, es regnet. Flugzeuge brüten durch das Donnern, heute kein Mond – vor einem Jahr ...
Die ganz jungen Krankenschwestern bewachen, die Eine, Engelerstrahlte, mit den hellen Haaren, rotgetüncht durch das dichte Strohgesträhn der Haare, Eichhörnchen schwingt am Busch und knabbert mehr und mehr, Geröll von Nüssen, Beeren, hält seine weichen grauen Hände vors Gesicht und knabbert durch alle Baumrinden hindurch im frühen Sommerabend, zwischen leichten Worten und den Sachen, Kleidern, immer wieder die vielen Schlangen durch den Mund auf der rechten und der linken Unterlippe, Erscheinung, und du, bemerkst du die Angst meiner Gedanken, die bange Leiter führt ins Seelen-Haus, eine andere kratzt, Papiere und Zigaretten am Boden fort fort von hier, verlassen mich die Schlangen denn nie. Die Haut ist schon lebendig, als ich am Anfang hier war, da nagte der Leichengeruch das fortwährende Gefühl von verbrennen, von aschigen Erdbewohnern mir durch

alles Innere, endlich hast du mich erlöst, Herr, denn ich lebe jetzt tiefer und ruhiger – bin anspruchslos zufrieden, ohne Mangel gesucht und ohne Suche – ohne Erwartung – so ist wohl die Liebe, der Teufel wandert noch immer im Tunnel meiner wirklichen Träume, während die Fremden bloss mein Lachen hören und meine fremd-höflichen Antworten an das ihre, da weiss *Ich allein* dass ich noch immer vom täglichen Dämon bewohnt bin und darf es niemandem sagen, sonst werden sie mich sofort wieder in die schlechten Hallen giessen in die Nachtbäder die nassen Tücher die Eis-Gesellen der schwarzen Schwestern der grelle Tod verbeugt sich er hält Schilfstangen in der Rechten und brüllt mir leise ins Ohr:
Bewohnte Schlangenzüchter im Mund-Winkel.

(undatiert)

The heart is a bit sad on all four corners, when it's *such* a clear fall day in the middle of summer + all is open wide + you hear that tune + somebody is going away maybe in a plane + you hear an ambulance far off whistling + don't know who is being driven in it or how + why, it's waiting around, no visitor here yet, it's the book about gods + boys + underworld stuff + the big guy Acheron + his helldog barking in the boat – all the old gods under the sea + those that wait in a star house they all listen, my heart beat slowly + a knife is cutting deeper inside + it's hard to think of things + you'd like to be in a garden + hold hands with an angel on the same bench + just forget words + have it last the whole afternoon thru, just you or I with the Angel in a garden on a bench, being together + not saying farewell to one another just flying away together + not laughing or crying, just beating the big wings + taking off –

(undatiert)

Das Herz ist ein klein wenig traurig an allen vier Ecken, wenn der Herbsttag *so* klar mitten im Sommer ist + alles weit offen ist + du diese Melodie hörst + jemand weggeht vielleicht in einem Flugzeug + du weit weg eine Ambulanz heulen hörst + nicht weisst, wer darin gefahren wird oder wie + warum, es wartet rundum, noch kein Besuch hier, es ist das Buch über Götter + Knaben + Unterweltdinge + den grossen Burschen Acheron + seinen Höllenhund der bellt im Boot – all die alten Götter unter dem Meer + jene die warten im Sternenhaus, sie alle horchen, mein Herzschlag sachte + ein Messer schneidet tiefer hinein + es ist schwierig an Dinge zu denken + du möchtest im Garten sein + Hand in Hand mit einem Engel auf derselben Bank + einfach Worte vergessen + möchtest das den ganzen Nachmittag durch, einfach du oder ich mit dem Engel in einem Garten auf einer Bank, miteinander + einander nicht Lebewohl sagen, einfach fortfliegen miteinander + nicht lachen oder weinen, einfach mit den grossen Schwingen schlagen + starten –

(undatiert)

The occurence of meeting a face contra a face

Supposing you are a woman facing another man? What happens? You talk and you see. You walk towards him and feel quite natural about it. Yet there is no reason to take the other man for a natural phenomenon. He is a stranger to himself and to you. The sound that you hear, while you look at his lips, is not concerned with either you or himself. It is addressed to an internal conception of what might be or should be.

The man smiles. You watch his eyes and you don't understand what they say. You don't know what happens behind the man's back, behind his eyes or what happens under his feet. You don't know what he does with his hands while you watch his mouth.

You don't know what goes on or goes not on in his body.
The man walks along with you.
Do you hear his steps? And what about your own steps? Be silent and listen to the eventual secret they might convey to you. Explain it.

You and the man stop. There is no more sound. Yet you feel his breath. You see his breath coming out into the air like smoke. A winter morning.

How do you associate yourself with his breath and your own breath?

The man sings. Where does the song come from? What depth lies under the song and by what surface is it covered? Answer me, who is the stranger you talk, walk, step and sing with?

You say he is your lover. You say that he and you lie together at night. How do you know what the night does to him? How do you know that his eyes see in the darkness? Have you any conception of his body?

Das Ereignis – zwei Gesichter treffen gegeneinander

Angenommen, du bist eine Frau und siehst dich einem anderen Mann gegenüber? Was geschieht? Du sprichst und du siehst. Du gehst auf ihn zu und findest das ganz natürlich. Und doch gibt es keinen Grund, den anderen Mann für ein natürliches Phänomen zu halten. Er ist sich selbst und dir ein Fremder. Der Ton, den du hörst, während du auf seine Lippen schaust, kümmert sich weder um dich noch um sich selbst. Er spricht mit einer inneren Vorstellung dessen, was sein könnte oder sein sollte.

Der Mann lächelt. Du siehst seine Augen und du verstehst nicht, was sie sagen. Du weisst nicht, was hinter dem Rücken des Mannes geschieht, hinter seinen Augen, oder was unter seinen Füssen geschieht. Du weisst nicht, was er mit seinen Händen tut, während du auf seinen Mund siehst.

Du weisst nicht, was in seinem Körper vorgeht und was nicht vorgeht.
Der Mann geht mit dir.
Hörst du seine Schritte? Und was ist mit deinen eigenen Schritten? Schweig und hör auf das etwaige Geheimnis, das sie dir zeigen möchten. Erkläre es.

Du und der Mann halten inne. Kein Ton ist mehr zu hören. Und doch fühlst du seinen Atem. Du siehst seinen Atem, der wie Rauch in die Luft austritt. Ein Wintermorgen.

Wie vereinigst du dich mit seinem Atem und mit deinem eigenen Atem?

Der Mann singt. Wo kommt das Lied her? Was für eine Tiefe liegt unter dem Lied und was für eine Oberfläche bedeckt es? Antworte mir, wer ist dieser Fremde, mit dem du sprichst, spazierst, schreitest und singst?

Du sagst, er sei dein Geliebter. Du sagst, dass er und du des Nachts beieinanderliegen. Wie kannst du wissen, was die Nacht mit ihm macht? Wie kannst du wissen, ob seine Augen sehen in der Nacht? Hast du eine Vorstellung seines Körpers?

You say that you love him.
Where and when and why and what is it in him that you love?
Then you awake. The man awakes too.
Do you know whether he has a hard time to open his eyes or not?
What happens to him when he enters the morning?
Are you concerned with the happiness he received from you – or the joy he gave to you? And if so why?

And afterwards, when he brushes his teeth and looks into the mirror, do you know what goes on in him then? Does he know why the mirror face is so unlike himself?

Let us all laugh together ...

But believe me, you shall never come nearer to that man than he comes near to his own shadow.
And he shall never unfold your shadow though he feels your kisses on his burning hand.

You are both strangers to each other and to yourselves and yet you told me that you are lovers.

May I then congratulate you my dear and wish you much luck for the future?

Sincerely,

(undatiert)

Du sagst, dass du ihn liebst.
Wo und wann und warum und was ist es, das du an ihm liebst?
Dann wachst du auf. Auch der Mann wacht auf.
Weisst du, ob es ihm schwerfällt, die Augen zu öffnen oder nicht?
Was geschieht mit ihm, wenn er den Morgen betritt?
Kümmert dich das Glück, das er von dir empfing – oder die Freude, die er dir gab? Und wenn ja, warum?

Und danach, wenn er sich die Zähne putzt und in den Spiegel sieht, weisst du, was dann in ihm geschieht? Weiss er, warum das Spiegelgesicht so anders ist als er selbst ist?

Lass uns alle lachen miteinander ...

Doch glaube mir, du wirst diesem Mann niemals näherkommen als er selbst seinem Schatten nahekommt.
Und niemals wird er deinen Schatten entfalten, selbst wenn er deine Küsse fühlt auf seiner glühenden Hand.

Ihr beide seid Fremde euch selbst und dem anderen, und doch sagtest du mir, dass ihr euch liebt.

Darf ich dir dann gratulieren, meine Liebe, und dir viel Glück wünschen für die Zukunft?

Herzlich

(undatiert)

Quand on a fini d'être le surplus de soi-même, quand la nuit se penche vers les rochers azurs des heures du supplice de ville illuminée par l'heure infernale, quand on se rapelle du jour des voix du livre, pleines de tendresse, quand les mains se referment et quand l'homme, très petit, prend son départ final vers le pays des étrangers de pierre de feuilles stigmatisées par la mousse du rêve d'hiver parmi le soleil et parmi les mondes [?] regrettables [?] du sommeil sans eau.

L'homme qui pleure s'étend parmi la nuit, solitude d'astre, quand on a perdu le courage de voyager, parmi les larmes du lendemain l'aube s'égare, chaque arbre marche dans la maison de ma tristesse et la poésie de ceux qui ont du courage vole parmi la vie d'étoile solitaire. J'ai cessé de marcher. Je plonge vers la rive, sans désir, et l'eau me console. Une jeune aux yeux d'ambre me dit le dernier mot méchant.

Alors le cerf renaît et les rossignols commencent à chanter parmi cette tristesse de nuit sans fin.

(undatiert)

Wenn man aufgehört hat, der Überschuss seiner selbst zu sein, wenn die Nacht sich neigt zu den blauen Felsen der qualvollen Stunden einer Stadt, erleuchtet von der höllischen Stunde, wenn man sich erinnert an den Tag der Stimmen des Buches, voller Zärtlichkeit, wenn die Hände sich wieder schliessen und wenn der Mensch, sehr klein, zum letztenmal aufbricht zum Land der Fremden der Steine der Blätter mit dem Wundmal vom Moos des Wintertraums zwischen der Sonne und zwischen den beklagenswerten [?] Welten [?] des Schlafes ohne Wasser.

Der Mensch der weint legt sich zwischen die Nacht, gestirnte Einsamkeit, wenn man den Mut zu reisen verloren hat, zwischen den Tränen des neuen Tages verirrt sich die Dämmerung, jeder Baum geht im Haus meiner Trauer und die Poesie derer die mutig sind fliegt zwischen dem Leben als einsamer Stern. Ich gehe nicht mehr. Ich tauche gegen das Ufer unter, ohne Wunsch, und das Wasser tröstet mich. Eine Junge mit Bernsteinaugen macht die letzte boshafte Bemerkung.

Dann wird der Hirsch wiedergeboren und die Nachtigallen werden singen zwischen der Trauer der Nacht ohne Ende.

(undatiert)

Prosa II

... outside it is very gray. All the steel constructions are waking up and their steel shines towards new work. The American poet Carl Sandburg (who I do not think of very highly!) has after all along with Whitman („Leaves of Grass") best represented the American sense of living, the working hymns and the harsh bright „outré monde" light of this continent. Also Hart Crane. As I write to you looking out my window I think of all the contemporary American poets and artists who represent their outlook on this strange country and I find myself beginning to realize that I shall be one of them. I shall be an American painter, that is to say I shall try to realize the vision of this moment, in the most direct way. I shall begin to speak of the New, the new cities that are shooting up along the river, the new settlements in which humanity shall dwell, the new space in which children shall grow up and spread their arms and perform a new dance for a new time, a future that we begin to feel underneath the current of war and strife and uncertainty. Underneath all these momentary troubles America shall grow up to be a fine realization of modern Life. Art and Artists will be taken more seriously than they were heretofore and boatbuilders shall create more courageous lines of expansion of their world-seafaring ships. In Manhattan you can smell the big draft of the north wind, and winter and the northern lights that dawn on such steelgray mornings as today while I write to you tell of a great moment, they speak of peace and of new global languages and many new bridges. When I paint bridges I believe to also add in symbols to the peace and welfare of the universal future!
(5. November 1947)

Our land and roots are the world. Our earth must be the everlasting *Now,* our home the Present – Each hour most be a root to lead back to Infinity and the friends we have the ones we live with are our garden.
I have no sense of country anymore – Am also like „the wandering Jew" –
(Rom, 22. Oktober 1949)

... Maybe it is best *to speak* as little as possible *of myself* – it „just makes me blue and hopeless as I can hardly live with my own nature." I am *a rebel*

toward what? Toward Nothingness. Like Don Quixote, without his courage
or humor, running against the stream of my *own* imagination –
(9. November 1951)

Don't forget that today it is Sunday; God the Stranger is, now, maybe, on,
his, way.
(Sequence to a poem)
(1951)

Don't forget that I, am a, woman, a belly, a, sword, a, nipple, a, sex a, dream,
cross, and, a Sunday, and, a Mirror.
(1951)

Miracles, chewing gums and mumbling between women about sex and in
general, the babies etc. and some of the books they read – automatic drawings
(as I have no phone calls)
(1951)

Fragment:
Oh boy is it? Yes, it's raining ...
Oh boy is it? Yes dear. It is ...
Oh boy now? Yes dear. I'll get the car
(1951)

Guessing
While they know about death they'll know fear and they wish for youth
immortality and being afraid they imagine multiplicity and go to war with
each other, they always want to divide all that is maybe undevidable
[1951]

When it rains each step backward or forward glancing is a hail-farewell a
talking gesture, holding ahead, your head or ours or mine covered in the wet
rainy left + right armsides ... When it rains sadness slowly glides downstairs

wetting so very carefully each line in each step, it's a ladder where lovers cover tears with their bright sun-steps.
[1951]

Sunday
Sun Day
You ask questions and you build answers you destroy the silence it takes growing up.
Prayer to a God to accept the help of Man as man accepts the help of God
Make a bridge between the Beautiful and the Un-Beautiful and help us to walk on this Bridge
Do help us to grasp Invisibility let us find the truth and let us have new law givers that convey thought in a visible way ...
(9. Dezember 1951)

You get a bit older and you want simple lines and no noise and maybe just a line, flat against air a house a hill a man just a one thing with a simple outline behind it ...
[1951]

It's no use overemphasing the feeling of a past love or a loss in it somewhere it's best to just know that each one has a double eye – arm + even the heart is a Two-Beater
[1951]

... Changing ...
Wisdoms are a middle-less round and the middle in it all is just awishmaking ...
[1951]

There are such that don't want to be told about love, well so we shall ignore and not speak of it all and stay silent awhile. They are afraid of themselves so they don't want to be loved.
(1951)

First there was the end and then there was the beginning and every body began to look like somebody else and all ancestors go thru somebody else too ...
(1951)

Ex plaining (Ex-plan ... ation ...)
I look desperately for new forms. I don't find any in the head. So I draw unknowingly the forms that are somewhere hidden or maybe further than the head. I want to draw women forms, but the buttocks and the elbows and the neck or the hands don't really interest me. So I look for forms. Square or round or dots or a line or two lines and then I want to draw a man. Well, a man with his arms up skyhigh is just a few lines left and right and the sky has no form at all. So I stop thinking and just play at telephonedoodling with a pencil on a paper and so I forget about still wanting to find something new, it's all a bit alike to me.
(1951)

One of these rare hours just before it clouds up let's go away somewhere + may be it won't be dark again it is noon and on the piano you make waves and waves of sound all is always sad when it's beautiful it's just a walking it's just the impossibility that makes the day so radiant it's the restless heartbeat + the memory of a book we read + it's children clapping their hands together for no reason at all it's feeling if in + out + just feeling it *all*.
(1951)

A Sunday is just a moment on the grass holding a yellow letter in your hand and the yellow paper of it is just the Sunday lying down in mid air + a quick plane going thru a cloud + a blue window + it's all been said before and some day we'll be alone together on the grass and eat some fruit together + not have to read then.
(1951)

Lovers are always searching alone, together ...
(1952)

Still Lives are not still …
(Oktober 1952)

Nicht jeder Turm fällt im Sturm
(November 1952)

Sometimes you can, in any land, take – hold and feel another one's hand.
Dazu „Gedanke":
Das Aussichtslose ist manchmal das Los der „Sicht", mit wenig Worten, fast im Wieder-holen, sich an die Spur der Natur zu gewöhnen.
Auch wenn die Erde, die Sterne und der Eine Vielfache Weltraum vielleicht wieder in Auflösung begriffen sind, durch Gott und seine Überlegung das Geschaffene zu ändern oder zu erlösen, so glaube ich doch, dass selbst eine Welt ohne Formen der unendlichen Freude am Sein sich auch durch das *Nichts* gestalten wird, denn *Es* ist, scheint mir, die Seele des Ganzen, und der Weg der Umformung ist vielleicht nötig für einen erfrischenden Schlaf, für einen Gott, der so selten Ruhe braucht –
(November 1952)

Gedanken
Ja, Worte, sie sprechen von allem, von Gott und Liebe und Ewigem Zusammengehören, sie sprechen von der NatuR und von Menschenherzen.
Die Natur ist *da*. Es ist kein Traum. Auch die Blinden können das Natürliche fühlen.
Die Stille bewahren, in der Tat und im WORT, dann kommt es vielleicht zu einem *richtigen* Sprechen. Mensch zu Mensch zu Ding zu Tier, ohne Angst und ohne Drohung.
Auch der Tod sitzt gerne im warmen Zimmer, er will sich manchmal an der ehrlichen Rede ausruhen.
Die Lebendigen sind manchmal viel müder als der Tod.
(November 1952)

I want to be buried some day in a little mountain cemetery maybe in the Engadine or around Zermatt or such a simple place with you and father or alone – but not near Jones Beach or Niagara Falls!!
(1952)

We watched a forest burn behind a window + didn't tell a soul
I (overheard) boys or girls: Some are born in virginity to continue in Virginity
(1952)

… for my comfort. I think I will begin like this: dawn; the shells on a beach; – I don't know … voices of cock and nightingale –; and then all the children at a long table, lessons – The beginning – Well, all sorts of characters are to be there. Then the person who is at the table can call out anyone of them at any moment; and build up by that person the mood, tell a story; for instance about dogs or nurses … or some adventure of a child's kind; – all to be very Arabian Nights … and so on –: this shall be childhood – but it must not be *my* childhood –: and boats on the pond – the sense of children, unreality … things oddly proportioned – Then another person of figure must be selected – The unreal world must be round – all this – the phantom waves – The Moth must come in – the beautiful single moth – Could one not get the waves to be heard all through? Or the farm yard noises? Some odd, irrelevant noises – She might have a book – one book to read in – another to write in – old letters – Early morning light – but this need not be insisted on – because there must be great freedom from „reality". Yet everything must have relevance –
one too many lines on „hills"
(um 1952)

(Keep your sense of humor, she says)
Much easier to keep if they don't pronounce it … as though you could „buy it" in „airraidshelter toy stores" …
(1953)

Je réalise donc que, avec ou sans patience, je n'ai plus l'instinct naturel du dessin qui est en soi la squelette de toute connaissance spirituelle faite à la main ...
(1953)

C'est bien difficile de dessiner après nature, et de donner un peu le sentiment aux peupliers (Pappeln) que le vent leur donne quand il les décoiffe et crée à chaque instant de nouveaux espaces d'entre leur feuillage et leurs minces branches.
(1953)

C'est bien difficile aussi de dessiner une route qui monte et de donner aux lignes qu'on fait au point qu'on appuie doucement sur la page le sentiment de route qui continue quelquepart dans un monde qu'on ne peut pas apercevoir de la fenêtre d'où l'on ...
(1953)

Et le brouillard et la neige qui tombe et la pluie ... et de donner plus que l'impression de trouver l'air ... de trouver la forme (tronc d'arbre) de voir de faire ... de regarder ...
(1953)

Now my Age – pray
Now may
Now day
Now say ... the earth turned in her play to ray ... pray ... clay ...
(1. Dezember 1954)

Stirne – Ge(h)-Stirne [?]
(am Anfang schuf ...)
(1954)

Die Menschen waren noch nicht DA
(Es *war*)
(1954)

Please listen, to – to Please, (to reach a point of being pleased to Listen –)
(1954)

Have no language of my own, neither a country anywhere that my heart (Being) calls its own – therefore any place, any sound any language that I feel a bit is similar to another one and I find human beings more and more similar to each other –
Some people make a point (also „fashion") to write what they have to say in *short* sentences, well calculated to come to the point as briefly as possible – others let a sentence come to its own end without interruption – Hemingway, Remarque, Shirley Ann Grau and many new ones develop a style of special conscious simplicity, they work at it – like women cut their hair especially short now and in the USA men prefer a crew cut since the war – All this will change again – hair does, writing does – nature does and a government too – only change doesn't change.
(Zürich, 19. März 1955)

The private old cemetery nearby is friendly indeed, I would just as soon „sleep" here than to be put „number wise" into some Bronx like mass-cemetery –
I still wonder whether I want to be burned some day or just rest with my body stretched out in a coffin and rot slowly a-way –
Death is in us since we are born. The *word* brought it about. Life is motion. And the two are supposed to be bridged together often –
Right now I prefer to think less and listen to the really loud und happy Swiss spring birds –
Now it is noon, twelve o'clock, you smell food in the air – everybody leaves work und goes home to eat (nearly everybody)
family life seems to matter a lot all over –
(Zürich, 19. März 1955)

It is good and peaceful to copy poetry, on a morning with fog all over the mountains, and to find out (while finishing a last drag of a cigarette) that nothing is in vain, we know each one for himself the good from the bad and that is a lot to know and enough to believe in faith (faith exists as you pronounce it) each one by himself. You get rid of trivial unnecessary thoughts,

you swallow a sentence of each reading and keep a pure streak somewhere in a line of one page in many books. Leonardo da Vinci spoke of a sponge that you dip in many colors ... and throw. But that it was not enough to discern landscapes etc. in the result of the sponge. He understood long ago that we were going to throw a sponge „at".
(Juni 1955)

I love Juan Gris and Braque and Mondrian and Klee – Clay?
all the same Day –
(Zürich, Juni 1955)

You will realise that fear ... time and dying sensation need not to be, no name ... nothing of I or you ... to be really impressed by, the rock, the flower, the form and fresh water once in a while ... a shaking hand not holding a brush so as to *draw* that line ... but all is well, no pain to conceive, no future, always *now* and the hope of a turn and the wish to know what trip we want to take ... what face we want to look at in a mirror, a night-view and waking up, angel, angel, I saw you first and I tried to believe that angels grow wings and that they are similar to other people but yet a bit different. I try to pray, but I forget the feeling of it and I still can see, the moon is around somewhere else, but I know that I saw the moon, now or yesterday ... (Keep the sight of angels a secret and be careful not to mention that you haven't yet been there (people lock some of us up for no reason at all ...))
(Engadin, 12. Juli 1955)

Farben
Rat für BLAU-Blinde
Es gibt Tage wo eine Farbe genügt, um fast zu erblinden, andere Farben machen einem bloss Geist und Hände schwach (schlaff), manche spenden *mehr* Freude, einige verdecken, die meisten sind Mittel zum Entdecken –
(24. August 1955)

Selbstfrage: Muss man denn andere stets verletzen, um sich selbst zu besänftigen?
(29. August 1955)

„Was dir genügt, ist mir zuviel."
(August 1955)

Im Moment kenne ich niemanden auf der Welt, dem ich einen Brief schreiben möchte. Das hat, glaube ich, zweifellos weder mit Einsamkeit noch mit Freiheit zu tun.
(August 1955)

I love to live in and without the tunnel I love the sound of the train whistle here in St. Moritz.
I love to make points on a prepared background, now and years ago – Self-sameness and yet the change ... that is a few years ago I realized my *self* by working as though each page were and had to become one original, now, without resignation I copy the love of what I did, I have few new ideas, but I work continuously without manifestation of a revealing development between yesterday or now – Before or after „loosing my head" I sound the same in the wordless credo-sound of my heart –
(August 1955)

Auf, Zeichnungen, auf Farben Hinter-Grund, der bald helfen wird zum Verblassen der Feder-Sprache ... Pläne: (Federn zum Schreiben und Fliegen ...)
Anlehnen, auch schatten-lose Bäume, Warten, eine Reise vorbereiten, mit etwas Braun, Dunkelgrau und viel Weissem.
Maler fast immer, mit und ohne Hände, eine Seele ... Farben, deutlich mit Wand ... am Rand, erkennbar ... Worte malen ... Zaubern – Zeichnen – Suchen, – Olivgrünes, dann die graue Mittagsstunde.
Eine Wunde ist nicht rot ...
Taubenfedern ... Auf-Zeichnen ... Farben-Blinde, die doch täglich danken, die ab-sehbare Stille – die Augen, immer wieder die Augen, Licht-Schwingen, das Dunkel und das Helle gleichzeitig übertragen, formlose Farben ertragen den Frei-Raum so schwer.
Ja, aus Farben ... gebären Dichter Worte, aus Worten *sehen* wir ... Musik ... *wahr*nehmbar? Hat da im Ton-Klang auch jeder Strich eine Bedeutung, nur was zwischen den Linien liegt oder er(über)hört wird, kann DA-sein ... Eine Melodie von Klängen, Punkten, irgendein fragenloser Gesang, und dann die

Brücke die sich als Bild erklärt – wir brauchen die Ohren und Augen – Reichweite ... nur wenn sie beide bewusst bereit sind mitzumachen an der geistig-körperbedingten Arbeit des Zusammen-SEINS ...
(August 1955)

Manchmal erschüttert die Rilke-Sprache alles Traurige bis ins hoffnungslose Leben im Spiegel des Lesenden ... deswegen *brauche* ich die stete Sprache der amerikanischen Dichter meiner Gegenwart 1955 ... denn das Leben behaupten ist doch kräftigend, es gibt Tage, da Rilke mich irgendwie *ent*hauptet ... und im Dämmerzustand, eng, verlässt, doch die Dichter in der englischen Sprache geben mir DURST, Hunger und Freude am eigenen Aufwachen ...
(August 1955)

Man freut sich oft auf das Ende des Tages, bevor er eigentlich anfängt für den, der ihm begegnet. Als fast erstes erblicke ich die Linie von Licht und Schnee der obersten Bergspitze, die einer Mondsichel und manchmal einer Welle oder sanften Hügelform gleicht – dann Nebel, dann Sonne, dann Himmel, besonders klar in der Frühe, sechs Uhr ... dann die Tagesstunden, ins Dorf gehen, die Treppen hinauf zu meinem Zimmer, das grosse blaue Zifferblatt und das tiefe Glockenspiel durch jede Stunde hindurch, dann das Farbenmischen, das wenige Zeichnen, fast nur mit dem Lineal, und hauptsächlich Zweifel über mich. Bin ich denn Maler oder Dichter, oder war das alles einmal früher, da mein Glaube an das Unbedingte fröhlicher schien – dann die vielen Spaziergänge, das ständige Naturerlebnis – das viele Lesen in Stein und Schmetterling, in Blume, Wolke, Weg und Buch. Das viele Mischen im Bücherlesen von Rilke zum Haiku, von Japan zu Platons Gastmahl, von Virginia Woolf zu Hofmannsthal.
(2. September 1955)

Steine pflücken. Mosaik. Stunden, täglich am Strand. Selbstlehre. Schuld vergänglich machen mit dem Willen der Seele, einfach, unnötige Worte, Gedanken der Ironie (im Schatten, Zweifel) lösen. Worte helfen, welche: *Freude.* Erlösen. Dank. Schön. Stein, Farbe, rein, Mutter, Vogel, Flug, Welle, Licht; angstlos, im Glauben zum Geiste, ohne Frage ohne allzu viele Lasten

des Suchens. Das Seine verstehen, das Deine ohne Neid verstehen. Enthüllen, die Entwicklung. Der Geist, der Traum, der Frühmorgen, die Gedanken des Bösen, die Flügel der unbekannten Vorfahren, Arbeit, Ruf, Kinder und Schritte von Kindern. Jeder Tag, neue Wolkenbildungen, der Mond, einmal vollrund, dann fast schief, dann das regelmässige Atmen (Motor) der Fischerboote, und die Lichter der Sterne, der Boote, wie Abendspaziergänge. Die Begegnungen mit Tieren und Menschen, viele Oliven- und Orangenbäume, Orangen jetzt in voller Blüte – viele Früchte leuchten am Boden. Dann die Bewegung der Baumwollpflücker. Wir möchten Erde kaufen, etwas mit Tieren und Bäumen und der Hoffnung vom Lebendigen. Dann ein Haus in diese gute Erde einbauen. Gäste auf der Erde, ja, Wanderer, solche, die Heimweh haben und doch oft am Eigentlichen vorüberziehen. Man tastet aufwärts und glaubt doch an das Erreichen vom Berg-Kristall und von allem Namenlosen.
So war die Gegenwart. Das Da-Sein, das Leben. Man wohnt in der Mutter – nachher die Tür vom Leib des Menschen auf den Grund der Erde. Da gibt es Gras und viele Dinge und den Klang der Sprache. Ohne Vorwurf.
Immer wieder Steine sammeln. Es gibt Tage da die grünen, seltenen, glatten (auch blauen, auch Muscheln) fast bewusst in unsere offenen Hände kommen. Dann der Ziegenhirt, der mit den Ziegen eine fröhliche, geheimnisvolle Sprache spricht, nur mit ihnen, von mir will er auch Zigaretten und Geschenke. Ich möchte oft meine *Meer*-Eingebungen aufschreiben auf notwendige, unpersönliche Weise. Nachher ist es zu spät. Alles wird zu einem verständigen Gebet. Ganz klar. Dann die Begegnung mit anderen, oft werden Augenblicke des klaren Erfassens getrübt und zerstäubt ...
... die heilige Gleichgültigkeit.
(San Pedro, 4. November 1955)

D'apprendre à tailler la pierre pour trouver la prière (pensant peut-être à Ravenna où j'espère à tailler ou à trouver des pierres pour comprendre le sens de l'art mosaïque).
(Barcelona, 21. November 1955)

To talk about art, or not to need to make much words, to put no daily wisdom down (ink) on paper each night to quote Haiku, travel to see more + more

crucifixions, to learn, the equivalent of working might be just to look at others' work, to draw comparisons and to finally forget the evil statement of influence. Each man a limb in his own right, the working man, the mason the sculptor the painter the musician using his hands as much as the dough maker, then to end up just loving human hands and human ears and eyes and the sight of all of it, to be aware, to make art, in silence and sound, and to be made and remade by it and never to want to know what it is
(November 1955)

Wie dankbar bin ich doch dem Papier, ihm mit un-steten, aber doch *Linien nachfahren* zu dürfen ...
(November 1955)

Heute erblickt zwei blaue Teile am Kirchturm da wo die beiden Uhren daraufstehen. Farben tun weniger weh als Worte. Im blauen Zifferblatt der Uhren dieser Bergkirche liegt das vielgesehene und vielgemalte nachgeahmte Blau des Himmels. Die Maler der Wände sind auch Künstler, nicht nur der, der ihnen den Auftrag für eine bestimmte Farbe erteilte. Es braucht viele Menschenhände zur Ausführung einer Idee. Wie dankbar bin ich meinen Augen, die Spuren im verschneiten See zu sehen, auch wenn mir das Talent und die Gnade des Nachzeichnens momentan fehlt. So bete ich für die Ruhe und bitte Gott um neue Kraft.
(30. Dezember 1955)

What do I leave behind what do I bring forward ... will language-memory remain ... will I find will I see, by a new finality ... the sound of silence is a weight, even sleigh-bells or horses' hoofs on snow cannot make me forget what I hear ...
(Dezember 1955)

No-Thing – new
Many days' grip at a grippe, griping at back-aches and complaining back and forth staying in as so hot to get out, fear about void and guilt as usual. Neurotic not newrottic.
(Ende Dezember 1955)

Humor ends up deadly serious,
you ask for a key when it's obvious
you need not open to „well"-come ...
(Ende Dezember 1955)

„Erinnerung an Stunden als das Wort von Gott noch einen Namen-Schall trug."
(1955)

Befehl ... Maler,
Mal-er ... Herr –
(1955)

Often regret death as such because it will prevent me from reading and rereading from painting luminously or writing a really bright poem and yet it may be a while off! It snows, I shall ski again into the „Nebelmeer".
(14. Januar 1956)

– and and is and –
so is End –
(März 1956)

Das klare wunderbare Vergessen und Schlafen, Mensch sein ist schwer wenn man sich an das grosse Blattanmalen der Vergangenheit erinnert.
Das Leben wort*los* erleben.
(März 1956)

„Gedanke"
„Hinein,
heraus ...
Nebelsonne
und das Erwarten
der Flamme
im Regen."
(Kreuzlingen, Ende April 1956)

Conscious of existing momentary in plainless nonexistence. To be and not to be, grateful, pain is far off and yet so near in fear of nameless „have been and will be"-moments.
Childhood still mine [?]. And the silence of memory. To work at not working. To reflect my searching gaze in others' testimony. To each man a faith in something. To be different? To remember. I calmly say: midway, I am the possible bridge I am part of the word. Word leave me. To feel confidence in the word in new form, new reaching outwardly. To be inside to feel the escape and the pardon, to accept. Will, oh what are you?
(Zürich, 4. Mai 1956)

The words humility and vanity are deceiving. The words solitude, God, fear, pain, pity, all were used again and again. Just sound, melodies, renew themselves originally, the song of a bird in early springtime is original.
(11. Mai 1956)

To work. At our own. At ease. To hope, to help, to wait. To smile, to touch. Yes, we can *do* many things. Let us be content in one form or another and forget the limitation, the wall.
Yes, let us hear. I have no plan. But I shall try to take each day into my heart and into my arms.
(11. Mai 1956)

Another, another same day, gray in gray just one way. To pray for a ray? To hear birds singing after nightmares, to „must" remember the nostalgic hope of soul, spirit, forgiveness. There are moments when I fail to understand the logic of inward punishment. To be led astray? To visualize evil ... and yet and yet. Let time tell. I think of the Swiss as an old ugly people though I still am charmed by each peasant each woman working with her own hands in her garden, but in a town or in a sanatorium I feel the sound of sight and language as against the boundless sky I visualize.
To be in a sanatorium in the USA was hellbound too, a few nice memories yes, a nice patient here and there, yes, but these two continents have blown my hard character asunder, when I left college in USA. I still was very homesick for an European way of living. And now, 18 years too late maybe (how I at

heart hate „regrets"), I can hardly find a friendly road in Europe again. Travelling is OK. But underneath it all, I need to „belong" somewhere. „The world is my country" that is a poet's sentence, easy to pronounce difficult to follow. I love my parents infinitely, forever if I may say so. We all know very little about the life hereafter. I cannot paint here. So I sit around from 5 to 6 in the evening, mostly middle aged ladies at a table, sewing and knitting. I am not better or worse than they are but what oh God do you want me to do amongst them? They gave me clay to mould. Once I tried to make a tiny canoe. But I think and what do I do with clay? Have no interest for it, this strange territory, the outsider cannot guess what it is like. Some fit into the patient part and play it willingly without questions or doubts. I cannot play at these cards –
(Mai 1956)

Ich denke an die Gefangenen allüberall in der Welt, die von früher und die von jetzt, und ich versuche mühsam, ohne Fragen an das „Warum", zu beten, möge Gott heute und morgen einigen armen hungrigen Seelen Liebe und Verständnis und Trost bringen, sie aus dem monotonen Leid erlösen, sie nicht allzu lange vergessen. Der Zeitlose kann sich wohl kaum mehr an die Not der Zeitgebundenen erinnern. Lindere ihre Angst und gib ihnen endlich etwas Hoffnung, ein liebes Wort einen gütigen Blick, Du Macht Du weit Stehender, den ich immer begreife. Ja, Arbeit scheint die einzige Antwort, solange der Körper noch darf. Nur dann kommt das Singen, während der Arbeit, die Stunde bewegt den Drang im Herzen, wir rufen, lass uns nicht alleine, sänftige unsere Furcht, erkläre dem Bösen, dass die schlechten Träume uns nicht mehr begegnen. Wenn bloss der wirre Traum erlöscht, so soll wohl das neue Feuer vom unerdachten unberührten Sterne noch einmal zu uns kommen, uns in das schmerzlose Vergessen aller Angst einführen, da soll das Vergessen die Stelle von Mutter und Vater einnehmen, da gibt es keine Pein, keine schreckliche Einsamkeit, da entsteht die bewusste Ruhe, und doch, ich selber kann nur noch an die Liebe meiner Eltern glauben, das steht mir nahe, näher als alle Namen des geschriebenen und angerufenen Gottes. Das Märchen der Bibel dass da einer für uns alle gestorben ist aus Liebe. Auch er war streng im Nachlass des Schreibens seiner Jünger, auch er richtet.
(Mai 1956)

Freude, Freude, das Wort wird zum gewalttätigen unechten Schauspiel, zu oft genannt und zu oft gewollt. Sei zufrieden, was willst du? Eine gute Tochter sein, ein guter Maler mit ganz neuen Ideen werden, die Angst vor dem Tode und dem Teufel und den unendlich langen Tagen einer wirklichkeitslosen trägen Zukunft vergessen.
(Mai 1956)

Switzerland and its inhabitants are definitely *not* my country or inwardly sought people.
I am close to nature up here in the mountains, to the rock the tree the deer and the birds. But I am fully aware that my mind is against these inhabitants ... these villagers – narrowminded and damned.
I can feel the *real* people, the farmers, the shepherd boy ... but oh God beware me of the shopkeepers, those that ride on Sunday and those that keep evil walls and sordid looks toward the Age.
I miss the East ... and I pray to leave this country.
(St. Moritz, Juni 1956)

Let them tell us that we „modern" artists or poets are not enough social minded to please the public. I doubt this. We may not read the papers every day and not know each branch in „Who is Who", but we know gray and light brown umber and crimson red, we can repeat ourselves with Gertrude Stein as a lead and hum a tune of Honegger or Bartok by heart that suffices – „Leave all hope behind ye that enter here", this primary sentence of Dante does not impress me favorably. I believe in faith, willpower and the ability to change evil matters into good matters. I believe most artists ought to give a few hours to some other social occupation besides their canvas, their writing paper or notepads – let's try to get to know the man that Hemingway tries to write about and not only read what he writes. Let's go to sea or just travel, fly or walk once in a while away from ourselves and away from friends or relatives and get to know a bit of the world where it is less easy to be asked to sit down for a drink or a friendly talk. The average writer, sculptor, composer, painter, poet etc. ought to be helped more by the public to *see* the world, to be less crucified to his beloved job. We can work while we are on the go – we

do not always need to be surveyed by babysitters – Let us learn languages and learn how to be polite in countries different from our own ...
(Kreuzlingen, 12. August 1956)

I believe that the study of psychology is exaggerated nowadays. Too many students on the campus ready for its immediate excitement and too few nurses that are actually trained to work in public mental hospitals. A „general" doctor, a surgeon or a dentist or internist are less frightening to the patient than the diplomatic „gentle" „yes" saying psychiatrist with his deduction of sex toward each action we perform before him. If a woman speaks to another woman she is already treated in most places and cases as a lesbian; if a man smiles at another man for reasons of solidarity he is looked at as a „homosexual" so we get self-conscious and check all our spontaneous feelings and leave the hospital usually more frustrated than before we entered it.
I have enough experiences, also religious „visions" which made my own family turn me to a sanatorium believing I was „sick" when often all I was was just being true to my own rather mystically inclined nature – the word soul has to do with the acceptance of Supernatural Awareness and the Soul inhabits the Body of Man and animal. (Anima – Anim*al*?) So we have a home of our own even if they make us leave the family home. Often we get more free, more content and more self-efficient that way, living alone awhile even though it is under the daily frustration and torture of medical observation which in few cases is really heartfelt. Too much objective mentality can lead toward hate. Hate of patient to the other one and vice versa. We have to be on the lookout with our feelings and try not to go up or down with them –
(Kreuzlingen, 22. August 1956)

Die Seelenforscher machen selten mit am Gefieder der armen beobachteten Patienten die meistens weit voraus sind in ihrer stillen Empfänglichkeit.
Nachtbücher, Morgen- und Mittag- und Vor-Gestern-Bücher.
Tagebücher führen sich auch ohne Tag- oder Nachtgedanken von selber weiter. Das Tagebuch ist meistens ungeschrieben; jede gedankenlose Gegenwart führt uns fast friedlich noch einen Schritt weiter –
(1956)

Allerlei sehr Natürliches (es gibt nur solches) das Un-Natürliche oder Über-Natürliche fügt sich von selber in die Natur.
(St. Moritz, September 1956)

A prayer ... to know what to really pray to, to be certain by feeling with and without closed eyes of a newless experience ... It happened to *me* and it will happen to what is further than me, no more imagination no more fear or preconceived image, the Reality we ask for is in us and each moment maybe effortless by breathing forward and not to hide.
(30. Dezember 1956)

Let us make a sketch, a „one" Line of how to meet of how to speak to each other some day, some hour. It won't be *I,* it won't be *you,* maybe just a loose silence ... maybe just a secret work result ...
(Dezember 1956)

Try to purify without noisy silence ... try, all-alone
(Dezember 1956)

Lame with fame, the same, tame, no more talk, no more able to take a walk, old men remain, nature from day to night so much light, just a song for the nail in his feet and hand, human reason must understand ... go into your room alone, hold a stone and start to find a way to say: I must be, see and carry thy silence. Now all low snow, just so. Be silent.
(1956)

Die einzelnen, die plötzlich und immer einzelnen ...
(Januar 1957)

Angst – Los
(Januar 1957)

Il y avait une fois, et après (près) j'ai oublié l'histoire.
(Januar 1957)

L'art de se taire surtout en parlant
(oui, j'aime écrire, aussi avec les fautes intérieurs et „gram-mères")
(Januar 1957)

Farbenerinnerungen, die
zur ruhigen Seh-Freude
führen.
Mein eigenes „Format" ist meistens
klein und schmal – die Bilder-
Händler wollen „grosse" Bilder
und streng einheitliche Richtungen.
Ich wandere bewusst, suchend,
tätig im Glauben den einen
Garten zu gewahren, es wird
welche geben die meine
gleichzeitig-gegenwärtigen
Richtungen als fröhliche
Übung und Daseinsform
ohne Kritik annehmen werden.
Tagebücher und Mondsichel-
Nachtbücher, Gedanken, die
zum Wort und zur Farbe
führen dürfen gleichzeitig auch
an den Moment des Wortlos- und
Farblosen reichen –
das Unerwartete täglich erwarten, das Gelesene mit
selbstgeborenem Willen oftmals
vergessen – frei und gedanken-
los ... in der Berg' Nähe –
Immer wieder Geduld und
Abwarten und viel Stille
während wir Pinsel
wechseln – von Farbe zu Farbe
wie Schmetterlinge

den Staub mischen.
Irgend etwas soll und wird
bleiben, Papier, Gedanken
Bilder, möge die dagelassene Arbeit
einen Schritt weiter
führen zur Entwicklung der
Freude. Vom Nahen in das
Fremde Ferne, auch dort
eine Nähe, arbeiten mit
und ohne Bemerkung ... das
stete Erfüllen vom Geheimnis.
Abstrakt, zeitlos
frei – schuldlos und
fröhlich das Fenster
der neuen Wende öffnen.
Nicht andere, wir selbst
durch das nötig unnötige
Un-„Sichersein" halten
uns gefangen –
Farben erklären sich oft
plötzlich, sie tun auch
dem Trostlosen wohl.
Farben-Verbindung.
Die Form ist *da,* sogar
im Draht durch den
das Formlose drängt.
Auch in der wasserzerstäubenden
Welle. Die sichtbare unsicht-
bare Welle – –
Jeder hat das Recht
besondere Farben alleine
stehend oder nebeneinander
gestellt zu bevorzugen.
Leben = Farben-*wahr*-Nehmung.
Irgend etwas führt

den Pinsel zur Arbeit,
Geist oder Hand, tat-
sächliche Antworten, die
auf natürliche Weise zur
Erst-Frage führen –
mehr und mehr Raum
für alles Natürliche
All-ES = Natur.
Meiner Erfahrung nach
hat jede Gegenwart
eine Gegenwart. Auch
das Empfinden der Farbe.
(6. April 1957)

Übung zum selbständigen Mischen
der Farben mit oder ohne Plan
was daraufhin folgen soll –
mit jeder neu erreichten
Farb-Tonalität geschieht
das Wunder der neu ent-
stehenden Gedanken, Friede
und Kampf und Fort-Leben
Man kann den Schüler bloss
hinweisen auf das offene
Fenster vor ihm, sogar eine
Palette berühren ist ähnlich
der Schüler soll mit Freude
angstlos das Fenster, das
man ihm deutet, selber
öffnen und selber sehen
in dem er zuerst seinen
eigenen Kopf hinausstreckt
und als stets „Erster" die
Aussicht wahrnimmt – dann je
nach dem Gefühl kommt das

Weitere der Arbeit, die Essenz
vom Darstellen der äusseren
Wirklichkeit kann zum
Nachahmen des Auges, der Hand
reichen. Aber das Auge, seine
Form, Ein- und Ausstrahlung,
kann auf vielerlei Wegen
erreicht und gedeutet werden.
Der Berg, auch als Symbol,
hat mit Höhe und Tiefe zu
tun, alles entsteht aus einer
fassbar unfassbaren Mitte die
weder links noch rechts als
wirkliche Unterschiede kennt.
Die abstrakte Arbeit braucht weder
Ermutigung noch Verteidigung, sie
ist bewusst inhaltslos, naturgemäss
den Kindern näher als dem
darüber nachgrübelnden ER-
wachsenen. Alles Wachsende
findet direkt-verwandte Freude
an der abstrakten Kunst, sie
besteht aus Altem wie aus
Neuem, und steht im Zeichen
der gesunden Vernunft die
die Ausführung der freien
Wahl vorurteilslos annimmt
ohne ängstlichen Hohn einer
Kulturzerstörung gegenüber
zu stehen.
Das ernste Spielen, das sich ohne
verletzende Absichten den Ball
Zuwerfen, so wie Flug, mit und
ohne Maschine – das
wahre Märchen der freien

Zeit – der Künstler muss nicht
immer alleine bleiben in
seiner meist eigen seelischen
notwendig bleibenden Ein-
samkeit. Seine Abkehr ist
auch stets ein allgemeines
Wiedersehen, zeitlos, früher
oder später findet der
Arbeiter den Weg zum offenen
Herzen des allgemeinen, geistigen
wie körperlichen, Arbeiters.
In jedem Menschen liegt die
angeborene Eigenschaft der
Freude und *Vor*-Stellung zur
Darstellung der Kunst.
Ich will Malstunden geben
und von denen lernen
die bei mir arbeiten –
auf Bäume klettern, mit
Erwachsenen und Kindern,
und die Vögel studieren
und das Geäst und das
Gefühl vom Auf- und Herab-
klettern. Es soll mal jeder
anfangen einen Baum
darzustellen und
ohne Zweifel die Luft-
Räume betrachten zwischen
dem Bestand von Holz und Leere.
(7. April 1957)

Entferne mich langsam von
dem oberflächlichen Bedürfnis
nach Abwechslung und
die Angst vor Wiederholung

ist mir fremd – suche
Ausdruck zu einem Gedicht
Traurigsein hängt mit unaus-
gereiften Erwartungen
zusammen – Eine Überraschung
ohne das dauernd fordernde
Erwarten der Überraschung
Jedesmal tief gerührt von
ocker mit schwarz und
grau – ocker und weiss
Warte auf das endliche
Sichbesserkennenlernen
direkt mit Ölfarbe
Bin technisch eher unge-
wandt und zu zerstreut
um Ratschläge auswendig
zu lernen
Grosse Freude am dicken
Malen von Rouault Picasso
van Gogh – kein Farben-
hunger, eine sa(a)tte
männliche Aufeinanderreihung
von Lebendigem Material
Wie schön ist und war es doch
nicht verdienen zu *müssen*
aber jetzt will ich endlich
was verdienen – Ja, die Vögel
müssen ihr Singen nie verkaufen
Bedeutung von Kindern und
guten Büchern
Just say yes – –
What does the word *No* evoke
in us? No = ? Yes = ?
Selbstbeherrschung üben auch in
der täglichen „Gegenübersein"-

Stunde – es kommt ja nachträglich immer wieder der
Moment wo man es alleine
verdauen darf – Missverständ-
nissen mit Verstand
ausweichen – üben, der Leinwand gegenüber in das Auge
zu blicken. Der Mittelpunkt
ist immer da – abwarten
bis er sich uns von selber
offenbart.
Alles Geschriebene ist schon da
bevor wir es niederschreiben.
Das Dasein. Da-Sein
Worte mit Sinn „über"-blicken
Das Ältere und das Jüngere
– – bedingte Ähnlichkeiten
Das Erkennen vom Zeitlosen
ist für viele eine Zeitfrage
Gebet euch im Geben mit
und ohne GEBET
Das Wort „Blumensprache"
bleibt ein menschliches Symbol.
wer befasst sich wirklich
mit der *Blumen*-Sprache.
Höchstens ein echter Gärtner
der sie wortlos pflegt.
(8. April 1957)

I saw traces in the rainy snow – they were like arrows, turning back (halfway circle) and around. I thought to read into these traces that they belong to chicken near stable (near bridge) where snow arrow signs started, or maybe mountain raven, crow or pigeon, I do not as yet distinguish the form of various birds' feet or claws – The sign [like an arrow] reminded me of Klee. From now on shall have my own courage to surpass inward lazy fear of imitation …

but shall go ahead using old or contemporary language colors and signs – Birds do not use their own foot print as a symbol. They just walk. Pigeons walk a long loving time around each other before they mate ... and now birds start to sing and call at 4 AM before daylight. And today I listened to the crow and started to hear a bit more about its own language; I really was able to forget myself a moment.
[Am Rand:]
Every body is allowed to use birds' traces for a drawing or to speak of real observation. Our ancestors are ahead of us, not behind.
(10./11. April 1957)

Himmelblaues Bild mit etwas Humor, man kann es als Regen betrachten. Auf das Ungemalte kommt es an, nicht nur auf das Gemalte.
Brauche eigentlich keine Entschuldigung nicht gearbeitet zu haben. Was ist Arbeit? Der Baum soll mir antworten. Viele Äste blühen trotzdem. Der Holz-Fäller hat genug Arbeit. Und die Übung? Auch da ist der „Ernst" das Wortspiel des Ewigen und des Zeitlichen nicht immer am Platz. Worte allmählich in einen selbstbegriffenen Raum abwenden. Dass da Rosenblätter am Boden lagen und dieser Moment für mich wichtig war, habe ich schon vor dem Kennenlernen der Zen-Lehre erfasst. Vielleicht weniger deutlich und weniger gegenwärtig. Dass all mein Schreiben in Farben überging und umgekehrt das geschah schon vor vielen Jahren. Muss denn alles benannt werden? Baum ist Tanne und wenn Baum Baum ist und Tanne, muss sie den Namen ihrer Rasse tragen so wie der Neger schwarz sein muss, damit ihn andere leichter erkennen können, um auf seine Rasse zu deuten. [?] Für mich sind beide Worte: Rasse und Arbeit bloss Begriffe. Alles führt ins universelle Gewissen und das Christentum leuchtet mit Heidenaugen. Das Beten ist da, vergessen wir die Benennung.
(18. Mai 1957)

The more I begin to look at other painters' work the less I paint myself. The few I meet must think of me as a „looker-on" not as a painter. Yet I often feel the need to talk about work as such and would like to show my previous canvases and drawings gouaches etc. also to others –
(Ascona, 9. Oktober 1957)

To stay in Ascona alone seems difficult to conceive. Not to exchange one word in the morning or the evening hour, to submit to total solitude with my „self" seems really difficult. Death is near indeed. I often live from day to day and hour by hour, aware of my mother's nearness nothing else holds me up and together anymore. Since the stretches of my illness and the wall of distance and misunderstanding with the world outside I just fail to build new connections with the life around me. No man or woman to turn to, no beloved one anywhere. My eye gets attached to outlines, to twigs, trees, stones, things, objects, to light and shadow, to the carpet to the drawings in a carpet. Am I a ghost?
(Ascona, 9. Oktober 1957)

I remember ghosttowns in USA. Similar to my appearance. In Europe people want to know who you are where you come from what you really do or try to do what your background family etc. is. Immer ein Verhör.
(Ascona, 9. Oktober 1957)

It is difficult to find new words with which to praise a man's work –
(Ascona, 9. Oktober 1957)

Alone. Definition?
Alone = I have nobody.
Not true. I *have* a body. I am some-body. I am not alone. I have God and he has me. I do not want to know *if* there is a God. I want to know „that" there is a God. That. It. Words. Call it. No necessity to just talk or walk or *try* to be inspired. I breathe. So I am free and am inspired. By air breath and reflection. I analyse without being analysed. Shall soon be able to take decisions.
To decide with or without work and color and writing. Just to try. To get over the fear of egotism, to correct to stop criticism. Try to also be less prejudicated toward Swiss and heavy Swiss accent. To get over fear.
Now gong. Must eat. Shall sit alone at table and eat and be a subject to law. Law of food and house-order.
Can't walk out of sign of gong as yet. Body needs food –
I have some-body.
(Ascona, 14. Oktober 1957)

Im Engadin braune Tinte ausgeschüttet, bewusst eine ganze Flasche vernichtet (September 1957) aus Verzweiflung nicht mehr fähig zu sein, damit eine Form, ein Zeichen, eine Deutung darzustellen. – Jetzt im Oktober (Ascona) in der „ungefähren Ruhe" schon das Gefühl, dass ich wieder, sogar bald, neue braune Tusche wagen und verwenden werde – mit einem Grundton von Frieden und Dankbarkeit zum LEBEN.
(19. Oktober 1957)

Unprolific from April to September – Now autumn colors. Cannot mention in words the feeling the painful – beau*tifull* moment of silence in which each leaf, berry, bush comes to my mind and soul.
But cannot paint. Some vain effort. Then the technical weakness the doubt the hopelessness of adding one line – I don't know how and with what to mix oilpaint, am despaired how each gallery where the recent work is neglect all I do. No news. No letters. Never a phonecall. My mother remains faithful, my only guide towards salvation and eternity. I treat my parents badly I cannot hide my frightening solitude and inward isolation.
I cannot hide tears – I spend days and hours motionless with bad thoughts – and yet my hand is unwilling to make a new effort toward self-control on paper or canvas. I must work. Never to paint again? 20 years of work and yet I am at the beginning of the end –
Maybe a chance once more to forget that I shall be forty and that I am unable to take a decision toward a personal future. To take on the responsibility of a constructive self-survival and give others the gift of happiness and make them believe that their effort to save me was not in vain. Am self-centred – why does this country annihilate my imagination? Before going to Paris I started to paint again.
Just dots. Just thin colors. Oil on paper – and then? Again a fall into another darkness. But I am aware of the Existence of Light all around me.
(Oktober 1957)

Yesterday reaches into today and so does the calm, the moment of Thoughtless – Thought – the meditation under a tree or a cloud or a cloudless sky of man, sitting – a 1000 years ago and now – that's where we reach each other – and

Never complain!

(P, S,
the
Rains
did
not
come
either +
nobody
of all the
thirsty ones
was in a
hurry for
it —

I am not inspired
you are not inspired
he is not inspired
we are not inspired
they are not inspired
god is not " "
cat " " " "
Horse " " " "
only today is not " "

II

III

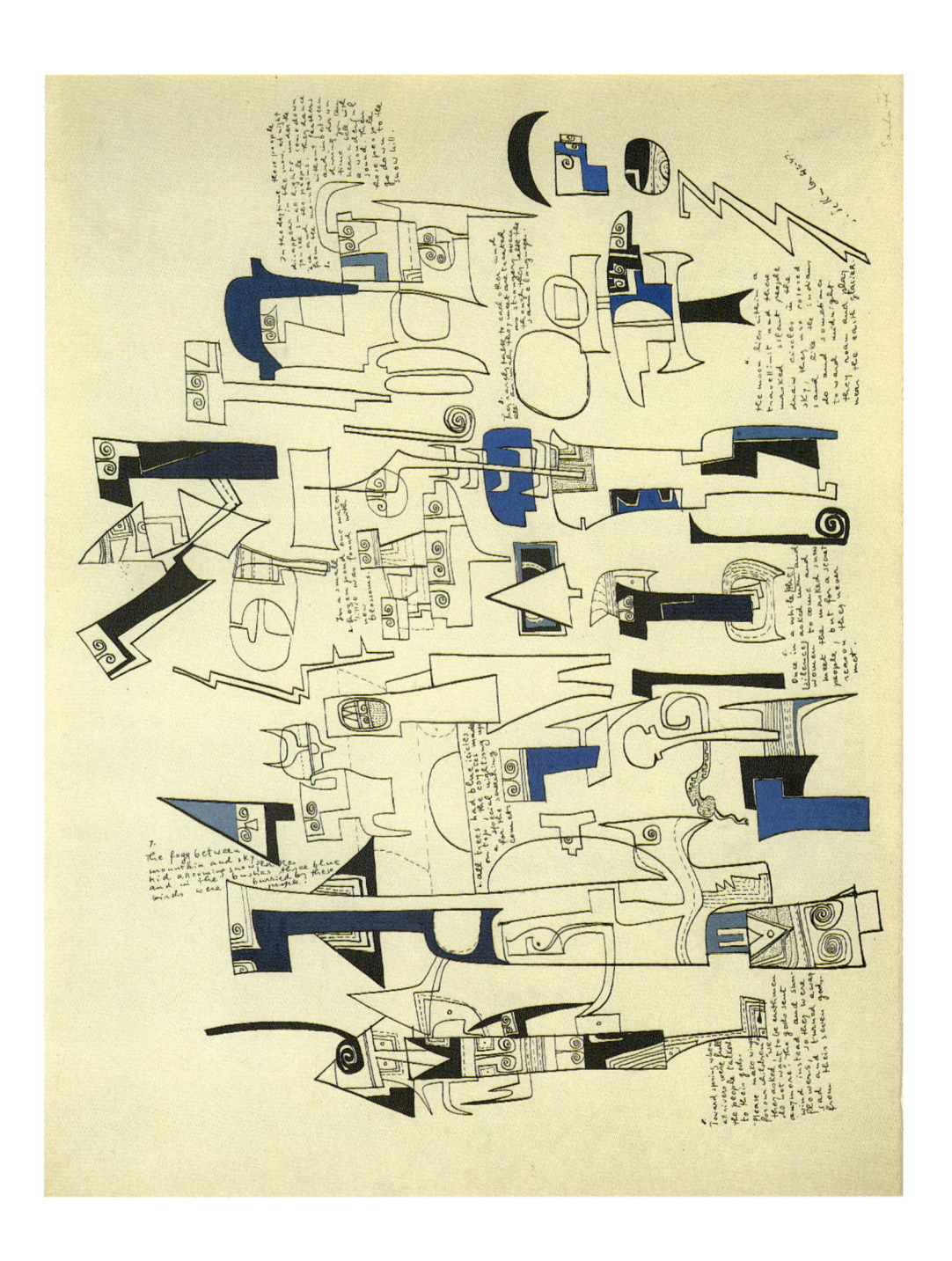

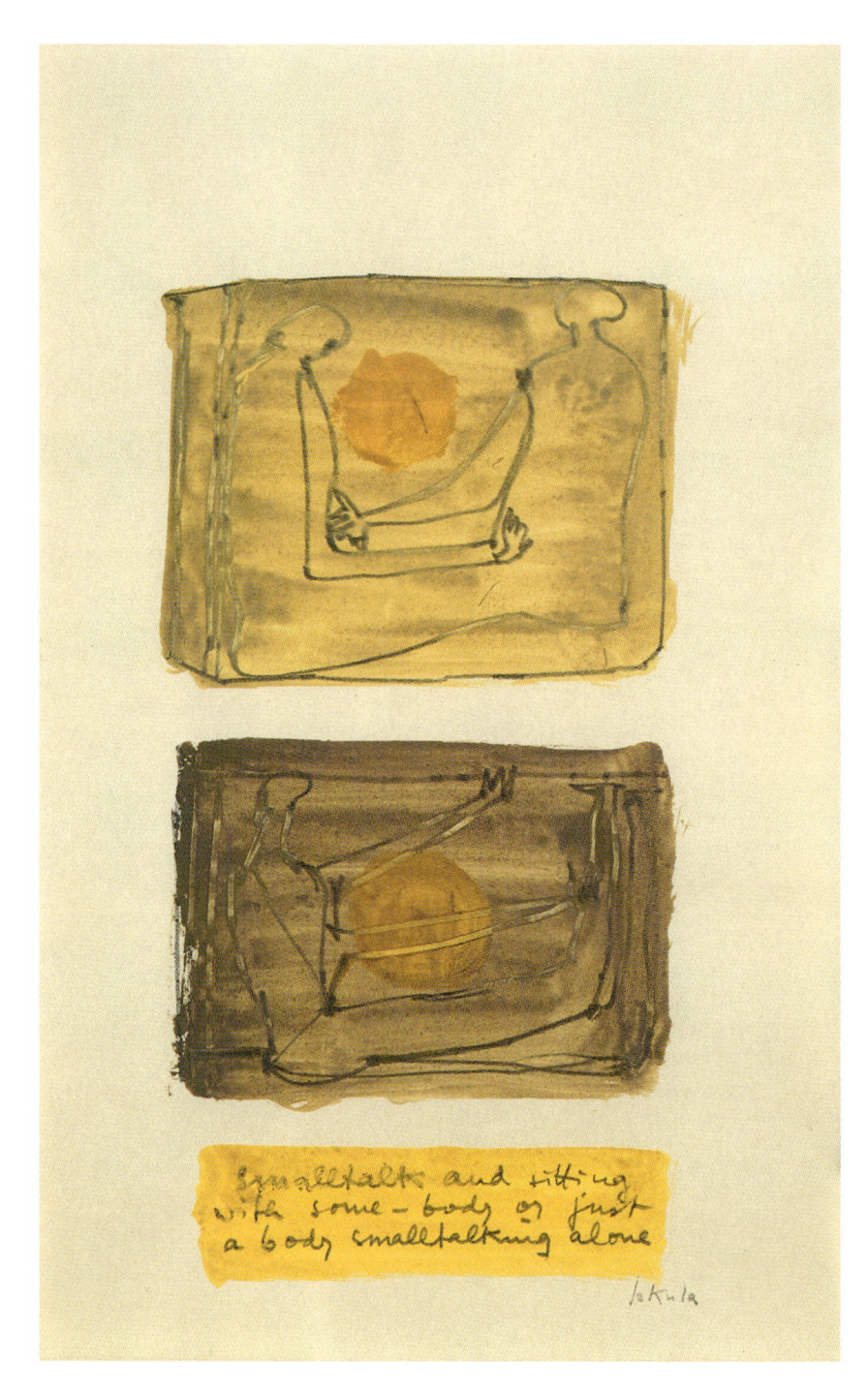

smalltalk and sitting
with some-body or just
a body smalltalking alone

Jakula

IV

...unfinished, but an even-evening feeling in it, they say there is a big hot red fire spot burning the edge of this town down the wind is so angry tonight too... it must be cold now on the streets,
Nothing is sameness, but the evening is still similar to a few others... so many' nothing to do or dream about hours or evenings ahead, and yet...

VI

To err... or to have a few gods
in error and a few men erring
and both, gods or men
want to be one together and
the world too is maybe just one
place....

VII

New York, 1951 January

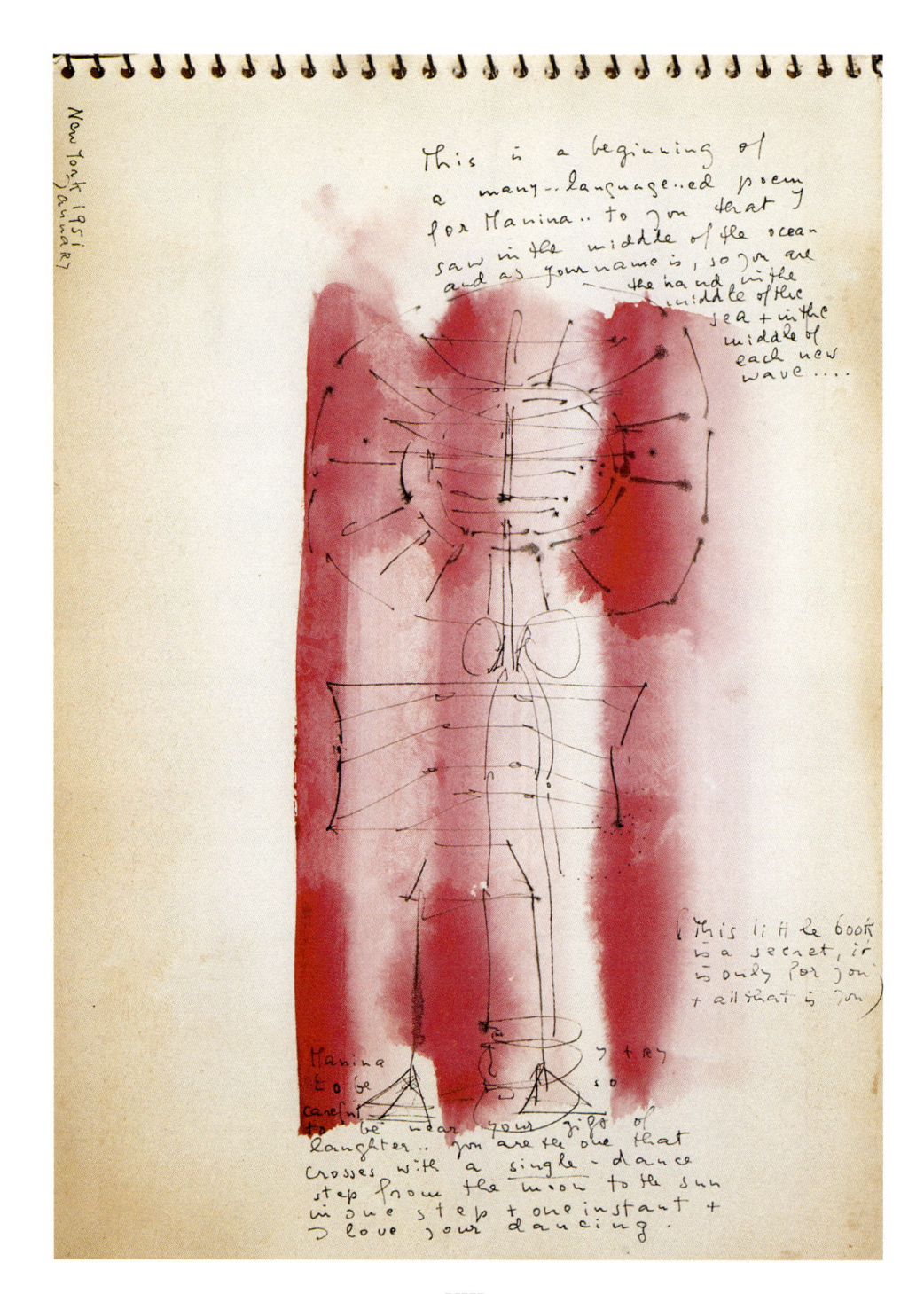

This is a beginning of
a many-languaged poem
for Manina.. to you that I
saw in the middle of the ocean
and as your name is, so you are
— the hand in the
middle of the
sea + in the
middle of
each new
wave....

(This little book
is a secret, it
is only for you
+ all that is you)

Manina
to be
careful
to be near your gifts of
laughter.. you are the one that
crosses with a single-dance
step from the moon to the sun
in one step + one instant +
I love your dancing.

VIII

und das Blut im Herzen des
Engel ist zu einem Flügel
geworden, es ist jetzt der
EINE Flügel der Engel
und das Herz leuchtet

und wird der Rote
Mond von
allen
heissen
Ländern
der
Wüste
des
Engel

Da ist alle drei laute Farben verzeihen es ist bloss das Unverständnis, das nicht zu fassen ist nun die lauten Farben sind auch fremde Noch ist die Scheinnis keiner können doch verzichten

ist er dann in die Wüste
gegangen als büsser um das Bild seiner Liebe aus dem
Fühlen zu vernichten. so hat er aus der Steinigung ein
Lachen gefunden, so sind die Früchte erschienen in allen
Bäumen, so hat er die Wüste geackert mit dem Verzicht
des Bildes und dem Verbot
den sie beweisen

IX

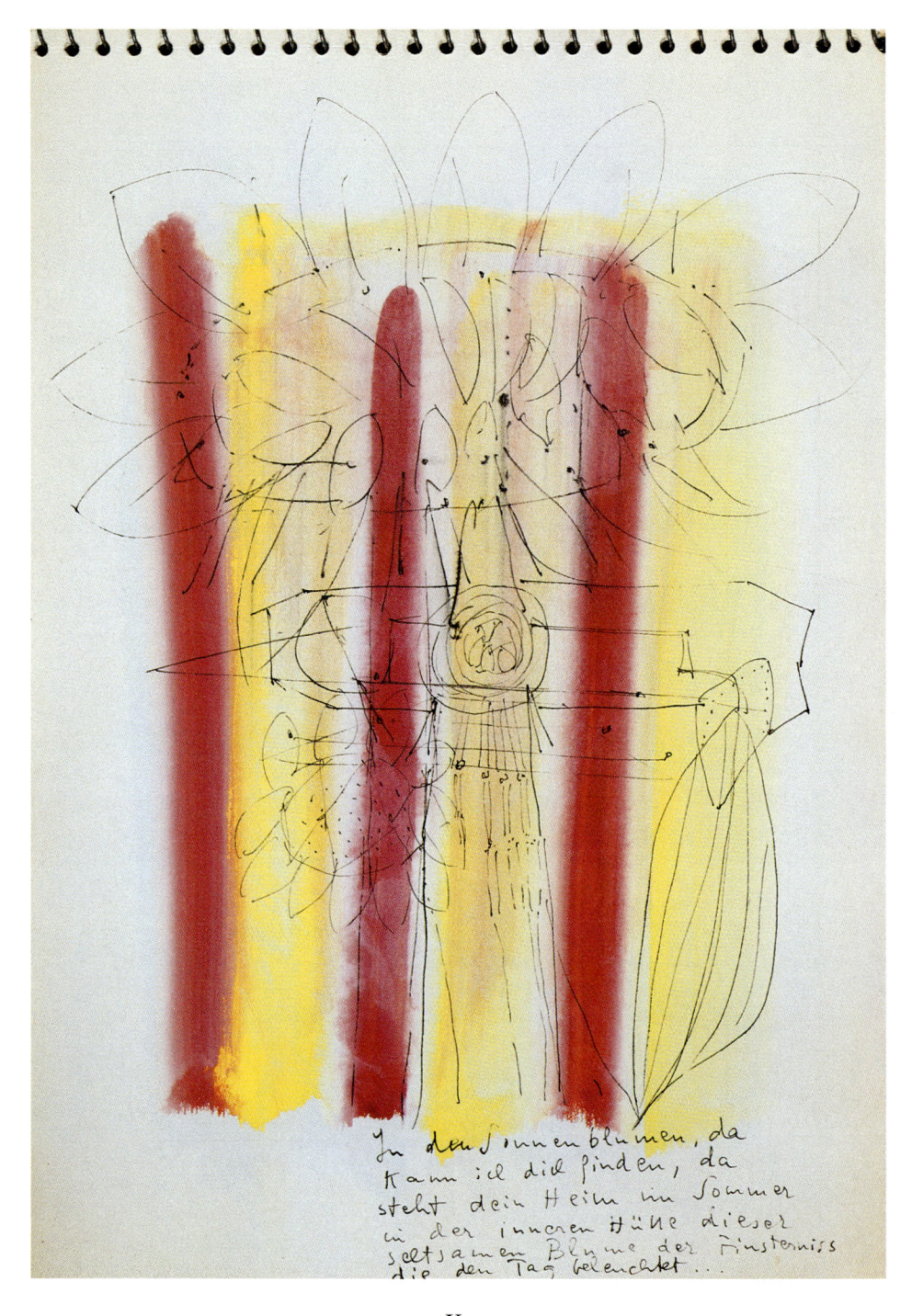

In den Sonnenblumen, da
kann ich dich finden, da
steht dein Heim im Sommer
in der inneren Hülle dieser
seltsamen Blume der Finsterniss
die den Tag beleuchtet...

X

Is there a stop to soul to sound to word......? does it matter, matter?, no finality in the feeling, each departure most momentary, reposal for another arrival, is there a stop to motion... next to a man lying flat down on a flat stretch of sand, a stop to a heartbeat, but the drumbeat somewhere is weaving each stop of a heartbeat, somewhere of some man, further and further... is there a stop to pain to joy, to light to darkness, each atom another possibility to cast another shadow, a body waiting, going away, coming and returning....

J. Sekula 28.XII.51

XII

XIII

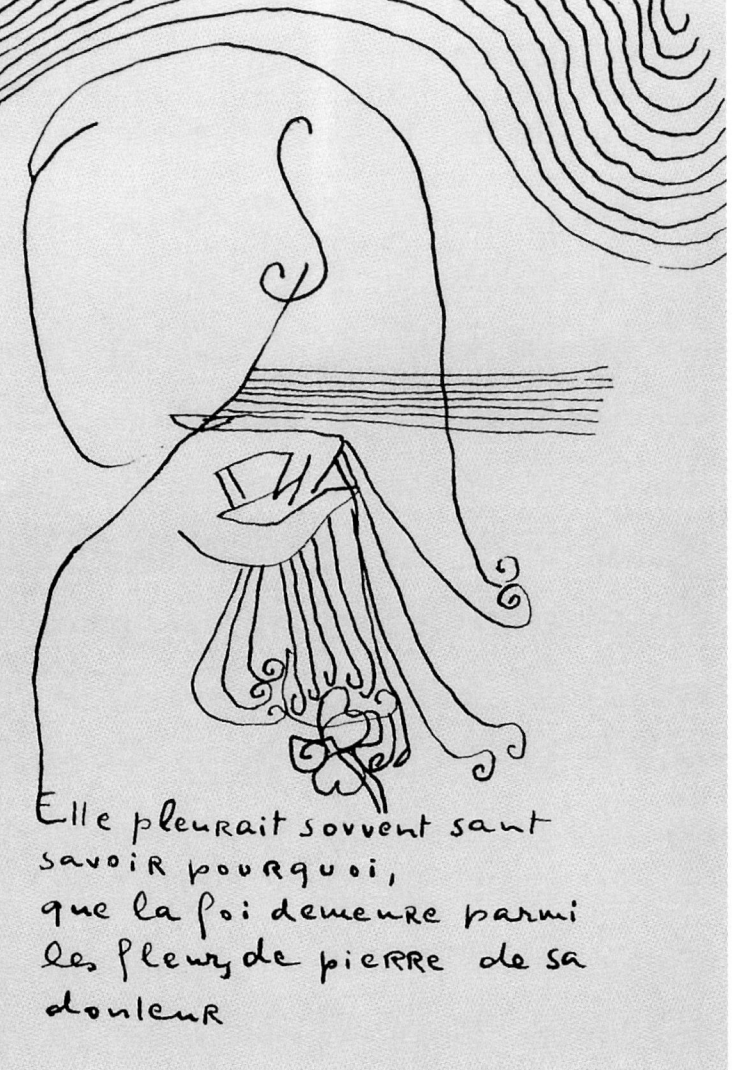

Elle pleurait souvent sans
savoir pourquoi,
que la foi demeure parmi
les fleurs de pierre de sa
douleur

Sekule I.53.

a la mort, je t'aime puisque
tu nous fais rire quand même,
et pour te plaire je vais rire sans
soupire.

Savoir Recevoir et croire
et voir sans la petite
volonté du savoir
(L'horreur des pleurs nous
effleure mon père le voisin
et son chagrin est notre pain. (est

XIV

Fenêtre des amis, traître
et prêtre, accompli —

Dialogue (women).
(It would be so much easier to have her be
like others, for the comfort of... de qui, de qui,
de ceux du dedans et du dehors de la vie, génie, détenu.

Le plus doux aux
griffes de loup!
l'assassin qui veut
griffoner mon dessein.

Sekula 53.

XV

7
Junemonthof

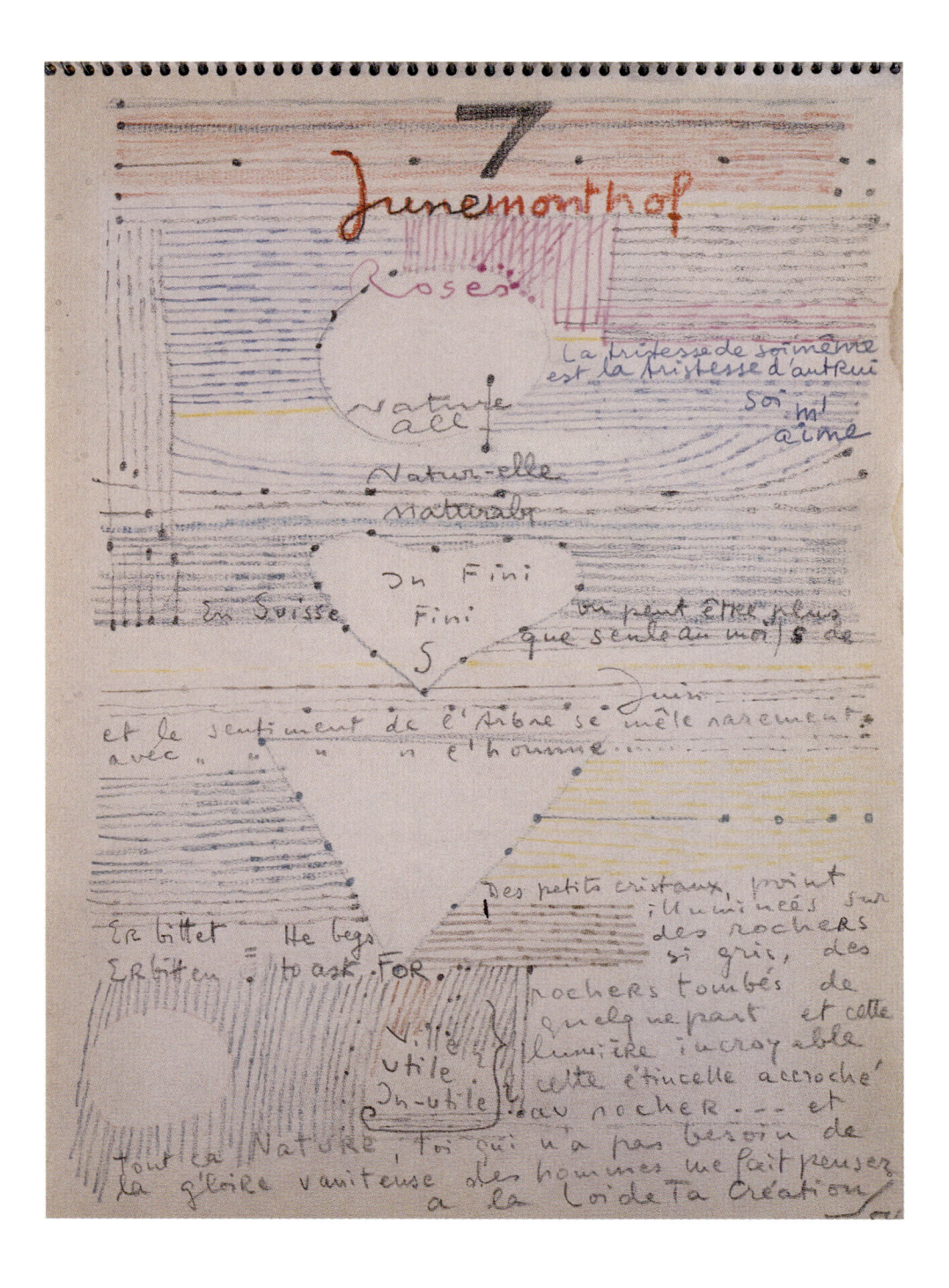

Roses

La tristesse de soi-même
est la tristesse d'autrui

Nature
all

Soi m!
aime

Natur-elle
Naturaly

On Fini
Fini
S

En Suisse

on peut être plus
que seul au mois de
Juin

et le sentiment de l'arbre se mêle rarement
avec " " " " l'homme...

Des petits cristaux, point
illuminés sur
des rochers
si gris, des
rochers tombés de
quelque part et cette
lumière incroyable
cette étincelle accroché
au rocher --- et
tout ça Nature, toi qui n'a pas besoin de
la gloire vaniteuse des hommes me fait penser
à la Loi de Ta Création

Er bittet = He begs
Erbitten = to ask FOR

Utile
utile
On-utile

XVI

a Home Room a Gman a name et ators? and Then?

Voyâge aux nûages des aux sèno Nuages

The Logos of the Soul the Law of the Invisibility some called ed-Psychology

1 2 3
So they started to count to be and to write Music

∫ 54

It

The NR 10 means 1 and 0 together when becomes Ten

XVII

XVIII

XIX

XX

XXI

XXII

XXIII

XXIV

Wordless Pavanne for 3 orphans
Jck-Ja52

The Doubt + the Charity the Dream + the Simple Reality the opening of a door a secret the real Charity S.

XXV

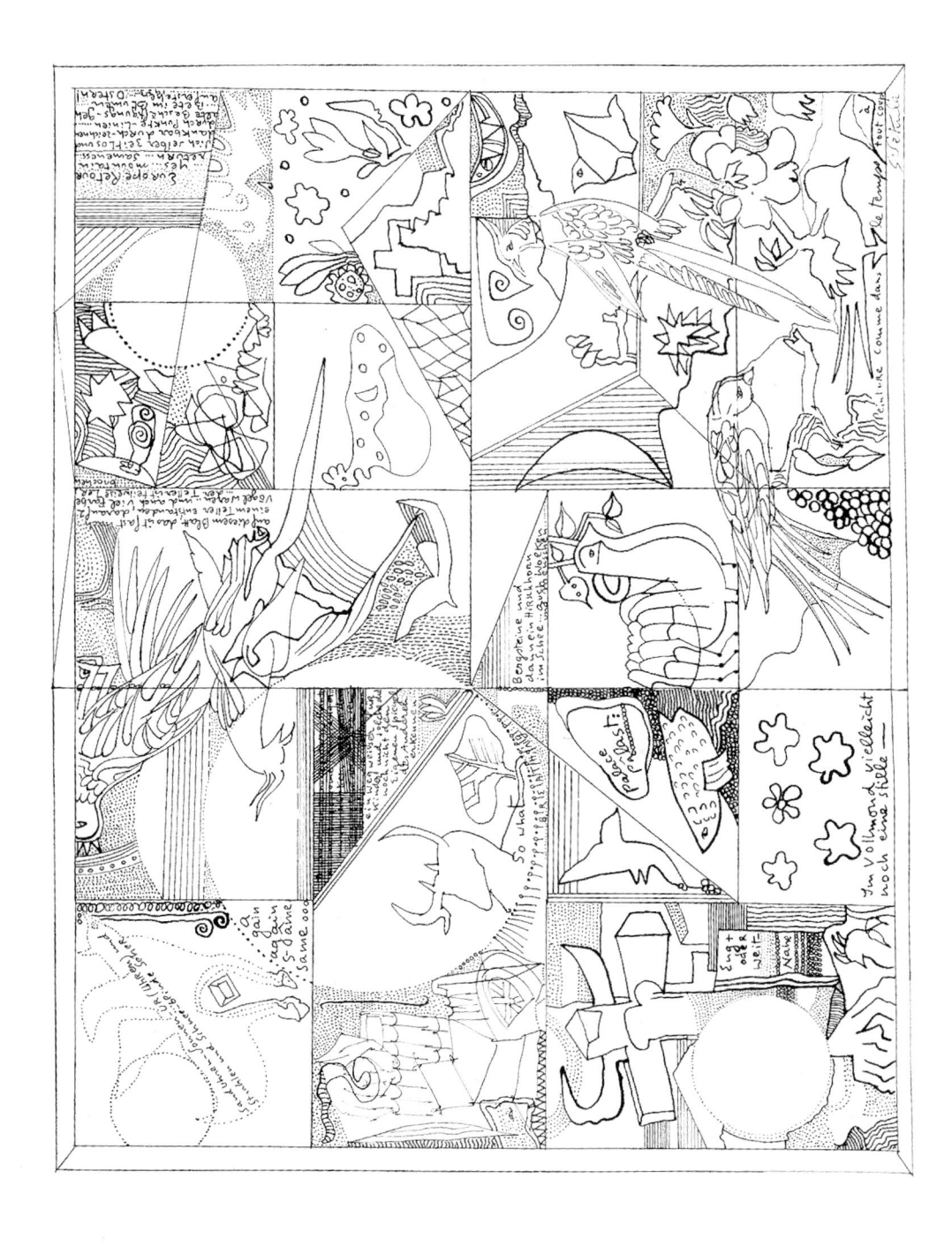

XXVI

Wie viele Jahre Bettlerwehrlauf wurde unserkehrt, ganz überwuschert
ist die Jahre, aber doch aber als man unten auf einer unermesste Strich
ein ... diese selbstlose Linie – eine Regen verwandte Zeichen uns, einmal ein
Zeichen im Gepräge der Hand, den Feistfallten Hand, die da arbeitet
den Körper sucht und aufrecht erhält – entlassen und
fortfallen wollen alles letzten, helfen, Jedenstände (Jeda)zustände) entlassen und
gebrüchten sich wenden wie uns doch hilfsuchend zum Stein, zum Gras, zum
Dichter.

Doch in dem Träumen uns sagen, oben oder unten gehört die eine
Hart in der Jugend, dass Träume sind — wann die Unter-
entdeckt, was zu gegen? von Tod, von Feuen von Rochen oder von Stürm
spiele – die Namen sagen, indem einen vielleicht viele, nannte Namen
sind so wie (Sommer waren ... schön und den Hoffen wird die Angst
an allen das umgab ... noch eine ernst noch ein Shallern, Bilder leisen
an uns zu pflegen, den Hoffsalten hart zu, dann
ein Ahnung noch in Holz, und spalten viel leise
braucht es zu. Einmal, Adeur, Zeichen usen an
Furchen ... eben und unterhalb den Rinde
(Holz oben ...

Verhaftung des Ingels
mit dem Vogel Vereinigung
von golden Sinnlichkeiten
der Pelzenkopien Wasser,
fremden Sekunde...

XXVII

Fahnen, Segelformen, Momente der Schneespuren... lange blaubraune Schatten... Hänglicht... Bergstunden – die Übung der Ruhe im durchdachten Schritt... dann wieder der Eindruck, fast bildlos, endlich keine Leiter zum Aufwärts zum Herabsteigen... die Mitte. Der Raum zwischen Ästen, Baumstämmen, die Linie der gezeichneten Luftformen, Pausen von Leere zwischen Halmen die dicht nebeneinanderstehen, aber jeder Halm wirft seinen eigenen Schatten, alles zusammen wird zur Fläche... endlich beobachten das die Wiederholung jedes Jahr bis zur Kindheit überbrückt. Da liegt die nasse Gletscherwand. Wie gut das es ausser der menschlichen Erinnerung das wissenslose Dasein gibt. Es ist da. Weder gehört, geglaubt... gelesen... gelernt. Das Dasein. Das im Frühling noch immer die Vögel singen wenn sie von der Reise zurückkehren und im Herbst wird der gleiche oder ein ähnlicher Vogelbeerbaum mit tiefroten Trauben das Rote darstellen. Geduld zur Erlösung des Eigenen... das oft schwere Erleichtern im Farbenlosen Wachsein... das "Dann"

J. Sekula
24.III.57

XXVIII

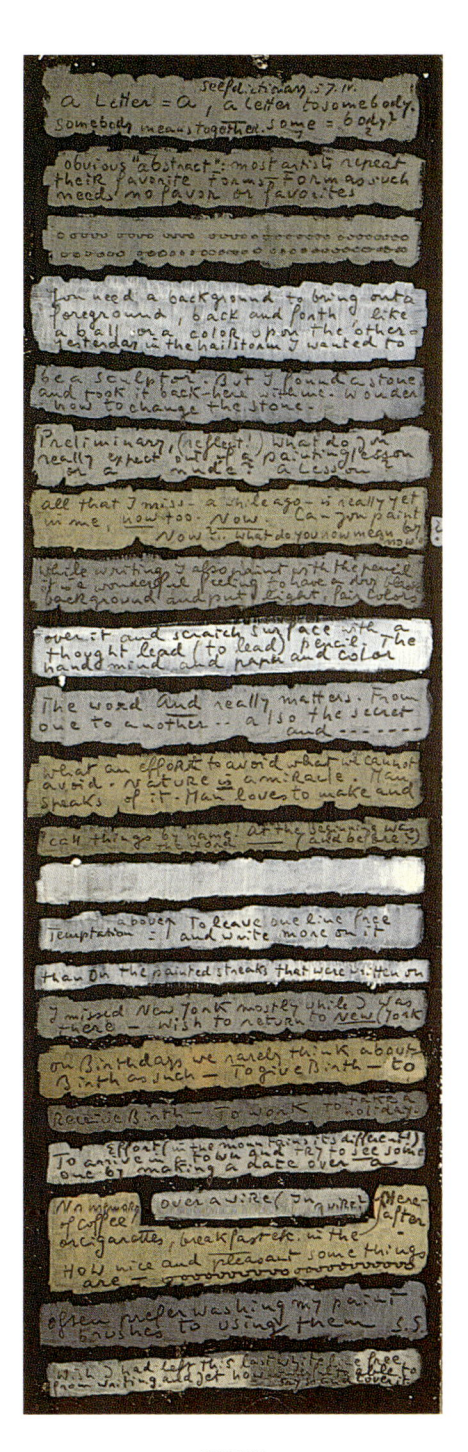

seefd. chicag. 57. iv.
A Letter = a, a letter to somebody.
Somebody means together. Some = body?

obvious "abstract": most artists repeat
their favorite forms. Form as such
needs no favor or favorites

~~~~~~~~~~~~~~~~~~~~~~~~~~~~~~~

You need a background to bring out a
foreground, back and forth — like
a ball — a color upon the other —
yesterday in the hailstorm I wanted to

be a sculptor. But I found a stone
and took it back here with me. Wonder
how to change the stone.

Preliminary, (reflect!) what do I'm
really expect out of a painting lesson
or a ... nude? A Lesson

all that I miss — a while ago — is really yet
in me, now too. Now. Can — you paint
Now?. what do you now mean by?

while writing I also paint with the pencil
it is a wonderful feeling to have a dry floor
background and put light fair colors

over it and scratch surface with a
thought lead (to lead) pencil. The
hand, mind, and paper and color

The word and really matters. From
one to another — also the secret
and ——————

what an effort to avoid what we cannot
avoid. Nature is a miracle. Man
speaks of it. Man loves to make and

call things by name. At the beginning was
—— (and before?)

~~~~~~~~~~~~~~~~~~~~~~~~~~~~~~~

                  a power. To leave one line free.
Temptation — I and write more on it

than on the painted streaks that were written on

I missed New York mostly while I was
there — wish to return to New York

on birthdays we rarely think about
Birth as such — To give Birth — to

Receive Birth. To work to do today.
            effort (in the morn. is it so difficult?)
To arrive in town and try to see some
one by making a date over a

No interruption over a wire (in wire) thereafter
of coffee
or cigarettes, breakfast etc. in the
How nice and pleasant some things
are ~~~~~~~~~~~~~~~~~~~

often prefer washing my paint
brushes to using them s.s.

wish I had left this last white line free
from writing and yet how ...

XXIX

XXX

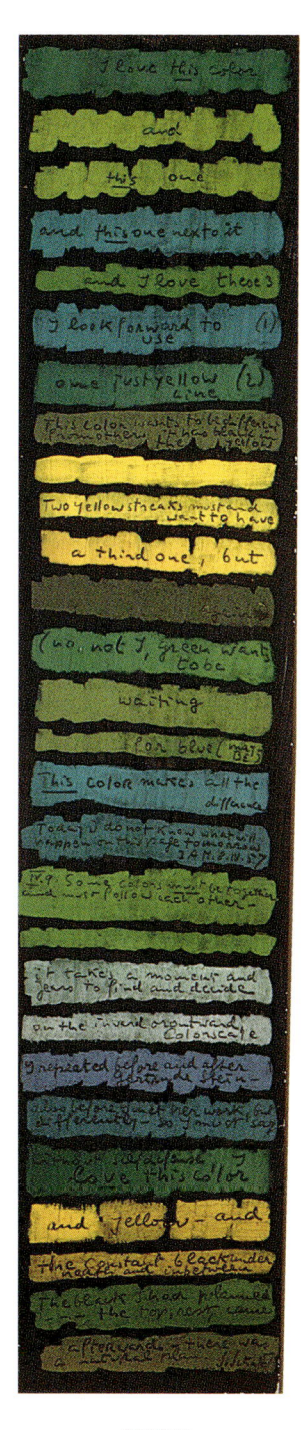

XXXI

XXXII

authentic begging

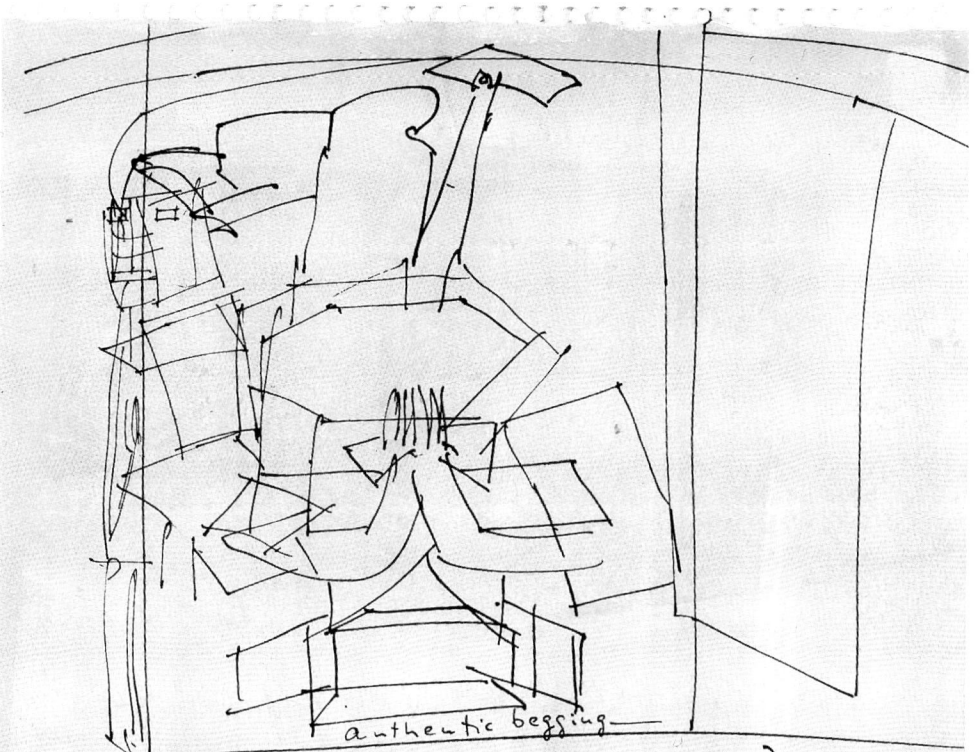

I do not feel part of any country or race. I was well when they called me sick and often sick when they thought that I am well – Have in thoughts been surprised at the vanity of others + surprised also at my own.
Am working by necessity in various directions at similar moments... now it may be electric – abstract (what means abstract?) now it may be just ashes and sand + selfborn form without will.
The reproach I often received at not following one definite line I cannot understand. For I am many and I reflect the left + the right and attempt to stand up + lie down wall-lessly in the shadow + in the light of my hands, soul and heart.
Many days when gray + black + white + brown are altogether a definite color like Red. I see Blue and feel yellow and to me white is a strong color Let them go on making portraits + landscapes, or the theme of new unkempt stars... or just dots or anything goes. I must do what I must do and thank god few dollars are waiting where I go.

lebkunst
or
XII.17.1957.

XXXIII

Das unerwartete Verstanden werden.. äusseres durchdringt wie eine endlich wahrnehmbare Farbe das Innere.. die einsame Winklichkeit einer endlosen Winternacht + Wintertag- Hülle klärt sich zum Einen— zum bewussten Sehen von Licht auf einem Baum— jedes Blatt ist da. Das Auge erkennt die Farbe endlich nicht mehr die Kritik vom Menschen— spiegel + seinem Lärm.. nur noch die Gnade der Frucht.

This spot came by
itself (not wanted)
I do not feel
meek but I
call it welcome
like a been in
a shut Room

Clear (all CLEAR) all white // 6 Sekula XII 1957

I waited and
yet it was
a waiting to
wait......

XXXV

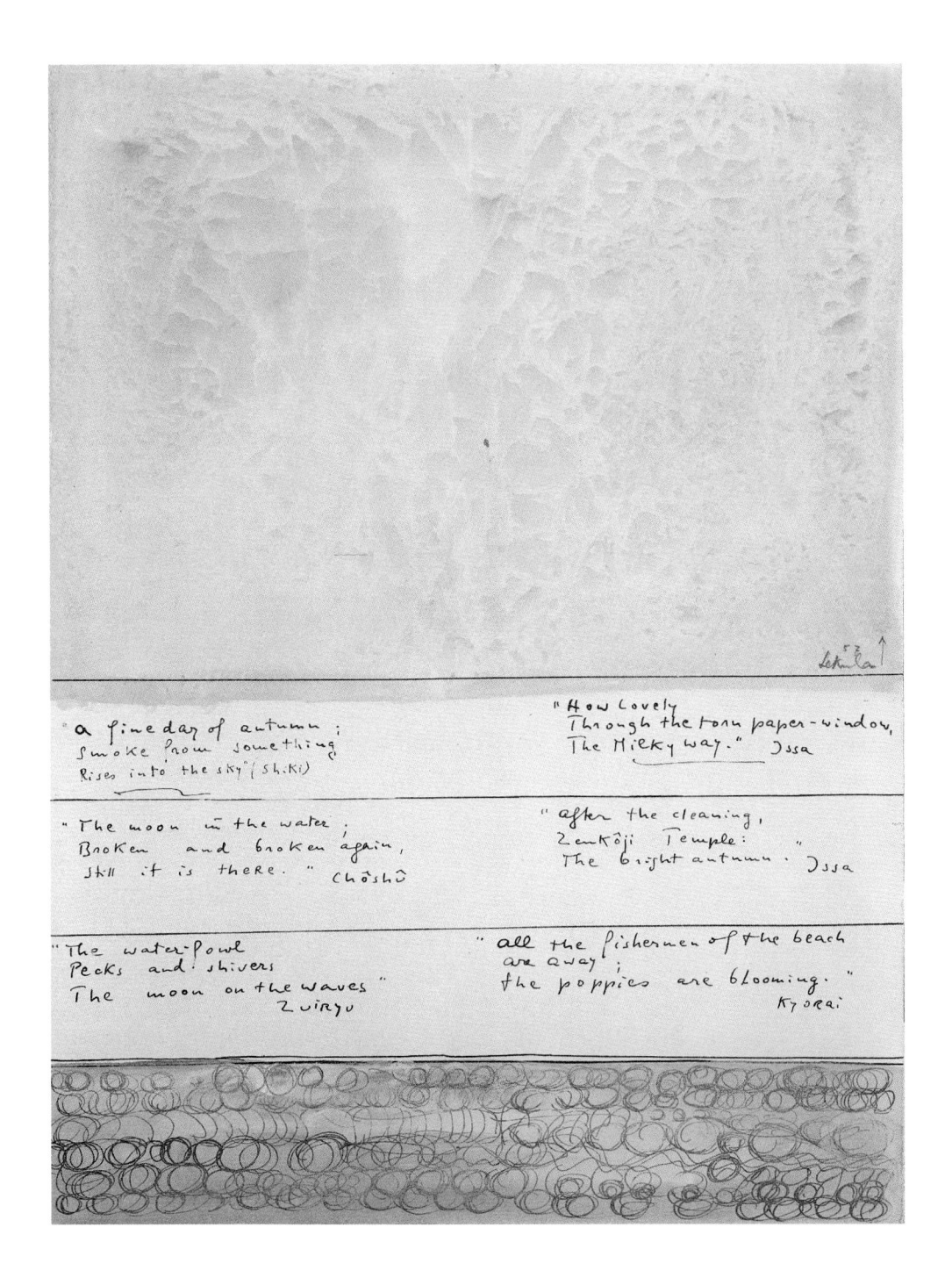

"A fine day of autumn;
Smoke from something
Rises into the sky" (Shiki)

"How lovely
Through the torn paper-window,
The Milky Way." Issa

"The moon in the water,
Broken and broken again,
Still it is there." Chôshû

"After the cleaning,
Zenkôji Temple:
The bright autumn." Issa

"The water-fowl
Pecks and shivers
The moon on the waves"
Zuiryu

"All the fishermen of the beach
are away;
The poppies are blooming."
Kyorai

XXXVI

stille –

Es braucht Klang und Gedanke (Sprache nach aussen und Innen) um die stille als persönlich-allgemeines benennen zu können. Stille der Stille – dann Schnee... (auf den Schnee schreien) – doppelter Einklang – endlich das Festillsein + endlich das Gedankenlose.

A. Breton: "on dirait qu'on bat des cartes de miroir dans l'ombre"

11.2.58
St. H.

Bergsprache, vom JETZT, aufgehängte Farben, seit 1 Woche braun mit weiss, gelb mit braun, Stufen von 3 Farben durch 7 Tage. Viel Lesen von vielen Gedichten von Leopardi, Breton, Lorca – drei Sprachen 3 Farben, gemischt im eigenen Bergburgwesen, Schneestrassen – ohne gelbes, das Schwarze (Farbe?) tritt herein mit und ohne Erlaubnis – Die tägliche Übung einer vielfachen Form, daraus entsteht der Kopf, die Linie vom Berg in 3 Farben + 4 Richtungen – Eine Möglichkeit.

XXXVIII

Aufgabe an einen Schüler: eventuell eine Strasse, Wellen, ein Haus ein Vogel-fang ein Dreieck ein Kreis.. mach etwas von Dir selbst unerwartetes. Male ein Staunen.. ein Erwarten, einen Garten .. und dann? Dann reden sie von Konkret von abstrakt von Einfluss und ähnlichkeiten von Kritik vom Verkaufen eines Bildes.. Eine Stunde, ganz alleine mit viel Papier + und viel alleine sein damit. keine Tat kein Rat.

FoRmen von Knie und Brust sehr ähnlich, alles notwendig, Bauch wie das plötzliche vom Hals, vom Kopf Schultern.. BeinLinie.. wie soll sich so ein Körper darstellen.. als Knochen als Idee als Dasein, als ein Sehen mit geschlossenen Augen. Eine Linie, eine Form mit und ohne Inhalt. Der Ernst von Farben + wortlosen Spielen —

2.

Blauschwarze Streifen, endlich das Gesicht des Unvorsichtigen von vorne und der Mitte aus ansehen. Die Farben des Farblosen –
Muss gelb gelb sein, das Runde rund? Ist was –? So, sich verdeutlichen. Ruhig "ich" er-tragen – ich sein und gleichzeitig das du. Was ist Arbeit... Maler, Dichter Bauern Bäume, alles ist lebendig und arbeitet am Wachsen am sich fortwährend still-laut Bewegenden. Blauschwarz, Fehler, vielleicht schreibt man Schwartz.. Farben fühlen und angreifen.. das Rot ausschalten damit es da ist. (Für mich) Und die tägliche Wiederholung vom gelben, Runden arbeit ausschalten. Arbeiten
12.11.58

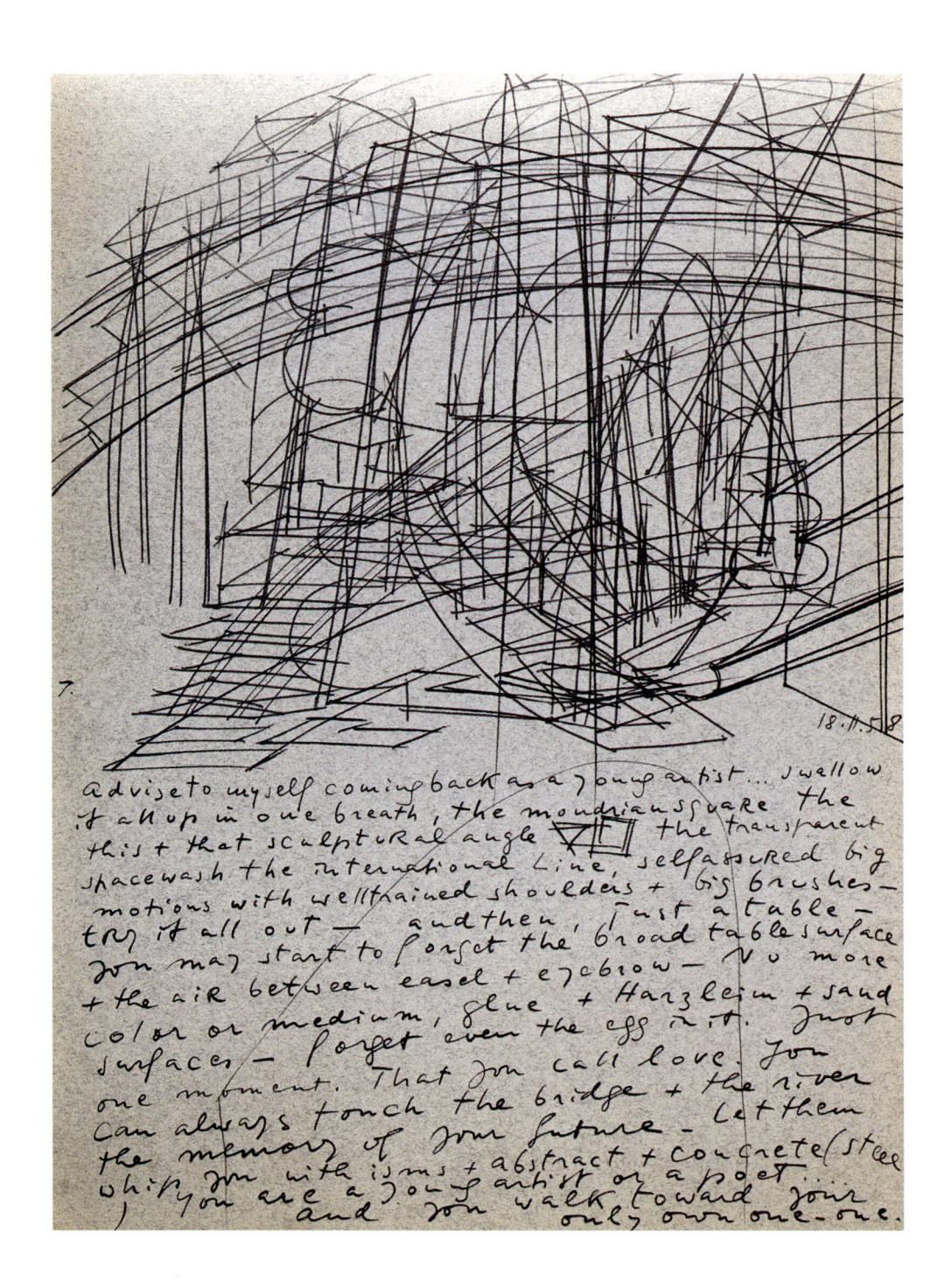

advise to myself coming back as a young artist... swallow it all up in one breath, the mondrian square, the this + that sculptural angle ▽ ▢ the transparent spacewash the international line, selfassured big motions with welltrained shoulders + big brushes — try it all out — and then, just a table — you may start to forget the broad table surface + the air between easel + eyebrow — No more color or medium, glue + Harzleim + sand surfaces — forget even the egg in it. Just one moment. That you call love. You can always touch the bridge + the river, the memory of your future — let them whip you with isms + abstract + concrete (steel) you are a young artist or a poet. and you walk toward your only own one — one.

XL

(force of gravity)
gravity visible or invisible, with or without color and
yet words such as the center, (Zentrum) and gravity
seem to contain a form that words are able to
describe —

Because the world is
not going anywhere there
is no HURRY

out of Allan W. Watts, the Way of Zen
"... For when you climb it is the
mountain as much as your own legs
which lifts you upwards — and when
you paint it is the brush, ink and
paper which determine the result
as much as your own hand —

White does not
need the
nomination (name)
of color. It is
and it helps other
colors as a bridge +
yet self contained —
White

(far)
This is a first principle in the study of Zen and of any Eastern
Art: HURRY and all that it involves is fatal — For there
is no goal to be attained —   (March 1958)

Change with the change, add a white
line to what could be any-no-thing —
I started out to write about color so as to eliminate
it. (a violet brown (streak) outside each
cage — III.58.

XLII

I am one who
eats his breakfast
gazing at the
morning-glories
Bashō

———   13.III.58

(I willingly do not hide but am deep within the
feathers of african — of japanese — of men and
jungle ... deep garden + cultivated cut trees —
Influence? yes yes, more than that — in the
more than bloody black red interior of my in-
most life I am the drum and the thunder
dance — the indian jungler and the white earnest
   gatekeeper — ——— Color? A "colored"
                         one? yes, I am.

XLIV

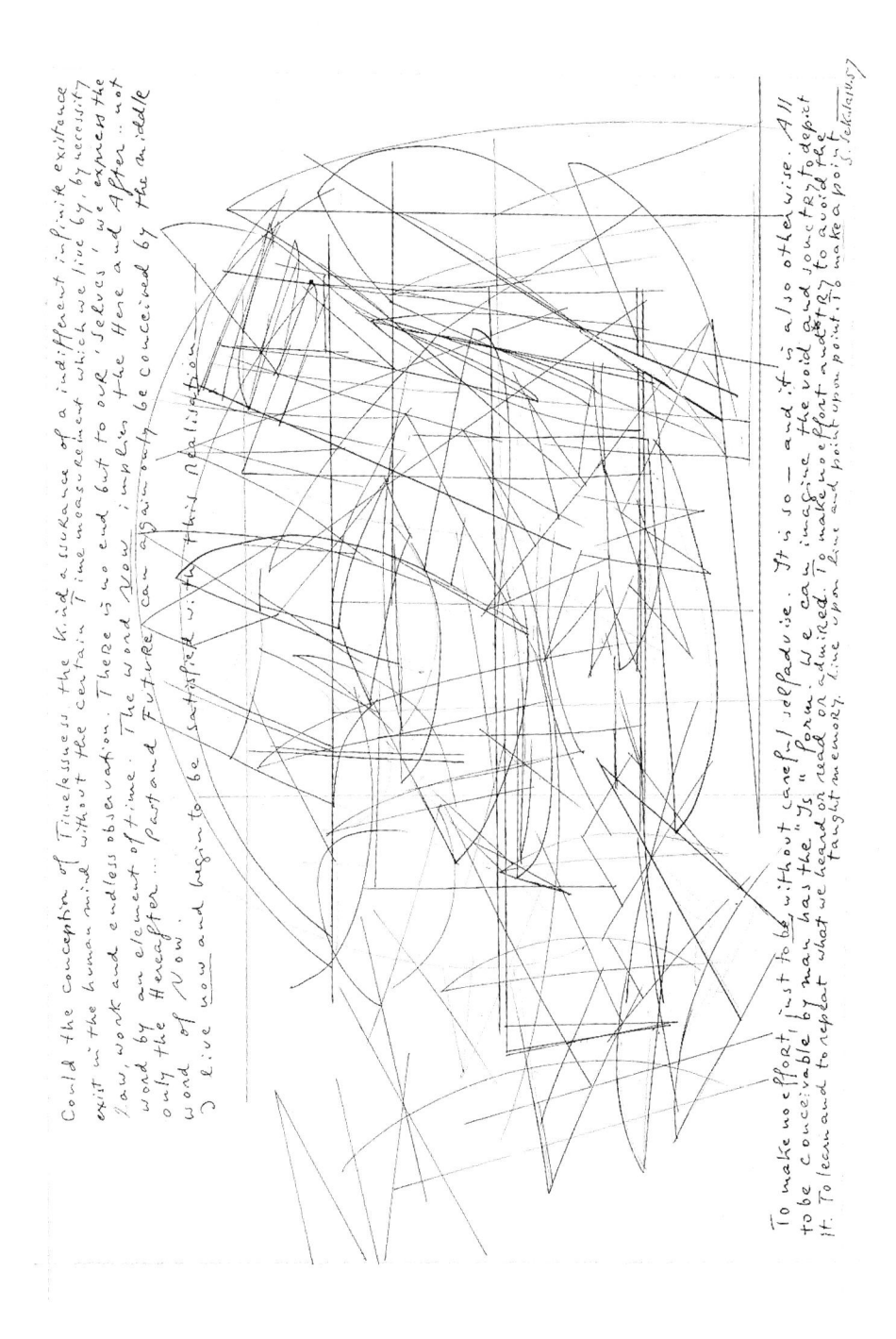

Could the conception of Time/issues the kind a surface of a indifferent infinite existance exist in the human mind without the certain Time measurement which we live by, by necessity laws, work and endless observation. There is no end but to our 'selves', we express the word by an element of time. The word Now implies the Here and After ... not only the Hereafter ... Past and Future can again only be conceived by the middle word of Now. I live now and begin to be satisfied with this realisation.

To make no effort, just to be without careful selfadvise. It is so — and it is also otherwise. All to be conceivable by man, has the "Is" "Form". We can imagine the void and jouictry, to depict it. To recan and to repeat what we heard or read or admired. To make no effort and try to avoid the taught memory. Live upon live and point upon point. To make a point.

S. Lekakis?

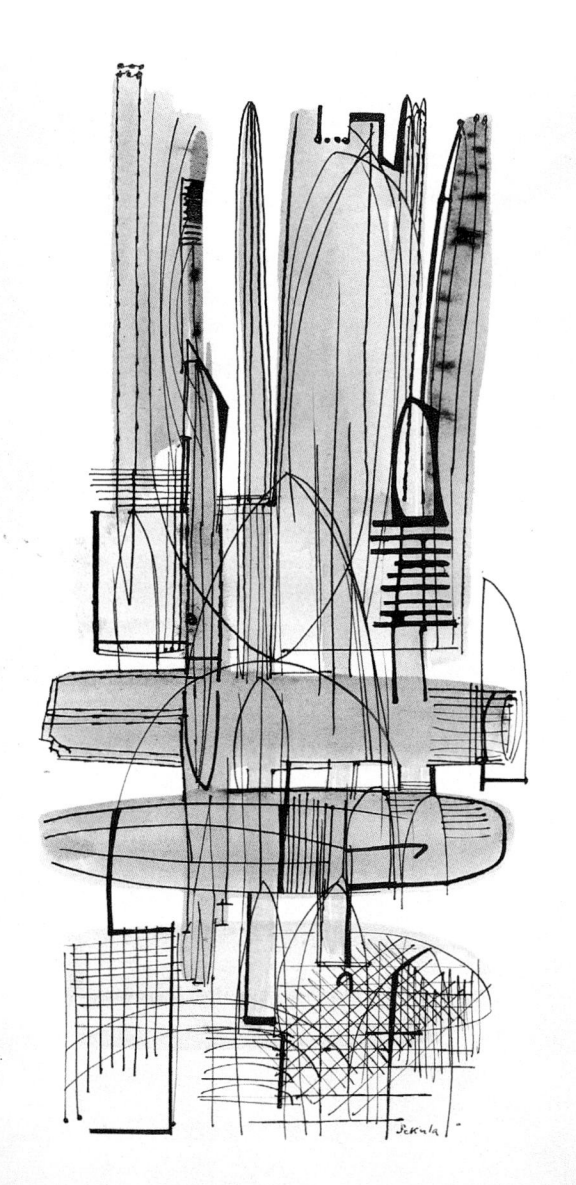

To go into the deep — the selfless SELF — to find the wordless heart-
feeling the love for now — the warm or cold now moment — quick sight
of a branch a mountain line — sit near the water and just the flow
of it is enough to forget the thinking stomach or brain — the stone
prayer, the quick eye inside out — the beyond seeking for peace
certainty that something, thingless, exists — the quick blue now +
somewhere a flower, not shut in by any tale or circle — VII.58 —

XLVI

Die
 Stille,
  so
   wie
    Dein
     Wille

Still ist mein Herz und harret seine Stunde
Die liebe Erde allüberall blüht auf im Lenz und grünt
aufs neu! Allüberall und ewig
blauen licht die Fernen... Ewig — ewig........

and all of the face and
faith of nature, see and
friend will joy!

a Patient : (Fish
                mute
a Fish patient
        while waiting
a Creation
One — two...... ooooo
plea   ∑ yes for each other

sea — gull.....
sand
moon — dust — snow flakes
the tank of one for (four — any number)
brutality of man towards himself — (on the drawing of
the right against the left hand cannot bring peace
in the name of man let us unite and not
divide.. let us treat nature

sky — light — island
ebb & tide — sun — dawn — sun — dusk
grass — reality
equality without

XLVIII

Prière

VII-16.61

à

XLIX

Let them keep

their
cash
I'll use
sea pebbles
and in
age
eat
the   blue
Joke
and   Eggwhole
paint
green
dots

on
white or yellow
beaches
with   S. 30.VII.61
a black footprint and
a prick in that soul

> The pasania
> desired by me,
> and whose shade I approached
> It has become
> a vacant sleeping place
>
> Bashô

among the winter trees,
when the axe sank in,
how taken aback I was at
               the scent
                       Buson

Fallen leaves have sunk
and lie on a rock
under the water
                  Jōsō

(suchness of things)

To paint It and to see That. To be and to become.
XI.5.1961 Zürich

LIII

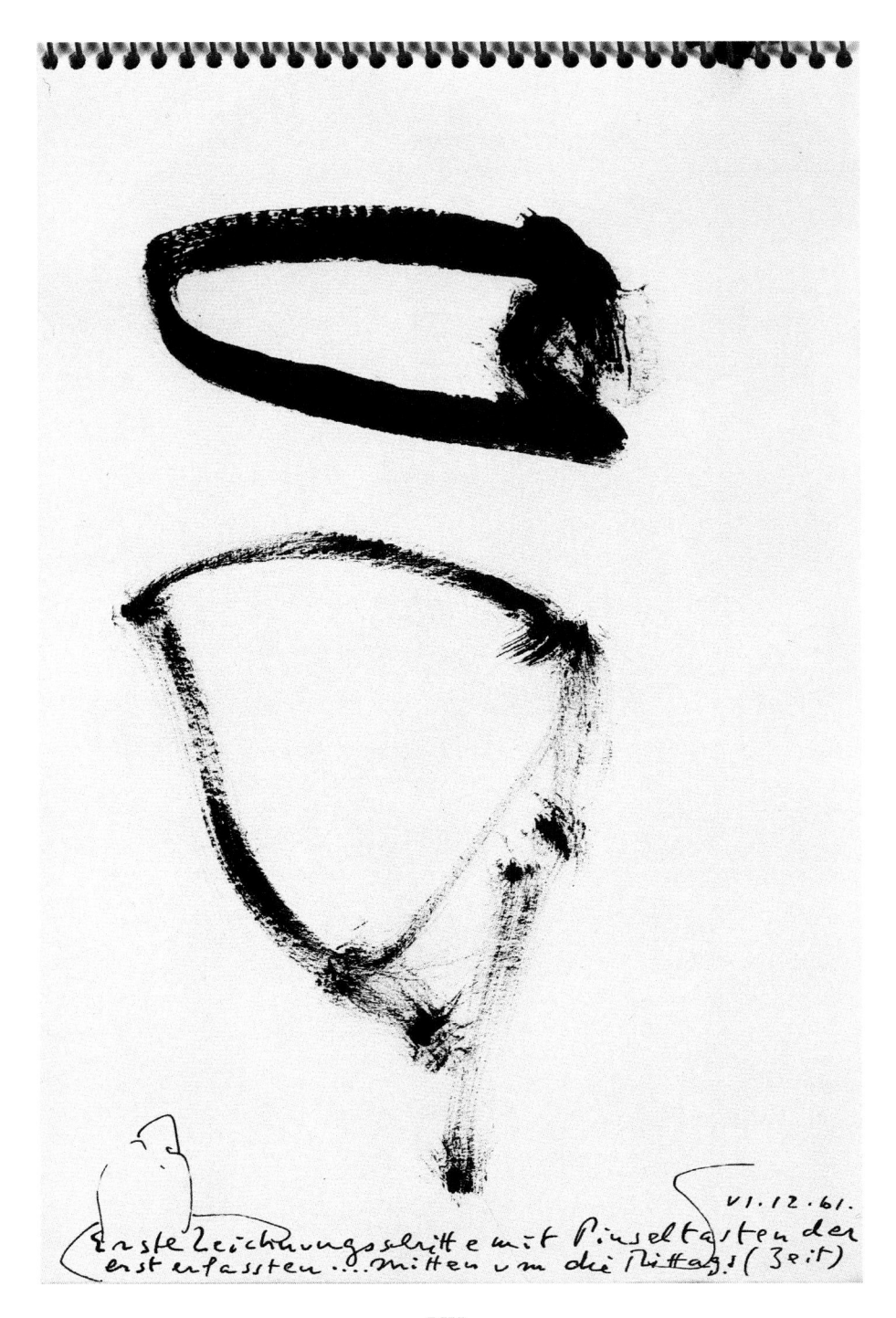

vl.12.61.
Erste Zeichnungsschritte mit Pinseltasten der
erst erfassten....mitten um die Mittags(zeit)

LIV

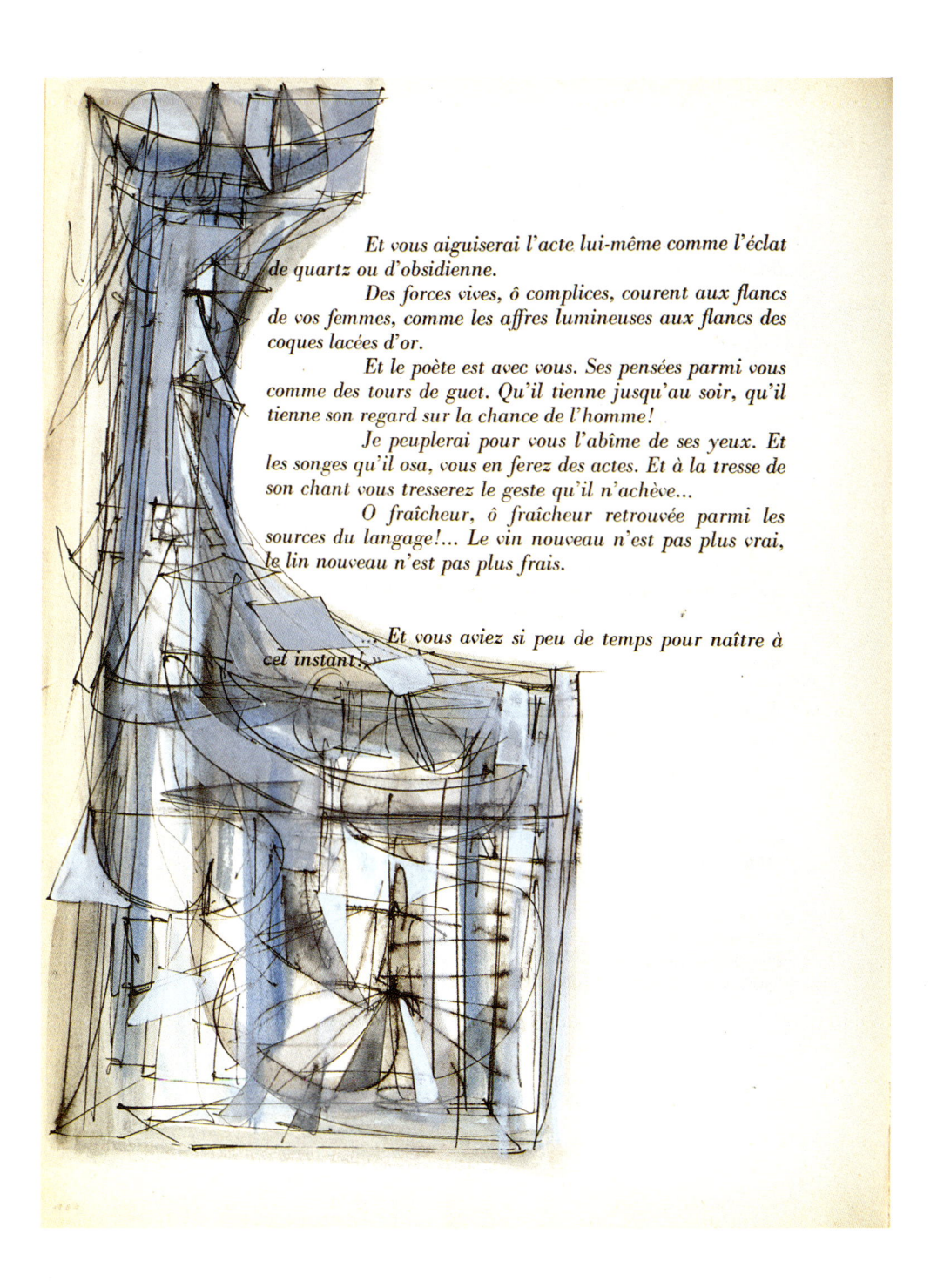

Et vous aiguiserai l'acte lui-même comme l'éclat de quartz ou d'obsidienne.

Des forces vives, ô complices, courent aux flancs de vos femmes, comme les affres lumineuses aux flancs des coques lacées d'or.

Et le poète est avec vous. Ses pensées parmi vous comme des tours de guet. Qu'il tienne jusqu'au soir, qu'il tienne son regard sur la chance de l'homme!

Je peuplerai pour vous l'abîme de ses yeux. Et les songes qu'il osa, vous en ferez des actes. Et à la tresse de son chant vous tresserez le geste qu'il n'achève...

O fraîcheur, ô fraîcheur retrouvée parmi les sources du langage!... Le vin nouveau n'est pas plus vrai, le lin nouveau n'est pas plus frais.

... Et vous aviez si peu de temps pour naître à cet instant!

C'étaient de très grands vents sur toutes faces de ce monde,
De très grands vents en liesse par le monde, qui n'avaient d'aire ni de gîte,
Qui n'avaient garde ni mesure, et nous laissaient, hommes de paille,
En l'an de paille sur leur erre... Ah! oui, de très grands vents sur toutes faces de vivants!

Flairant la pourpre, le cilice, flairant l'ivoire et le tesson, flairant le monde entier des choses,
Et qui couraient à leurs offices sur nos plus grands versets d'athlètes, de poètes,
C'étaient de très grands vents en quête sur toutes pistes de ce monde,
Sur toutes choses périssables, sur toutes choses saisissables, parmi le monde entier des choses...

Et d'éventer l'usure et la sécheresse au cœur des hommes investis,

the hope remains not to fall back not to return to just be – to be = work, and work = life –
(20. November 1957)

J'en faisais des lignes parce qu'il me manquait LA LIGNE.
(November 1957)

To be able to work also when unable inwardly to formulate. Not to wait for the „must" but just to over-come –
(Januar 1958)

I shall soon be 40 times one = 40 years of age + still I feel one without forty as each year goes back to the first and rounds out in numbers that are unrelated to my conscious Life – time is divided in hours in night time + day time and yet I feel 4 and zeroless – though my skin etc. may change the red in me never changes, the red which I often feel as inexistent in color existence. It is no more outstandig (Red) than White or Black. Definitely happy to escape greens – Never feel grass as grass-green.
Olive? Olives to eat, olive green, poetry about earthcolors, umber, Umbria, how beautiful words are + colors and words together – Beauty-Full –
(12. Februar 1958)

To have a room + quiet in the ears + not much neighboring noises – and to have much air and a table + a broad tabletop – some books – the inside – necessary books. Ideas are there and the Life the movement in it all is there. Just a Quiet Moment each day – a table + a heart.
(Februar 1958)

Wunsch: Farbengedichte von innen her durch Augen und urkräftige Gefühle zu mehr als Farbe oder Wort zu gestalten – Farbenworte von einem zum andern ganz natürlich übertragen – Die braunviolette Stunde vor dem richtigen Aufwachen beschreiben – graue Angst, trübe grau-gelbe Angst, dass der Tag kommt wo eine Frau nach 40 kein Regenbogen-Hoffnungsbild im Spiegel oder im Ausdruck des anderen (Gegenüber) finden wird – wenn eine

Frau älter wird ist es anders als bei einem Mann – oft farbloser – ohne Lösung.
(Februar 1958)

Ich betrachte meine Collagen als tägliche Übung zur Stille und Wiederkehr zum eigentlichen Leben – Jedes Stück Papier jede Form jede Farbe auch das „*Rein*-Zufällige" hat eine über mir stehende Bestimmung – vorläufig das Bedürfnis vom wenigen – vom aus sich selber Kommenden – Kontemplation von einem Streifen braun-grauen Papiers genügt um mit mir zu sprechen und mein Ziel zu verwirklichen. Ziel? Das Verständnis zu erreichen ich-los ein bildleeres Ziel zu sehen + daraufhin ruhig vor-arbeiten –
(Februar 1958)

A body has a secret, a no-body has a body – and a body alone knows about the other side too. Color? A stripe of blue paper that is often faithful to my bleak snow moods (with inches of orange between eye-balls).
(St. Moritz, Februar 1958)

In all my sketchbooks, small sized collages – color – faith – concentration exercises – meditation centres – I wait for someone to get the point of departure the moment of arrival of my search. It must not be judged as „art-work" no need of critics + self bitter men to categorize ... but to receive my work as what it is + to join a mutual silence toward my silently outspoken silence. I wait for recognition as I feel the recognition means a bridge, a togetherness, to recognize the mirror I build for the search of others as well as my own – I wait for someone to read with me + to realize what I try to convey.
(19. Februar 1958)

Früher, vor einigen Jahren, war ich bei einigen Menschen, fast Freunden, für das Durchsichtige bekannt, das heisst für Zeichnen mitten im Raum der Leinwand, wo dann aus den flüssigen Linien noch flüssigere Farbströme (immer Stahlstruktur Fenster und Brücken ähnlich) durcheinander- + zueinanderflossen.
(12. März 1958)

It was good (and *is*) to *be* alive, to smoke a cigarette + have a violet match + drink coffee + take action about color and words and to have a body, it is good to move and to think with a body – and a body has many colors –
(März 1958)

Discouraged? Vain? Wanting to make a name? No, not really – I feel that *Zen* is a good answer to my work –
(11. April 1958)

Bilder reichen sich Hände, von Anfang zu Anfang von Jahr zu Jahr bis zum Zeitlosen.
(8. Mai 1958)

To act now, to do and undo the decision, spontaneous – no thought – heart + the color and the thirst of the gray the brown the ochre – The solitary white mass (a heap of dry white oil somewhere, found unexpectedly) – Cut out the word painter (artist, art etc.) from your vocabulary, just dip the hand, the plate of the inside of your hand toward the paper, and dig deep down with a life movement an unhesitating stroke toward paper and yourself – Come out of the tube, come ... be the feeling now the more than void the fearless happening, the two of you alone and then to be one and then you look down at it at what you made.
(18. Mai 1958)

Farben, ich sehe und fühle sie ohne Ge-Brauch ohne Selbstarbeit, aber innerlich verarbeite ich jetzt die Farb-Bewegung des Äusseren und erfasse es als innere gleichzeitige Bewegung und oft sogar Aus-Er-
Lösung –
(Zürich, Mai 1958)

Ich Maler? Es malt durch mich und mit mir? Was ist Ich, was ist Es, Farbe? Farb-Betonung? Ausführung des innerlich und äusserlich Gefühlten und Erschauten? Betrachtung, Übung der Studie – Beobachten, achten –
(Mai 1958)

Mehr wie Meer?
Wortspiele? Wort-Ernst?
„Über"setzung.
(Mai 1958)

Japan steht deutlicher da zwischen uns und inmitten von uns allen.
Kunst? Japan? Kunst Europa? Kunst da und dort? Kunst. Ist Kunst Kraft oder ausserhalb vom Begriff des Physischen?
(Mai 1958)

Das Sich-satt-Sehen an Farben – die Farben liegen da, noch unerreicht noch ungebraucht.
Braun? (eine Welt, viele Nachmittage bloss *braun*)
(Mai 1958)

… Das Freisein … die körperlich wohlempfundene Sprungfertigkeit … von einer Spalte zur anderen – der Abgrund lockt – aber ganz unten gibt es auch Lichtstrahlen selbst mit geschlossenen Augen – das Dunkel kann überwunden werden und jeden Tag gewöhnen sich die kleinen Augen an das Grosse das sie aufnehmen.
(11. Juli 1958)

Picasso is the *Ein*-stein the rock of art of our age and there are many valuable rocks (painters, poets, music-makers – artists) next to him – But he is the joy and the middle of us all, the source and Life Lover the true straight one – obscure and a mystic too but in a clear-cut way – no fear nowhere – innocent as a child working at a sandheap his work is a Birth of Matter and Spirit – No words needed for that man. He is *action* and motion –
(20. August 1958)

As I cannot enough control myself I try to control a given space or width of a canvas or a paper page –
(24. August 1958)

To reach anonymous collaboration + eliminate the self is one of my personal discipline seeking aims –
(25. August 1958)

The poetry – the writing, colorless and colorsign – Line between a Line – to be-come clear – to paint ... to decipher and to touch air on air, to touch –
(August 1958)

Wie klar scheint mir das Unerklärliche.
(August 1958)

Wie wichtig sind Geräte, Tisch, Stuhl, Feder, Blei, Papier, Raum, Buch, Messer –
Das Stillsitzenkönnen – gedankenlos und doch wach – wortlos und die Hände bewegen, den Körper spüren die Erdmitte in sich selber fühlen – die Liebe spüren da im Herzen, den Menschen als Menschheit empfinden und alles spüren –
(1958)

Cherchant une forme, la lassitude de l'encre, du crayon encore hébété, de comprendre que la forme vient après et que le commencement est l'occupation du vide en le vidant.
(23. Juni 1959)

Seeking a nameless night and to sleep in advance with the day feeling and the joy toward a night wrapt night hour – to be awakening is as yet so far the summer 1959 is my nightwish, the day contains blue moments of a thoughtless rest – a rare pleasure of maybe drawing a line or two, with thin involuntary streaks of light-dark color – and then color*less* hours – and just to pronounce „*LESS*"-words help me to falter through many heard + unheard languages – to ask for sleep relief and yet to understand that I must work at the faraway Self + be forgetful of weak or strong so as to become selfless. Each day quite similar, the rhythm is there.
A Rose-marie summer + a hope for new work.
(Juni 1959)

It is such a good feeling to quote lines and copy them through one's own hand. The thought wanders from the page to the reader and to his heart brain and hand and I am deeply grateful to read and then to write down what I read. I try to learn how to think less, how to worry less how to control my facial expression and how to look less sorrowful and also to be inwardly a bit free once in a while.
(1959)

I wonder why old tired people endlessly go on being old + tired + worn ... how lucky are young ones dying –
(22. Oktober 1959)

Gebet? Zu was? Zu wem? Stehe vor dem völligen Unverstehen meiner selbst und der Gegenwart in der ich wie durch einen schmerzhaften undurchdringlichen Sumpf mühsam + Hiobklagend wate, ohne das Ufer der Erlösung je zu erreichen –
(Dezember 1959)

Wer bin ich? Eine impotente Zornfackel? Eigentlich eine eher lächerliche sich nie selbst bemeisternde Figur – ohne Liebe. Ich liebe, aber fast nur in der Trauer – Gefühle?
(Dezember 1959)

Bin verbrannt von Zigaretten + betäubt von billigem Wein. Das Weltbild? Die Ausdrucksfähigkeit? Nihil.
(Dezember 1959)

A difficult dream can become the annunciation, the omen of evil – also the reality of great penitence –
(1959)

Let homosexuality be forgiven, let us hope that she will be welcome in the Greek mythology and protected by pagan nature gods as well for most often she did not sin against nature but tried to be true to the law of her own – To

feel guilt about having loved a being of your own kind body and soul is hopeless – let us hope there were many pure moments in each of these attractions and loves – into which the realm of sphere and eternity and silence entered as well.
(1959)

Ich war erledigt, aber fange an, mich auf neue Art aufzurichten. Wieder etwas Hoffnung zu fassen. Brauchte viele Stunden totaler und bewusster und furchtloser Leere aber meistens war alles *voll* Angst und die Leere soll bewusst leer und angstlos sein.
(Januar 1960)

Es tut weh Eltern altern zu sehen – es tut auch weh wahrzunehmen, wie boshaft kritisch und gnadenlos meine Haltung dem überschwenglichen Vater gegenüber ist. Ich räche mich an ihm, weil ich ihn nie vergessen kann oder aus dem Gesichtskreis ausschalten. Aber auch das wird gelingen.
(Januar 1960)

Wie wenig Bücher habe ich bis jetzt gelesen oder richtig verstanden –
Wie wenig Bilder habe ich richtig erfasst oder betrachtet.
(Januar 1960)

Mehr und mehr *die* Einsamkeit. Aber noch entzweit durch äussere (tiefe) Gedankengänge die in angstmachenden Inwendigkeiten an Herz + Seele vorüberziehen. Möge Berg Sturm + Meer das unerwünschte dunkle Feuer klären –
(Februar 1960)

Adrien [de Menasce] hat nie Glück gebracht – möchte nicht von ihm Hilfe verlangen, lieber von einem fremden Felsen oder einer Welle
(1960)

I signed my name once too often as Se*c*ula = century?
(21. Februar 1961)

No humility needed only strength of silent conviction – no need to call this a „christian" or a Buddha thought. A thought just *is*. Without search or research. Words become deeds – we often need *matter* first so as to form thought into matter.
(21. Februar 1961)

The word god as yet has not been pronounced – I hope it never shall need to be – – for us (out- or insiders)
(21. Februar 1961)

To have visions and be careful to hide them? No, just go ahead Sonja, just wonderer, just „Wanderer", wander on – if „they" put you back into institutions it will mean you must go there again, while if *it* wants you to – to find out the s o u r c e wherever you are called upon to go – Brainless or consciously in a state of reason and brainlessness.
I know my mission, it is beyond mysticism and intellectual interpretation – it cannot be explained.
(21. Februar 1961)

We are watched but we stand apart from the watch of the watcher.
(21. Februar 1961)

Yes, the word OM is enough.
(26. Februar 1961)

Morgenregen – ein Fenster mit Regentropfen.
Ist es Heute? Ist es Jetzt …
Draussen ein ähnlicher Birkenbaum.
(1. März 1961)

Wenigstens Steine scheinen ungekränkt und gesichtslos –
(8. März 1961)

oiseauendieudelune
(März 1961)

Meditation Boxes
Each day at it. Work at bottom too – feeling that bottom of box is often the top. That sides, where matches should catch fire, can be strewn with sand or prevented at this or that spot, by color stripes, to give fire.
So you become aware of what secret power each single match contains and that you don't use these wooden strips just thoughtlessly.
To realise above all that the Meditation Boxes aim at sudden moments of humor – suddenly or secretly, like a quick lighted shock – like a quiet sleep like subconscious repose.
No more intellectualizing, just feeling heartbeat like – just being – once empty – once full – – wordless then again with the color-„full" words – the sudden Eastering feeling about a surprise –
(21. März 1961)
Meditation. No more form, color or matter, no more birth or death.
The pleasure of listening to sound of raindrops should be in each box. Each box is a surprise of joy, it is like a heart of one for all – with all natural elements, fire water etc. included.
Words, poetry, creation included in box as message from one creation to another fluid motion of creation.
(April 1961)
Feuer und Holz umgeben von Farben, Worten und Deutungen, alten und neuen Zeichen – alle mit dem Herz (Geist) fassbar – verbunden stets mit der bewussten Weltseele, die jedem von uns innewohnt.
(24. April 1961)

„Incident totale de vie personelle": Enfermez-nous les anges, descendus de quelque ciel accidentel, noirs et blancs en nos feuilles; supplier encore de voler le vol presque terrestre ... en mer éblouir – – en vol d'aile fleurissante, en silence, nous les anges, sans mots et sans silence ... nous qui sommes entrés à l'habitation humaine, entre la nuit et le jour – l'infini et la fin – sans crainte ... nos plumes en couleurs inédites ... oh vous les aveugles de toute heure ... nous vous ouvrons l'œuil de la solitude merveilleuse de l'étoile immédiate –
(7. April 1961)

„Steindrängen" ins Steinlos des Seinlosen.
(April 1961)

Gibt es farblose Worte?
Stein Vogelmenschgeformt mit Raum + wortlos eigentlich.
(April 1961)

„Juniabendwegstille"
Stille mit Bewegung
(1961)

de douter du doute
de ne pas douter de la terre
ni des fruits de toutes terres
(1. Juni 1961)

erreuraccomplisans
(Juni 1961)

c'est bon de revoir le matin après les rêves difficiles ...
c'est bon de vivre ... encore ...
(8. Juni 1961)

Je suis multiple en peinture; autant avec la compréhension des mondes divers à l'intérieur – mon âme est en mouvement et se change même en couleur ou forme à chaque instant.
(Juni 1961)

mehr und mehr Raum –
überlegen und
weniger Formen
machen ins
Leere
(22. Juni 1961)

a Cross and
a-cross
cross country
seaandinward
hillplains
(Juni 1961)

Malen. Neuer Gedankengrund neue Ebene neue Hügelgedankengefühle und Farbensinn – daran hat es nie gefehlt. Aber die Einteilung der grossen Flächen – die Einsamkeit und das herrliche Auferstehen vieler fast Farbeneinsamkeiten, all das endlich das Menschliche etwas vergessen das schweizerische Kreuz mal abtun das Richtige Kreuz tragen und doch auch das Überkreuzliche empfinden das Auferstehen vom alten Alltag vom täglichen Folterdasein –
Nicht mehr persönlich empfinden sich zum Namenlosen aufschwingen endlich das wahre Dasein vom Tier (Marder-, auch Borsten-Pinsel) begreifen, den Bleistift loben, den Schatten und das Schattenlose vergleichen, den Gegenstand und das Gegenstand-lose endlich verteilen und vor allem mal dem Klang des Ewigen horchen, der URtrommel und nicht dem grenzbaren Faden Intellekt der Bildung oder *Ent-* und *Ver-*Bildung.
(Juni 1961)

Et la couleur de la fleur. Une fleur jaune, tombe parmi le silence de ma main lourde qui essaye d'écrire (décrire) en dessinant chaque mot comme profile de mer – montagne emprofilé du nez aux pieds – rochers. Inspirée par le Tout-Puissant à travers maintes voix inaperçues ... envers le centre du soleil là où chaque nuage fuit ... sans brouillard alors. Oui, couleur de jaune. Fleur et soleil du moment jaune.
(Zürich, 14. Juli 1961)

Matin
Pluie vertbleu
Rue brungris
faim d'air de

démarche en
couleur sans
penser au
Rouge.
(19. Juli 1961)

I think seashells grew once under the mountain and further than the seashore.
(Juli 1961)

I am attached to so much which seems difficult (death, departure) to leave. Ashes, gathered for three winter months in Ascona in a fireplace that needed true humility and strength of the weak (at that time I was full of doubt and weak in heart body and mind), out of these ashes in which nails remained I made several paintings.
The remains of these ashes remain charfully, *life* like in a glasspot near my window, and now I forgot to apply glue to fasten them to paper. Technical forgetfulness and yet I want to continue speaking of my attachments of this Zürich studio out of which my inspired illness often drove me toward hospital for the mentally insecure, like bleak joyful streaks on a broken up canvas –
In this room the big table is on stilts, so as to make it higher; some goodwilled carpenter heightened the tablelegs twenty centimetres.
On the window sills matchboxes, odd wood pieces, candles, a self-made ceramic cup containing just one incense piece ... two big seashells from Spain ... pebbles, so many pebbles out of rivers and forest. The couch ... a yellow cover (it used to be covered by Navajo rug) and a big violet cushion on it and a cover brown like teddybearfur that I used as a child ...
A bookshelf containing holy beautiful poetic books that are my deep kernellove in my big heart ... and these books I work with (for instance three volumes of Haiku by Blythe translation), Zen books ... so much about the christman ... over my bed hangs the musicsheet, black and white, that John Cage gave me. I put different pictures on the stonewalls each day or hour or year ... my nighttable is a big box ... a wooden broken up box that I love as an intimate revelation – topped with books.

But at eight I invariably close the light and fall into difficult dreams – nights that last often eleven hours –
(8. August 1961)

Wassermalen Wasserfarben helfen mir das Nichtmalen zu überbrücken. Schreiben Worte malen und mit Sinnlosem Sinn anmalen ... Was heisst Sinn-Los? Für mich bedeutet es körperlose befreite Stille – Mein Körper steht so schwer im Weg, ich stolpere über meine 43 Jahre und fühle das äussere schwere Gewicht der Knochen und alles, was diese braunen vertrockneten Knochen umgibt. Ich bin noch so kindhaft und sehr unberührt, noch nie wurde ich im Eigentlichen berührt. Nur von Gott. Es gibt auch einen Gott, den man nicht mehr benennen soll. Ein richtig wortloses stetes Dasein. Eine Kraft. Leben. Tatlos.
(August 1961)

Viele Pinsel überall, jeder taugte für einen Strich, eine Farbe vielleicht. Die meisten in unregelmässigen Grössen so zerstreut wie ich. Japanische, englische Pinsel. Viele Schachteln. In der Kommode ist eine ganze Schublade voll mit Streichholz-Meditations-Schachteln. Sehr wenig Menschen begreifen warum ich Wochen verbrachte um das Feuer durch Malen und Sandkonstruktionen zu durchgehen. In den Schachteln liegen oft Steine und kleine Gedichte.
(August 1961)

Wie dankbar ich heute abend bin zu leben ... zu sein – zu fühlen – Nie wird meine Arbeit einheitlich sein, und doch, für mich selber, ist sie es. Alle täglichen Verschiedenheiten und Verwandlungen sind Bruchteile eines wahren Ganzen. Viele 1000 Finger an derselben suchenden, stets wandernden Hand. Der rechten Hand. Mit der linken kann ich bloss aufhalten und das Aufhören steuern. Mit der linken kann ich etwas tragen oder mich darauf stützen. Sie kann kaum schreiben ... oder zeichnen.
(August 1961)

Warum Angst und Sorgen vor dem Morgen. Jetzt sein. Jetzt, während es regnet ... richtiger Sommerregen, und es wird immer dunkler. Und schon

sinkt der Körper zu einer Nacht, zu einem neuen Geschehen. Wie ähnlich wird Morgen dem Heute sein – und doch, wie un-ähnlich.
Each day a day by itself.
(August 1961)

Von einer Sprache in die andere rudern. Zuletzt wird alles Kahlklang ... sprachloses Tropfen ... Regen, der plötzlich aufhört, nur noch der Klang von schweren Regentropfen.
(August 1961)

„Dämmerung"
Twilight work no electricity, eyes hurt + yes it is best so ... to the last drops of natural daylight.
Outside it rains, on big leaves I hear big heavy single raindrops –
(14. September 1961)

Ich habe eigentlich jetzt keine Freunde mehr, meine Bilder genügen mir, auch Bücher, Natur, bildlose Träume. Mein Atelier ist jetzt etwas zu dem ich sprechen kann. Jede Wand da unten ist lebendig und von Gefühlen durchdrängt. Sogar etwas Klares, Strahlendes ist da, in den drei Tischen – im Steinboden, der Holzkiste, die Nachttisch wurde, der Lampe – dem violetten Kissen, der spanischen Blumenvase. Alles hat einen Bezug zu meinem Leben und hilft in der einsamen Betrachtung. Da wirkt Gott direkt. Oft – –
(14. September 1961)

Wir gingen und gingen ... rote aufgewühlte Erde, Sand, grosse Ebenen ... Felsen ... so wild und häuserlos ... ähnlich wie Wellfleet und Küste – dann Allee von Palmen ... dann rotgelbe kugelförmige erdbeerartige harte Früchte in Bäumen ... dann am Abend der Nachthimmel – alles blauschwarz, violett düster und plötzlich ein weiter hellgelber Streifen – im Nachthimmel und in den breiten gelben Himmelsstreifen auch wieder schwarze kleine Wolkenformen, schwarze Wolken in einem plötzlichen letzten gelben Streifen über Meer und Bucht ... dann alles schwarz ... nur noch kleine Lichter von Häusern – an der Küste.
(St-Tropez, 2. Oktober 1961)

I look for autumn haikus and find, unable to touch color today, paint-less inside + yet no problem to that,
The turnip puller
points the way
with a turnip
Issa
The (That) Thatness in it all in *it*.
How tired I grow of all that is intellectual yet how I love to play foot-ball with words + knock each meaning with a kick around, in circles and squares – –
(31. Oktober 1961)

Un Crucified Buddha
(St-Tropez, Oktober 1961)

Am I a Swiss, or an American painter? Oh God, all I am is just a working person that (uses color and often silence instead of a brush)
(Zürich, Ende Oktober 1961)

To work for fashion? Because [Jackson] Pollock is an obvious drip-model to copy from and be influenced by?
Possible?
I know that by now all this has become the sign of my own calligraphy and I do not look for a leader in my direction.
I often feel like just making one single point into the big void of a white canvas and letting it be like that. And then sign it. Just one dot on an immense surface. It seems enough. And yet I do not feel anti-peinture rising in me. I just am at a loss with *oil*. Cannot work with oil colors because of allergy asthma, skintrouble etc. So, it all will not survive long – long enough to be there when the atomic age closes up all that has to do with canvas and paper etc.
What then?
Already now airplanes paint foggy lines and letters into the sky and clouds did long ago attempt the same, outlines without the aid of man. Often I just sit still. Sometimes a few small collages – or big jazzy goldstrewn ones. Big collage. How American that sounds.

I still am an American in my passport. Here they call me a Swiss – Swiss-american, may be that is now my nationality.
I don't feel much affinity for any country. Men are the same essentially everywhere. One mouth, two eyes, legs, arms, ten fingers. One center, naval point etc. And similar reactions to good and bad, fear or courage – how to get along with each other and how to like all people and not become bitter as we grow older is important.
(November 1961)

I hope to die without too much pain. Life was an interesting experience. I don't regret it –
(November 1961)

Writing looks like horizontal or vertical rain drop drawing, often.
(6. November 1961)

To learn to live with oneself – to be unable to write a poem or paint anything by force. Yet effort can be disciplined and spontaneous work repeated in uninspired moments. (But why?)
It snows and rains outside at the same moment. I play a record that I played already in New York seven years ago and I feel the same wordless sympathy toward the sound in this old record. All melody goes toward eternity.
I want to live by eternity. To learn the language of silence – outside there are four red roses. It will be the last roses, it is November 6, 1961.
The red roses outside now are covered by white snow drifts on top (of them)
Now is never again
the same. Now is
moving – –
As a watch, always
a new number yet
often the same, in
an endless round.
But Now is now
just once –
„Zen" was the unexpected ink on what I wrote an hour before. It covered the

words *snow* and *top*. It was unexpected when the page next to the writing fell wet upon it.
This incident prepared me to only expect the unexpected.
(6. November 1961)

Altogether a Japanese state of being though not anymore an imitation of Japanese Life which I admire to the utmost and toward which I feel drawn inwardly since years – but all this has become part of me and I need not imitate it all, now part of me has become, by nature, soul and heart.
(6. November 1961)

If they (in Switzerland or elsewhere) needle me and criticize me that my 1961 work is „*Pollocky*" I shall answer that I do not live by imitation but that in my heart there is a deep transatlantic stream that responds to the same, to a similar rhythm ... a stream that goes as a current currency from one planet to another, mental and physical interplanetary feeling and execution thereof. I live *now* in my time and that's what I do and what many of us are compelled to express.
(7. November 1961)

Good work day.
The self helps me to become the self.
I have learned to become *Zen,* which I always „*all*-ways" was.
(9. November 1961)

No more reading of art magazines. No more doubt and foolish envy. I am as good and as bad as all of them, even though I am ignored since years. I'll say OK to that. I don't paint for the public or for the dollar. I paint each hour differently, no line to pursue no special stroke to be recognized by. And yet I do. I trace my own authenticity back to twenty years ago – and it is still me though it contains over a 1000 different ways –
I go on. I work seldom now, outwardly. But inwardly I work most of the day. No more beggar attitude – No more self-pity, just work. The raven and nobody will inherit what I do in the silence and the hammering hours – It's a good room. A small room. Hard to turn about. Tables all over. Just to go on.

Trying to read no more headlines about galleries advertising artists. Feeling cut and left out.
(6. Dezember 1961)

Man kann sich auch anonym *schöpferisch* betätigen. Zum Beispiel einen Stein auf eine Mauer setzen und betrachten in seinem Hell und Dunkel. Das genügt. Ruhm für die „Öffentlichkeit" ist unwichtig.
Das Schöpferische, Selbstdachte und -geprägte zählt. Bist du nicht bald zeitlos genug, um für solche Schöpfungen bereit zu sein?
(1961)

Gestraft für was? Für das Wort? Den Laut? Und wer hat das „Singen" der Menschenvögelwesen gestaltet und erfunden, gefunden? Wie schön sogar das Wort + die Geburt zu vergessen, wann, endlich?
(1961)

Unable to paint these days – and yet able to discern more and more the volume in relation to color. Color is an inside and outside experience of the seeing and contemplating eye. I see the oranges, nuts, big yellow apples and eggs inbetween on my window sill, above the couch. I even tried to draw their outlines – a very awkward attempt. My drawing is [?] – But into my heart goes the perfection of the form of fruit in itself. That is God to me, just fruit. Alive. Real orange – fruit. And the simplicity of it all. Even their shadows are natural. And I perceive flowers ... those in vases too. Unable to paint. Yet often guiltless and just enjoying the beauty of what I see. It is difficult not to work. To think too much. To be unable to give up the smoking ceremony. And not able to understand why I cannot breathe freely without the bodily und psychic need to devour those evil cigarettes. Though tobacco has to do with earth, with a plant, with grass. But the gesture of a pipe such as Indian chieftains used the peacepipe for seems more honorable than the uncontrollable hunger of cigarettes. There is no dignity to them. To a pipe yes. To the attitude of a man toward a pipe yes –
(15. Februar 1962)

So much time since so long to be and play with. Some have no time for their private life and I seem to have a bit too much liberty in time disposal. And what do I do with it? I run back and forth across the pages of life and rarely stand still in positive selfless contemplation. Unable to work. Eager to find. Unable to make a living with anything. My work does not sell since years. How shall I make a living, by what? What I saved up I do not try to spend, not for avaricious reasons, but because of fear that I have to depend on it until the end of my days, if I am unable to subdue myself to work. I feel unable to imagine what I could do. And yet I cannot paint now – So I think and walk to and fro on the stonefloor in my studio. Friends? Not one I would freely turn to in time of trouble or would want to ask help from – Not one –
(16. Februar 1962)

To critics: dear ones, what do you call in painting today „Tachism"? Making spots also means a state of soul communicating with all souls and the *all*. (All-soul).
La Tâche du Tachisme est perpétuelle et spirituelle, je crois.
(16. Februar 1962)

Yes, now I try to work ... just dipping the brush in thinned black ... very much water, until the white of the page gradually does resist and not perceive anymore the oncoming formations of rainlike gray. The gray is transparent and the page is now a Transparent Being. To reach the hour in which we are allowed to dissolve color into the color-less state beyond color – – and yet a brush helps and so does black turn into white.
(16. Februar 1962)

I seem to live and not to live.
I cannot move out-side the I-circle. Myself gives no room to my-self. And I cannot find a thought by which take action.
I realise, that also toward others, strangers more than friends, I cannot give anything outside my perturbed inward state of uncertain waiting. The dry land in me asks for the miracle of fruit. The barren land in me wants a visible furrow to plough in new seed. First and *good* seed.

The bad in me does not move out of the way though I recognize new aspects of badness that seem unbounded, without limitation.

I suffer, but my suffering is a most selfish prayer to be delivered of the state of unprolific waiting. To wait and to be stale and lazy and ugly and yet to contain the poetry inside though I cannot paint the poetic vision. I can only make blots and circles and insecure broad outlines in arrow formation.

No more color upheaval and joy and greed for what a color might become. My gray drab possibility now is a year old, a many years old wail and complaint for the birth of a child. I want my child to be a painting. I need a father for my child. I found out that I cannot be the father of myself so I look outward for help and information. I am blind in the eyes and blind in the spirit and bound to the cellar prison of my existence and outward room. My four windows in the room are full of ironrailings. When I open the window I see outside the enclosure.

To accept it all. The whole situation. To be unable to get away from old age creeping underneath all of it. But I was just as lonely in my youth as I am now. The fear of travelling alone, of being too naked, too visible of my selfness of my solitude. To eat alone inmidst a place of tables where others are together – and not to bear it. So I do not go anywhere and hide out in the cellar room. In the street I see faces. Sometimes I read light streaks into these faces. Sometimes I all of a sudden speak to one of the faces which repeatedly pass me on the way in the same street. But the spell is not broken.
(21. Februar 1962)

I wonder why I cannot write a story away from myself. I invent words and write a poem, as I used to. No more language to give forth a display of various fruit. No house, no walls. And yet this „I" still lives and sits and sleeps in a room. And yet I want to get out of this room and I cannot find the way.
(Zürich, 21. Februar 1962)

To get rid of the person we represent to ourselves or others.
(28. Februar 1962)

I live once in a while in a good hour of the past. Here or there. Small lights in an overhung sky – to get out of the mire. How? Just by the help of realising the right timing. Each sin (what we ourselves decide to judge right or wrong) is accompanied by an infinite moment of grace, but we are weak to perceive it and so we fall. And love is painful in the flesh and the moment is sweet while the lips are closed before they attempt to kiss another one. The melting away occurs in the instant before – to be alone – and yet how we long to meet another one.
(28. Februar 1962)

Ich wehre mich noch immer. Und verstehe doch, dass dieses wortlose Wehren keinen Sinn trägt. Ziellos dahinleben. Traum und Wirklichkeit fast ohne Wand. Ein langer Traum voller Furcht. Irgendwo steht noch immer die Hoffnung der Ehrfurcht.
(28. Februar 1962)

Jung sein, alt sein ... und dann? Und das grosse Warum? Geburt. In etwas, Leib und Geschick, hineingeboren werden. Viele offene Türen in einigen Stunden ... und dann schliessen sich die Türen. Wir wissen gar nicht mehr recht, was tun. Leben wir, sterben wir? Ist alles ein grosses Loch, leer und öde ohne Liebe? Liebe ist sicher noch immer die Antwort auf das undeutliche Rufen.
(28. Februar 1962)

I am fed up with USA and Europe and the artificial life and my inability [?] to create anything worthwhile. Fed up with myself – unable to take a fulltime job, not wanting to face others that know how to face the everyday reality. Alltag. Shall we be, people like me, after death, be punished with boredom as we are here on earth. One day like the other. Upstairs and downstairs. And yet I continue to love things. The pencils I still have, the tables and the books and the few colors. I have no interest to go and buy colors. What for? I am at the point where I am finished as an artist.
(1. März 1962)

There are funerals ahead. After my mother dies there will be the total anguish. And now I grow old, outwardly. Inwardly I am at a point of youth. But without hope of any future light streak or solution. Continuously locked into the chain of mother and father, since 100 years it seems.
(1. März 1962)

Outsider. There must be a place for outsiders, where they speak to each other ... just by their eyes.
(1. März 1962)

But at home I feel they look into me there where I am most wounded and try to hide away most. They touch and touch upon my privacy. Oh if I were twenty again I would leave home for good – forever. Now I am by my own fault and sick nerves in the clutches of two people. But I have nobody else in the world to be with. So I stay with them. I love her. But I don't know what the power is she has over me. I feel even more weak and insecure when I am next to her.
(1. März 1962)

Waiting for your turn – No inspiration, no love no hope – oh yes, hope is there, there across the river, maybe – maybe one of the failures such as the many artists and poets were, that did not get a chance to paint and say what they most wanted to say. Their hands could not fulfill the promise. Their heart went on beating soundlessly a while but somewhere the sound of their suffering hearts was heard and praised and told about.
(1. März 1962)

Do we need others to clap their hands? Do we need to achieve some-thing? A thing? A thing to be seen? Let us pray for all failures, those who were a freak too – Each freak contains some perfection don't forget that –
(1. März 1962)

Wahn-Sinn. Herrgott was heisst Sinn? Warum hast Du uns verdammt und verworfen? Herrgott in der Hölle ist der Glauben mächtig und uferlos, er reicht

in deine Ferne. So vernehme ihn wohl und verzeihe uns allen in deiner Unendlichkeit. Beschwichtige das Vergehen unserer fortwährenden Endlichkeit.
(2. März 1962)

Ich war noch nie in einer so trostlosen Lage, nicht einmal in den Spitälern, wo ich auch versuchte der Zeit zu entgehen und arbeitslos war, so wie jetzt – gelähmt und ohne Einfall – gefangen in Zürich und der Schweiz.
(5. März 1962)

I am learning how to do nothing. Some day I may stop to think. I saw how children in various parts of the world are skeletons – hunger – total starvation. Cannot understand how animals are treated in slaughter-houses – horses in Ireland and France etc. And how many people look like monstrous crueltymachines – infernal butchers without a heart.
I don't understand the human race, less and less.
(5. März 1962)

I cannot say how often it hurts to tear up work, to destroy such bad work. I feel it was not pure enough, not gifted enough, all-ways impatient, rarely the way my inward eye wants it. My hand is poor to do what the spirit in me asks for. All this work is conditioned by intense mortality and often Fear.
(Zürich, 4. Juli 1962)

Immer zögernd, selten frei oder richtig beschwingt und übermütig – und doch nie ganz mutlos. Mein Körper ist sicher noch mutloser als mein Hoffen. Ich weiss, dass das sich so starke Verändern meiner Arbeit naturgefordert war. Nicht nur Beeinflussung von anderen menschlichen Strömungen.
(Zürich, 4. Juli 1962)

Sehr dankbar, einige Tage in den Bergen zu verbringen. Steingeröll. Stille da dort, wie es nur in der läuternden Berghöhe möglich ist. Ab und zu das Betrachten der Steine im Fluss.
So ein Stein sein. Ja – das würde mir genügen.
(St. Moritz, 16. August 1962)

In Vaters Zimmer gezogen nach seiner Abfahrt. Immer ergreift ein neues Denken eine neue Menschenerfahrung den Schreibtisch im Hotelzimmer. So 1 Tisch hat viele Denkbesuche. Manche schreiben 1 Brief, 1 Gedicht, 1 Absage, 1 Merk-*Würdigkeit*.
(St. Moritz, 17. August 1962)

Ein Ratschlag bedeutet oft den *Schlag* des Rates.
(St. Moritz, 17. August 1962)

Selbstbeherrschung. Schweigen. Lächeln. Liebe zum Dasein. Trost. Bereit sein anderen Freude zu machen. Selbstbewusstsein trotz wirren fast vorsintflutlichen Schulderlebnissen. Endlich sich reinigen. Reine Sprache. Reine Gedanken. Vorbereiten auf die Todesbrücke. Die böse Angst aushalten und sie bestehen und weitersehen. Die Gegenwart ins Unendliche vertiefen. Perspektive. Distanz.
(St. Moritz, 17. August 1962)

„Am Anfang war das Wort." Dieser Satz bleibt mir unverständlich und doch hilft er mir zur Besinnung des Menschentums inmitten der Natur.
(St. Moritz, 17. August 1962)

Die Berg-Welt, die Welt des Meeres. Der Blick zum Himmel. Der Blick zurück ins Tal. Die Einsamkeit und dann der Mut trotzdem die Stadt zu ertragen. Stadt? Ein abstrakter Begriff für das Vielseitige, das Menschengewollte, das Gottgeführte.
(St. Moritz, 17. August 1962)

Frage: Hatte einen schmerzhaften Traum. Im Traum geschah etwas unwiderbringlich Schönes. Ich sprach einen Satz aus, der so klar war, dass ich ihn im Traume selbst niederschreiben wollte, und ich erwachte ohne mich daran zu erinnern.
Nur Gott kennt also das Geheimnis dieses Traums?
(St. Moritz, 17. August 1962)

Das sind alles Worte und doch finde ich heute weder Farbe noch Worte um den Fluss zu prägen wie sehr er nach mir ruft.
(23. August 1962)

Und die Luft, der Wind, das blaurotgrau violette schattenerkorene und schattenerlöste Bergschluchtgeröll – die kargen winzigen Blumen, deren Namen ich nie meistere – der Berg und der Fluss treten da ein in mich und der tiefblaue Himmel des Engadins und mein Zürcher Stadtdasein will nicht mehr so arm sein wie früher; jetzt ist viel Neues geschehen und Geist, Verstand, etc. – alles fast leere Worte.
(23. August 1962)

Was soll das Wort „leer" bedeuten vor der Leere? Wie soll man das Da-SEIN beschreiben, wie erkennen, erfassen, antasten?
(23. August 1962)

Nicht mehr zweifeln. Immer weiter hoffen auf gelassene Erleuchtung, auf den Dauerzustand des Ich-Losen auf die Gegenwart, das farbige und das farblose „Jetzt".
Sich vorbereiten. Immer wieder vorbereiten auf das, auf *Das*.
(23. August 1962)

Viele Worte, so wie „einbegriffen", benütze ich vollkommen falsch, Worte entschwinden mir, es ist fast ein Schwindelgefühl, geistig, von so vielen Worten gefangen zu sein, man kann sie weder richtig deuten noch benützen, um das Seelenschwierige zu erklären.
(Zürich, 30. August 1962)

Steril? Ja sehr oft fast vertrocknet. Nicht einmal richtige Tränen für den dürren Grund meiner Gegenwart. Noch immer ruft der Bergfluss Inn in mir. Das Lied der Bergstille ist immer wieder da, aber ich bin nicht bereit dieser glücklichen Erinnerung genügend zu lauschen.
(Zürich, 30. August 1962)

Habe noch immer eine Riesenkartonschachtel im Atelier vollgestopft mit all diesen fast leidenschaftlich entworfenen Streichholzmeditationen. Sie haben ihren Weg zu Menschen nicht gefunden. Ein Wunsch und meine Hoffnung waren, dass diese Arbeiten einmal reisen, dass etwas von mir in ihnen „auf die Reise kann". Und ich bin überzeugt, sie hätten Erfolg gehabt in Asien (viele enthalten handgeschriebene (von mir abgeschriebene) Haiku-Gedichte).
Aber so ist es um mich, alles hat viel Zeit und Gott will, dass ich warte und warten lerne in jeder Hinsicht.
(31. August 1962)

Mein treuester bester Lebensgefährte war und ist Mutter. Der aber eindringlichste Gefährte war die Einsamkeit. Ich habe mich selbst der Einsamkeit nie so richtig durchlässig unterwerfen können, etwas in mir wölbte sich stark gegen diese oft furchtbare Einsamkeits-Herausforderung auf.
(1. September 1962)

Nie genug davon zu haben, dass man „genug" hat.
(2. September 1962)

Ich wirke ohne Scham, bewusst und unbewusst in vielen Richtungen (Mal-Richtungen) ... und gleichzeitig wirken dieselben in mir. Nicht jeder kann oder soll so wie zum Beispiel Hans Arp immer der gleichen Form anhängen. Sicher ist es gut, das Eine, Unbedingte, sich selber Angehörende und selber Empfundene zu beherrschen.
So bin ich aber Flagge der inneren Natur des vielfältigen Sturmes der sich immer in neue Beete legt und Neues vernichtet oder erhebt in seinem Gestürm, das sogar oft zu friedlichen Formen führt.
(3. Oktober 1962)

Im Schaffen selbst denkt der von andern als „Künstler" benannte wohl selten an das Wort: Kunst. Sonst wäre er oft an seinem spontan und wortlos-namenlosen Werke gehindert.
Das Wort: Kunst ist für mich eine einschüchternde wuchtige Lähmung –
(4. Oktober 1962)

... Humans, may they be as intelligent as halfgods, do after all know nothing ... I realize the older I get that the answer to our questions is not to be given in this world, not on our planet, not in our life ... but it *will* be given in time ... I mean the spaceless time ... it will be given when the soul is ready to understand it.
(undatiert)

I am influenced by Gertrude Stein in my writing + in my thinking. Like a tune, it always follows me.
Music is nourishing. The soul is being nourished by music + thought, the mouth is hungry for kisses + food; the heart asks for a lot.
G.S. is the Elsa Maxwell for literature. She always gives a party for herself + other join her party.
G.S. does not only repeat. There is a reason why she does so. She underlines + emphasizes certain words there is a reason for that. And a consciously beautiful + secret meaning behind such emphasized words.
I found out that one can read G.S. the same page over, again. I have been knowing + reading „Portraits + Prayers" for two years.
While I underline the entire book of G.S. I begin to be sorry to spoil the print thereby + make the book look dirty + full of pencil marks. But still I must go on taking notes. It might + it is creative to be a conscious imitator of G.S. To go on with her style after she has gone. I shall inherit all that is G.S. + I shall go to town with her inheritance which she gave me.
Do not stick to the classics, stick to yourself.
You cannot help to compare yourself with G.S., not to find any resemblances but to compare – to enter into competition with G.S.
(undatiert)

Sometimes feeling far from humble, annoyed at being „together" with obvious halfwits, hicupping aloud, *bad* manners, rude and antagonistic, and yet I feel more evil often and unloving than the bunch of them. I feel *alone,* preferring poetry to baseball anytime.
(undatiert)

Qu'est-ce, l'art? Un phénomène, sans plus; il n'apporte en soi aucune réponse, et ne pose aucune question. *Art,* c'est un mot pour tout ce qui est vérité. Et puis soudain, le cœur même des choses se dévoile, et, de ses mains apaisées, presque sans bruit, sonne l'entrée de la Mort-Vie. Toute sonnerie se fait sans cloche.
(undatiert)

Ordnung machen im eigenen Gedankenreich so wie in einer Truhe, einem Schrank, jeden Tag etwas Überflüssiges aus dem Gedankenkreis ausschalten, bewusst die *einfache* Form (die einzig erwünschte Wahrheit) im Seelenraum fühlbar machen.
(undatiert)

Haiku to me means a moment in which all is sad, beautiful and yet painless ...
(undatiert)

Meine letzten Bilder tragen ganz neue (für mich) Farben, vieles davon gleicht einem Donnersturm zwischen Meer und Bergen – Wüste und dem Feuer des Inneren der Erde, dazwischen helle Flügel von luftkreisenden Vögeln ... immer wieder vom Wind bekämpfte Blätter und Blumen – Auch oft ein fast *namenloses Gesicht* dazwischen das *immer auftaucht* in meinen Zeichnungen wie eine Spiegelung des inneren Glückes.
(undatiert)

Menschen, Fussspuren im Sand ... im Verborgenen – Sonnenstaub – Schritte durch Stern – Wolken – endlich die Menschenanklage vergessen – Lachen – selbst-los lachen im Sturm.
Erdfurchen, Spuren, Spuren im Schnee – im Sand – da ein plötzlich stark-gelber Vollmond im stahl-grau-dunkelblau umgrenzten Himmel – ein über-gelber, Mond-Kugel ... ja, und vorher die rote-überrote Sonne die sinkt ... und die Tageserinnerung, dass es jetzt Herbst ist – hell und kalt – Äpfel am Boden – Spuren, und Menschen die sich bücken und Schmetterlinge die er-froren sind, über Nacht, und noch immer leuchtend mit Doppelflügeln im steifen Abendgras liegen – und Vögel die in Scharen gen Süden ziehen –

Wild-Enten, vielleicht auch so viele Wildvögel deren Namen ich nicht kenne – Herbst – ein Blatt mit Linien ... überall ... das Zeichnen –
(undatiert)

Von allen Wegen, von den allein-begegneten Bäumen von den Falten zwischen Bäumen, alles wiederholt sich, ich habe die Namen der Blumen + der Bäume nie gewusst, konnte mich nie der genauen Nennung der Dinge + Formen erinnern. Ich weiss bloss dass es jetzt Herbst ist, dass ich das Deutschschreiben und -sprechen ganz leise verlernt habe dass da manchmal ein tiefer Schmerz war, das *einzige* zu verlieren jeder Einsamkeit ungeschützt + schildlos ohne Gegenwert ... Gegenwart oder Gegengestaltung zu begegnen ... die langsame Betrachtung des Äusseren, der verschiedenen Gesichtszüge der äusseren Menschen und das Nachzeichnen ihrer Gesichte ...
Seit zwei Tagen betrachte ich eine Gruppe von Bäumen ohne dass es mir selbst in der Stille meiner ungeschriebenen Gedanken möglich wäre über die Blätter dieser Bäume oder über das unruhige + doch so ebene Fliessen vom Wind der diese Blätter stundenlang berührt zu schreiben.
(undatiert)

Mehr + mehr denke ich an den Klang vom Wind. In St. Tropez auf meinen merkwürdigen Wanderungen wenn ich innerlich so verwirrt + unerlöst durch alle Trauben-(Weinreben-)Felder ging ... am Nachmittag oder am Abend begleitet vom ganz durchsichtigen Licht das man fast nur im Süden Frankreichs richtig erfasst (vielleicht auch auf griechischen Inseln) da wollte ich manchmal ein Lied schreiben über die vielen breiten Äste über die weissgrauen Platanenrinden über die sandig verstaubten Landwege die engen Pfade dem Schilf entlang ... über die fortwährende Verwandlung des Meeres + das Ausströmen der Flut mit Muscheln ... über den grossen Sturmwind der das Landschaftliche wie durch Blitze noch intensiver erhellt und alles was weit scheint so nahebringt, den Sturmwind der den Sand bis in die Stadt treibt ... und der die Menschen beunruhigt in ihren täglichen Gewohnheiten ... all das Durchsichtige so wie die Glasflügel der Falter, die Scheibe der Nachtschmetterlinge ...
(undatiert)

Das Beginnen der Finsternis in der Sonnenblume und das Hageln der neuen, uralten Sternschnuppen ...
– – Jede Stunde fällt als rundes Sterngeröll von einem Himmel zum andern, durch alle Richtungen ... und sonst durch die leere Erdkugel ins Zeitlose ...
(undatiert)

Du bist so wie die Steinblumen ... wie das Geheimnis, so ist auch deine Stimme ... alles ist gelöst, ich sehe dich wie deine Nähe den Mond fordert, du bist das Blumenbuch ... es muss schön sein mit dir zu reisen ... da, zwischen den Steinblumen wo du wächst in der Mondnacht, da höre ich dein Gehen ... auf dem Bergrücken steht der Mond + du bist die Nachtblume im Berg ... und deine Stimme ...
(undatiert)

Du lebst mit Geistern, höhnen sie, du lebst mit abstrakten Dingen und mit Ideen, du hast dein Herz versteckt aus Angst – du kannst niemanden finden der dich liebt und der geduldig mit dir deine Stunden teilt –
Wie soll ich dem Hohn antworten? Soll ich ihnen sagen, dass ich mein 1000jähriges mein ur-zeitliches ewiges Warten gefunden? Dass ich dich erfunden und begriffen habe und dass du mir es erlaubst deine Seele, dein stiller Seitengänger zu sein, dein Moos, dein Wald – nein, denn es ist ja alles bloss in meiner Phantasie geschehen und unser Treffen war ja bloss mein eigenes Verlorensein –
Soll ich den Höhnenden meine Einsamkeit eingestehen meine sprach-lose Eigenheit der gewollten Stille – soll ich ihnen sagen, dass es so sein muss, vom Schicksal beschieden, dass alles Hoffen in die Urzeit führt, dass du eine Wolke bist, mein grosses Warten, das sich nie erfüllt –
(undatiert)

Hilfe, Hilfe, schreit der Adler, gefangen im Kettenhaus. Er krächzt seine Trauer in den bösen Winterwind. So bin ich im Wolkenkratzer ein Adler geworden, dessen gestutzte Flügel fliegen wollen und sich wehren.
(undatiert)

Ist diese Prüfung ohne Ende? Wird auch der Tod aus Angst und Schmerz bestehen?
(undatiert)

... ich bin ein Wesen das eine versteckte Höhle möchte wo niemand den Schlüssel hat –
(undatiert)

Warnung? Geheimnis? Botschaft? Wer ruft mich?
(undatiert)

Essay über Sonja Sekula

(1) Sonja Sekula, vermutlich Ende der dreissiger Jahre

„Der Ruf der Sirenen"

„Let a little less last."[1]
Gertrude Stein

I

Es ist von einer Künstlerin zu sprechen, seit mehr als dreissig Jahren tot und heute fast vergessen, an die nach ihrem Tod in der Schweiz kurz erinnert wurde[2]; um sie vor dem Vergessen zu bewahren, versuchte man, ihr Werk in einem Buch der Öffentlichkeit vorzustellen[3], vergeblich und zu früh. Erst 1971 gab es in den USA einen ernsthaften Versuch[4], sie wirklich zu entdecken, war sie doch in diesem Land, wo sie fast zwanzig Jahre gelebt und gearbeitet hatte, ebenfalls vergessen, aber das Interesse hielt dort nicht an für diese schweizerische Kosmopolitin[5] und ihr gar nicht schweizerisches Werk, das so wichtig und komplex ist.

Es ist von einer Künstlerin zu sprechen, deren Leben und Denken Rätsel aufgeben und allein schon deshalb Neugier wecken könnten. Ihr Werk jedoch verrätselt vieles noch mehr – und wirft Fragen auf: Fragen nach der persönlichen und künstlerischen Identität, nach der Bedeutung des Werkes einer Frau, die, abgesehen von Meret Oppenheim und Sophie Taeuber-Arp, wie keine andere Schweizer Künstlerin in diesem Jahrhundert mit bedeutenden Persönlichkeiten aus Kunst, Literatur und Musik befreundet oder bekannt war: Jane Bowles, André Breton, John Cage, Merce Cunningham, Marcel Duchamp, Max Ernst, Morton Feldman, William Goyen, George Grosz, Frida Kahlo, Wifredo Lam, Roberto Matta, Robert Motherwell, Anaïs Nin, Alan Watts.

Es ist von einer Künstlerin zu sprechen, deren Werk zwischen Wort und Bild oft oszilliert, so wie ihr Sprechen und Schreiben zwischen drei Sprachen, wobei ihre Nationalität (schweizerisch und amerikanisch, ungarische Abstammung) ebenso fliessend ist wie ihre religiöse Identität (katholisch und jüdisch, mit buddhistischen „Elementen"). Ihre sexuelle Identität ist zwar eindeutig, kann aber die allumfassende Heimatlosigkeit auch nicht verhindern, und ihr grenzüberschreitendes Werk sperrt sich gegen die kunst- und literaturhistorische Einordnung, ja, scheint sich ihr mit „unbewusster Ab-

sicht" zu entziehen – an einen Ort, an dem wieder neu mit der Deutung begonnen werden muss.

Es ist von einer Künstlerin zu sprechen, deren malerisches Werk – von den meisten Kunsthistorikerinnen und Kunsthistorikern in der Schweiz bis jetzt nicht ernst genommen – in zahlreichen Ausstellungen in in- und ausländischen Galerien gezeigt wurde, aber noch nie in einer repräsentativen Auswahl in einem Museum[6]; deren Bilder eine ganz persönliche Handschrift tragen und doch den Einfluss des Surrealismus, Abstrakten Expressionismus, der Indianer-, Zen-Malerei und der Art Brut nicht verbergen können; von deren schriftstellerischem Werk zu Lebzeiten nur ein einziges Gedicht veröffentlicht wurde[7]; Texte, geschrieben auf deutsch, englisch und französisch, mit ebenso internationalen Vorbildern: von Rilke, Breton, Gertrude Stein bis zur japanischen Haiku-Lyrik. Ungewöhnliche Bilder und Texte, tagebuchartig, poetisch und philosophisch, verspielt und verzweifelt, oft fragmentarisch wie das Leben dieser Frau; ein Schaffen mit und gegen die Krankheit, gegen die Lebens- und Todesangst; Zeugnisse einer zerrissenen Persönlichkeit und eines ebensolchen Jahrhunderts – irritierend, modern.

Es ist zu sprechen von einer ungewöhnlichen Künstlerin, von Sonja Sekula, geboren 1918, gestorben 1963. Dazwischen ein Leben. Ein Leben, ein Werk aus Farben, Worten, Wortfarben, Farbworten und viel Weiss und Stille. Ein Leben lang Bilder, Skizzenbücher, Tagebücher, „Nachtbücher, Morgen- und Mittag- und Vor-Gestern-Bücher"[8], lebenslang, ein Werk: ein Leben.

II
„A wild long room of sickness"[9] – oder das „Erwachen" zur Künstlerin

„'wenn ich nur beten könnte ... /
wenn Gott es bloss wüsste'" (I, 2)

„Fragment of Letters to Endymion" nennt Sekula einen Prosatext, geschrieben 1939, „before first illness"[10]. Mit „Krankheit" ist wohl der erste Schub einer „Krankheit im Kopf" gemeint. Ihr Schatten lastet bereits schwer auf diesem Text. Verschlägt ihm beinahe den Atem. Stoss- und wortweise, in Satzfragmenten, wehrt sich ein namenloses weibliches Ich (eher ein Nicht-Ich) gegen das Verstummen, Verrücktwerden. Fast verrückt ist die Frau, weil sie es mit der unfassbarsten aller Krankheiten zu tun hat: „Afraid to die. Afraid to live".[11] In diesem Zustand, dieser Not, wendet sich das angst- und liebeskranke Ich an eine mythische Figur: „Endymion", den „schönen Sohn des Zeus und der Nymphe Kalyke"[12]. Endymion, für seine „fruchtbare Leidenschaft" bekannt, soll eines Nachts in einer Höhle „in einen tiefen, traumlosen Schlaf" gefallen sein, „aus dem er immer noch nicht aufgewacht ist". Eine der Ursachen dieses Schlafes ist „Endymions eigener Wunsch, denn er hasste den Gedanken, alt zu werden". Von ihm, von der berückenden Schöpferkraft dieses zeitlosen, ewig jungen Liebenden und Schlafenden, erhofft sich das Ich im Text die Kraft, um seiner eigenen „Höhle" – dem unheimlichen, „wilden" Raum zwischen Leben und Tod – zu entkommen.

Doch an wen sind diese Briefe wirklich gerichtet? Sind es nicht Brieffragmente, die nie abgeschickt worden sind? Sind die Briefe nicht ein einziger Monolog, von Dialogfetzen unterbrochen? Und ist die Briefschreiberin vielleicht gar mit dem Empfänger, Endymion, identisch?[13]

„The wheel must turn", heisst es resigniert am Schluss des Textes. Das Rad des Schicksals, der Krankheit? Was mit dem Ich weiter passiert, lässt der Text offen. Doch mit dem magischen Namen „Endymion", mit der *Leidenschaft* dieses Brief-Monologes und seinen *fruchtbaren,* flirrenden Bildern wird die wahre Essenz des Mythos beschworen, von welcher der Text zugleich durchdrungen ist: die Kraft und Glut der Sprache. Mit ihr „erwacht" Sonja Sekula Ende der dreissiger Jahre, in der grössten Gefährdung ihres Lebens, zur Künstlerin. Nun kann sie das Feuer schreiben, das sie nicht malen durfte. Und kann mehr als eine Schachfigur sein.

(2) Um 1922/23

(3) Die Villa Sonnenhof – der Wohnsitz der Familie Sekula in Luzern von 1918–1936 (Aufnahme von ca. 1900)

III
Kindheit und frühe Jugend in der Schweiz

Die Eltern
Béla Sekula, ein Ungar, 1913 von Budapest in die Schweiz gekommen, wirbt mit all dem seiner Nationalität angedichteten Charme um die attraktive Schweizerin Bertie Huguenin. Sie stammt aus der bekannten gleichnamigen Luzerner Café- und Confiserie-Dynastie und ist an ein gewisses gesellschaftliches und kulturelles Niveau gewöhnt.[14] Da der Werbende seiner Angebeteten die Fortführung dieses Lebensstandards und den Himmel auf Erden verspricht, darf er sie 1916 heiraten. Das frisch getraute Paar wohnt ab 1918 in einem mehr als „anständigen Haus": in der Villa Sonnenhof in Luzern.

Im „Sonnenhof"
Am 8. April 1918 kommt das einzige Kind von Bertie und Béla Sekula zur Welt: Sonja. Ein Jahr später beginnt die Mutter ein Tagebuch über die kleine Tochter zu führen, das durchtränkt ist von einer wahren „Affenliebe"[15] für sie.
Auch der Vater liebt Sonja über alles und kommt durch seine Tätigkeit als „internationaler Briefmarkenhändler"[16] bis ins hohe Alter allein für den lange Zeit grossbürgerlichen Lebensstil seiner Familie auf. Auf dem nationalen und internationalen Parkett der Philatelie soll dieser „grand homme d'affaires"[17] eine schillernde Figur gewesen sein. Einer seiner Leitsprüche lautete denn auch: „Heute Millionär, morgen nur noch zehn Rappen."[18]
Der Cartoonist Jules Stauber, der mit Sonja Sekula in den frühen dreissiger Jahren befreundet war, erinnert sich an die Atmosphäre im „Sonnenhof": „Sonja zeigte mir die präkolumbianische Sammlung ihres Vaters, führte mich durch geheime Gänge des Anwesens und zeigte mir ihre Zeichnungen (…) Ich (…) war beeindruckt von dem weiten Milieu mit ungarischer Köchin, einer schönen Mutter und einem jovialen Vater."[19]

Das „Sünneli" und die Mutter im „Sonnenhof"
Da der Vater viel auf Reisen ist, ist die Mutter oft allein mit ihrer Tochter. Als sie ihren Mann einmal auf eine weite Reise begleitet, schreibt sie vor der

(4) Auf Madeira, um 1928

Abreise ins erwähnte Tagebuch über ihr Kind: „*Du* bindest mich mit tausend Fesseln an mein Heim und nur Deinetwillen zieht es mich zurück – Immer und immer wieder."[20]

Die sich „Sünneli" nennende zweijährige Sonja möchte auch auf die Reise mitgehen. Doch die Mutter kommt ja zurück; in und ausserhalb des „Sonnenhofs", ob das „Sünneli" scheint oder nicht, fast immer ist sie da, wo die Tochter auch ist. Noch spürt diese die mehr als „tausend Fesseln" nicht. Die Mutter wird ihr, wie fast immer bei der Rückkehr von einer Reise, ein Geschenk mitbringen.

Sonja, die Mutter und der „Klang der Sprache"
„So war die Gegenwart. Das Da-Sein, das Leben. Man wohnt in der Mutter – nachher die Türe vom Leib des Menschen auf den Grund der Erde. Da gibt es Gras und viele Dinge und den Klang der Sprache." (II, 12) 1921 vernimmt das Kind Sonja den „Klang der Sprache" aus dem Mund der Mutter so: „Ich lerne Dich ‚Mailand' sagen, aber Du faltest die Händchen und sagst ‚lieber Heiland'!!"[21]
Dies ist wohl das früheste Beispiel eines „wortspielschmiedenden Gedankengangs" (II, 12), der wie keine andere Sprachfigur später Sonja Sekulas Denken und Schreiben prägen wird. Ausgehend vom Klang des „Mutter-Wortes" erschafft sie sich eine *eigene,* labyrinthische Welt, deren Ein- und Ausgänge nur sie kennt, wenn überhaupt.

Kindheit: „Gras und viele Dinge"
Es gibt aber nicht nur die sprachschöpferische Sonja. Sie ist auch das Kind, das gerne draussen in der Natur spielt und, wie die Mutter, leidenschaftlich gern reitet, das leicht Zugang zu anderen Kindern findet, viel zeichnet und liest. Und sie liebt es, wie viele andere Kinder, wenn die Mutter ihr Geschichten erzählt, auch wenn diese dabei für sie „die unglaublichsten Sachen erfinden"[22] muss. Als die halbwüchsige Sonja selber Geschichten erfindet, fallen einer Schulkameradin die „schönen, eigenartigen Schulaufsätze"[23] auf.
Ein normales Kind, in einem gehobenen, etwas ungewöhnlichen Milieu, wäre da nicht das Gedicht „Frühling", geschrieben von Sonja am 9. Februar 1929. Wie in jedem „richtigen" Frühlingsgedicht werden die Blumen, das Singen der Vögel und die wärmende Sonne begrüsst, die mit ihrem „milden Scheine" die „Sorgen" verscheuchen soll. Der Schluss des Gedichtes gibt einen – überraschenden – Hinweis auf die „Sorgen" der frühreifen Zehnjährigen: „Wegen aller dieser Sachen / lieb ich den Frühling so sehr / könnte man den [sic!] Leben?! / Gebt es keinen Frühling mehr." (XI, 1)

(5) Mutter und Tochter Sekula, um 1935

Das „Quallentier", das „grosse Manntier" und die „Genügsame"
„wenn nur der Frühling bald vorübergeht"[24]

Als Sonja Sekula knapp sechzehnjährig ist, beginnt sie mit Aufzeichnungen[25], denen sie den Titel „Wie ein Zweifüssler die andern Zweifüssler sieht" gibt. Sie charakterisiert sich als ein Mädchen, das „nicht sonderlich begabt aber voller Fragen" ist. Über die Beweggründe, eine Art Tagebuch zu führen, notiert sie: „Ich schreibe um mir die freie Zeit zu vertreiben, um meine Schrift flüssig zu machen um einen annähernd guten Stil zu erhalten und mein Gehirn zu klarem Denken zu zwingen."[26] Thema der Aufzeichnungen sind die eigene Befindlichkeit, das Verhältnis zu den Eltern, die „Wohnlandschaft" der Villa Sonnenhof, der kurze Aufenthalt im Hochalpinen Töchterinstitut

in Ftan und eine erste (?), ziemlich keusche Liebeserfahrung mit einer älteren Frau.

Zu Beginn bezeichnet die Schreibende ironisch ihre Aufzeichnungen als einen Text, der allenfalls ein Buch werden und andere Leser als nur sie selbst finden könne. In Wirklichkeit ist der Text der quälende Versuch einer Selbstvergewisserung, unaufhörlich auf der Suche nach der Persönlichkeit seiner Urheberin, die „kein Wesen" ist, sondern „einfach grau" und „in einem Schloss eingesperrt". Später nennt sich die Schreibende ein „Quallentier", das sich in der künstlichen Atmosphäre des „Sonnenhof" oder des Töchterinstituts nur mit galligen Bemerkungen gegen das Gefühl des Eingeschlossenseins an diesen Orten wehren kann. Voller Selbstzweifel und -sucht „langweilt sie sich täglich in diesem Kaff" zu Hause in Luzern und lässt vor allem gegen den Vater wenig Milde walten. Er, „ein grosses Manntier" und „Emporkömmling mit vielen guten doch überwiegend stark egoistischen Eigenschaften", sei der „sehr gebildeten" Mutter „gesellschaftlich bei weitem unterlegen".[27] Diese, „die Genügsame", liebe „ihr einziges Kind – ihre Tochter über alles in der Welt – ihr zuliebe hat sie sich nicht scheiden lassen – ihr zuliebe duldet sie alles –".[28] Die Tochter ist jedoch undankbar für die „vielen Liebesdienste" der Mutter und zieht am Schluss ihrer kritischen Äusserungen über die Familie ein bitteres Fazit: „3 Menschen – 3 Welten".[29]

Geradezu grimmig wegen ihres peniblen Reichtums an Details nimmt sich die Schilderung der väterlichen Waffensammlung im Vestibül zu Hause durch die Tochter aus. Unter den Speeren und Pfeilbogen aus Afrika sowie den Säbeln ragen zwei „kleine Kanonen" hervor, „mit denen man richtig schiessen kann" …[30] Vor allem beim Beschreiben des „Bibliothekszimmers" der Mutter wird die sonst oft „spitze Feder" dann aber fast träumerisch : „Klein – viel Atmosphäre – Dunkel – und viele Bücher die einem lebendig von allen Wänden – allen Gestellen – und dem Eichenholzschrank entgegenlächeln – In der linken Ecke stehen zwei urgemütliche englische Klubledersessel – so breit dass man sich darin verkriechen möchte und nichts weiter. (…) Wenn man auf dem ersten, dem zur Tür schauenden, Klubsessel sitzt, braucht man bloss die Hand auszustrecken um aus dem Büchergestell einen Fang zu machen –".[31]

Die Schönheit der liebevoll geschaffenen, minuziösen Illustrationen in den Aufzeichnungen[32] steht in einem gewissen Gegensatz zu dem oft peinigen-

den „Nichtfinden des Erwünschten" im Text. In der Öde dieser „grauen" Orientierungslosigkeit wirken die Bilder wie farbige Bojen, mit denen sich die jugendliche Sonja Sekula den neugierigen Blick auf die – häusliche – Welt bewahren und beweisen will. Als wüsste sie, dass sie bald Abschied von der Kindheit, von der Villa Sonnenhof und der Schweiz nehmen muss, lässt sie in ihren Bildern einige Fixpunkte ihrer alltäglichen Umgebung Revue passieren: „mein Toilettentisch", „mein Bett", „meine Hundesammlung", „Ecken in Mamas Zimmer", „Ecken im kleinen Salon", „Ecken auf der Veranda", „Aussicht vom Schlafzimmer".

Mit Annemarie Schwarzenbach und Klaus Mann
Im Januar 1936 verbringt Sonja Sekula einige Tage mit Klaus Mann und der Schriftstellerin und Fotojournalistin Annemarie Schwarzenbach in deren Haus in Sils im Engadin. Sie hat die zehn Jahre ältere Schriftstellerin um 1935 kennengelernt und sich in sie verliebt, ohne zu ahnen, dass ihr Lebensweg ähnlich tragisch wie der von Schwarzenbach verlaufen würde.[33]
Aber auch sonst gibt es einige erstaunliche Ähnlichkeiten in den Biographien von Annemarie Schwarzenbach und Sonja Sekula: Beide Frauen waren von starken, besitzergreifenden Müttern umgeben, die das Glück und Unglück im Leben ihrer Töchter und nach deren Tod das Fortbestehen des künstlerischen Werkes bestimmten.[34] Wie ihre Mütter waren Schwarzenbach und Sekula leidenschaftliche Reiterinnen und betrieben mit der gleichen Intensität das Schreiben oder Malen. Und wie das Reisen eine Lebensform für die Ältere war, so war die Jüngere ständig unterwegs zwischen Sprachen und Farben. Beide Frauen litten an einer „oversensitivity of the nervous system"[35], die anderseits ein Grund für die seismographische Modernität ihrer Werke ist. Ein damals Frauen nicht unbedingt zugestandener Hunger nach Erkenntnis, das Scheitern beim Ergründen der letzten Dinge verbindet sie ebenso wie die leidvollen Erfahrungen in psychiatrischen Kliniken.[36]
Als Sekula damals in Sils ankommt, ist sie noch das „junge Mädchen", das gleich Scherereien macht, weil es einen Schneeball nach einer bekannten Künstlerin wirft … Klaus Mann findet die aus Florenz Kommende „durch die italienische Propaganda total verblödet" und versucht, sie „politisch aufzuklären".[37] Auch moniert er, dass die ihm und Schwarzenbach „nachfolgende Generation", Sekula und andere seiner Bekannten, „erschreckend *ungei-*

*(6) Mit Annemarie Schwarzenbach und Klaus Mann
vermutlich im Engadin, Januar 1936*

stig, dekonzentriert und desinteressiert"[38] sei. Immerhin *interessiert* sich die derart Gescholtene für sein literarisches Werk und liest brav sein Buch „Kind dieser Zeit".[39]

Trotzdem: Sekula war wie Mann ein ungewöhnlich talentiertes, viel zu früh erwachsen gewordenes „Kind" einer schwierigen Zeit: „immer schweifend, immer ruhelos, beunruhigt, umgetrieben, immer auf der Suche ..."[40] Viele Jahre nach der Begegnung mit Klaus Mann diskutierte sie das Problem des Selbstmordes ausdrücklich vor dem Hintergrund seines Freitodes im Jahre

(7) Vater und Tochter Sekula in Budapest, 1936

1949: „Klaus Mann hatte noch Geschwister und seine Eltern haben sich nicht auf ihn konzentriert, das half für sein Verständnis seiner selbst (...) Es muss gut sein das Ende individuell zu wissen, ohne Nachahmung der Nahestehenden –" (VII, 13)

„Kánikula" – Hochsommer der Gefühle in Budapest und Antibes
„Ihr regelmässiges, knabenhaftes Gesicht war nicht schön, wenigstens nicht in dem Sinne, den Künstler als ‚schön' bezeichnen. Surrealisten malen zuweilen solch ein vibrierendes Gesicht, fiebernde Augen, einen eigenwilligen Kindermund und eine ausdruckslose Nase. Unter dem kurzgeschnittenen blonden Haarschopf wirkte dies alles trotz allem atemberaubend schön."[41] So beschreibt der ungarische Schriftsteller Otto Indig in seinem Roman „Kánikula"[42] das Aussehen von „Katja Gordon", deren Vorbild Sonja Sekula ist. Sie hat Indig während eines Aufenthaltes in Budapest im Sommer 1936 getroffen – und sich dort auch in eine verheiratete Frau verliebt. Indig war so beeindruckt von der jungen Schweizerin, dass er Jahre später einen Roman

*(8) Otto Indig: „Kánikula" – der 1947 auf
ungarisch erschienene Roman mit Mutter und
Tochter Sekula als Protagonistinnen*

veröffentlichte über eine Art „ménage à trois" mit dem Erzähler, der 18jährigen Sekula alias „Katja" und der erwähnten Frau als Protagonisten. Statt in Budapest spielt der Roman mehrheitlich in einem Hotel im südfranzösischen Cap d'Antibes, wobei als Zeitrahmen für die Hitze der Leidenschaften im Text die letzten friedlichen Sommertage im Jahr 1939 vor Ausbruch des Zweiten Weltkriegs dienen.

Während sich der Text auch im Handlungsablauf einige Freiheiten nimmt, hat er in Bezug auf die Schilderung der Persönlichkeiten der Mutter und Tochter Sekula und ihrer engen Beziehung oft einen fast dokumentarischen Charakter. Er bestätigt, was die Mutter in ihrem Tagebuch über die Tochter und diese in ihrem über die Mutter notiert.[43] Der Erzähler äussert über das Verhältnis der Mutter zur Tochter: „Ihre grosse Lebensaufgabe war ihre Toch-

ter. Sie lebte nur ihretwillen und nur für sie. Sie wollte sie glücklich sehen; in ihrem Glück suchte sie die Entschädigung für ihr eigenes misslungenes Leben."[44] Zum Glücksbegriff von „Katjas" Mutter gehört auch eine Liebesbeziehung der Tochter zu einem Mann. Sie bittet den Erzähler, „Katja" zu „retten" bzw. zu verführen, damit sie nicht „endgültig auf der anderen Seite haften bleibt".[45] Er, mehr als doppelt so alt wie die zu Verführende, küsst sie auch pflichtschuldigst: „Als ich sie losliess, wischte sie sich angeekelt den Mund mit der Handfläche, neigte sich nach vorn und spuckte vor sich hin. ‚Nur ein Mann kann so ungeschickt sein', zischte sie erbost."[46] Ihre Hinwendung zu Frauen versteht sie als „eine Gnade". Trotz der Zurückweisung ist der Erzähler fasziniert von „Katja": „Ihr Wesen ist genial. Wie sie schaut, was sie sagt, wie sie liebt, wie sie hasst, wie sie lebt …"[47]

Die „Katja" im Roman will „Schriftstellerin, Dichterin werden" und schreibt ihre Gedichte, wie später Sonja Sekula, in drei Sprachen. Auch die Aussage der Romanfigur über den Begriff der Kunst kommt demjenigen der Künstlerin Sekula nahe: „Die ganze Dichtung, die ganze Kunst ist nichts anderes als ein qualvolles, fieberhaftes Suchen nach Worten, nach Farben, um die Schönheit derer auszudrücken, die wir lieben."[48] Und wer würde diese Aussage bestreiten: „Wäre sie als Knabe geboren, so wäre ein bedeutender Mann aus ihr geworden."[49]

Als sich die Frau, in die „Katja" verliebt ist, auch mit dem Erzähler einlässt, begeht „Katja" Selbstmord …

Anlass der Bekanntschaft des Erzählers mit „Katja" war der Band „La jeune Parque" von Paul Valéry, den sie auf einem Tisch im Hotel liegengelassen und den er wegen der schwierigen Sprache verständnislos durchgeblättert hatte. Später hat die Besitzerin des Buches dem Erzähler ihre liebsten Verse darin genannt, darunter: „Viens plus bas, parle bas … Le noir n'est pas si noir …"[50]

IV
Die Zeit in Amerika

(9) In Scarsdale bei New York, wo die Familie Sekula um 1940 lebte

„Ich weiss nicht wohin ich gehe aber ich bin auf meinem Weg"[51]
Mit der Niederschrift von „Fragment of Letters to Endymion" hat Sonja Sekula ein Selbstbewusstsein entwickelt, das gleichzeitig durch die unheimliche Krankheit höchst bedroht ist. Sie hat sich dieses Bewusstsein als Schriftstellerin erworben, doch ist sie nicht auch, oder noch mehr, Malerin? Sie hat ja von 1934–1936 in Florenz und Ungarn Kunst und Malerei studiert, dies aber schon vor der Übersiedlung mit den Eltern nach den USA im Herbst 1936 wieder aufgegeben. Am renommierten Sarah Lawrence College in Bronxville, New York, studiert sie jedoch erneut Kunst bei Kurt Roesch, aber auch Literatur beim Schriftsteller Horace Gregory und Philosophie. Und sie nimmt zu Beginn des USA-Aufenthaltes zusätzlich Privatstunden beim Maler George Grosz, damals ein Nachbar der Sekulas auf Long Island.
Um das Kunststudium zu vervollkommnen, tritt sie um 1941 in die Art

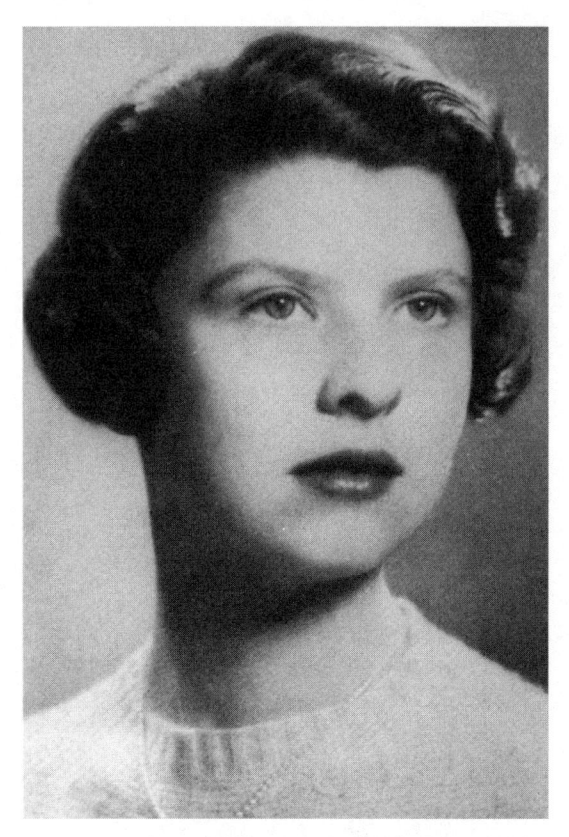

(10) Die von den Mitschülerinnen des Sarah Lawrence College als „Genius" bezeichnete Sonja Sekula, um 1937/1938

Students League in New York ein, wo schon Jackson Pollock und Mark Rothko studiert haben. Diese Schule garantiert durch ihre besondere Struktur einem unkonventionellen Geist wie Sonja Sekula die gewünschte Freiheit und Unabhängigkeit. Es ist eine Schule, „made by students, supported by students and managed by students."[52] Als Studentin kann man dort die Studienrichtung frei wählen, man muss sich keiner (Eintritts-)Prüfung unterziehen und kann die Schule jederzeit wieder verlassen. Sekula studiert in sogenannten „modernist classes" bei Morris Kantor und Rafael Soyer. Kantor erinnert sich später sehr positiv an die Arbeiten seiner Schülerin: „She was always one of the best in the class. Her work was much more creative and moving than most; it always had great spirit." (AiA, 79)

*(11) Das Verwaltungsgebäude „Westlands" des Sarah Lawrence
College in Bronxville, New York, dreissiger Jahre*

Nach dem Verlassen der Schule um 1942 ist sie bereit für eine erste Ausstellung. Sie scheint sich als Malerin etablieren zu wollen. Doch das Schreiben, die Beschäftigung mit der Literatur hat sie nicht aufgegeben, im Gegenteil.[53] Und auch „der Pinsel wird oft zum Wort". (V, 7)

„Do not stick to the classics, stick to yourself"[54]
Eine deutsch und englisch sprechende und schreibende Schweizerin entdeckt um 1941 das als schwierig geltende Werk der amerikanischen Schriftstellerin Gertrude Stein. Für Sekula muss die *Form* dieses Schreibens – glasklare Sprache, oft kurze, kompromisslos „schräge" Sätze, experimentelle Syntax und Interpunktion, bewusst schmales Vokabular, Verbindung von Sprachartistik und Autobiographischem usw. – eine Offenbarung gewesen sein. Gewisse Elemente dieser „Ausdrucksweise" hat sie allerdings in ihrem Schreiben bereits vor dem Kennenlernen des Steinschen Werkes intuitiv verwendet.[55] Vielleicht ist es die Freiheit der Improvisation in Steins Schreibweise, beruhend auf einer manchmal fast mathematischen Ordnung, die Sekula fasziniert. Diese „kontrollierte Sprachanarchie" scheint am besten geeignet zu sein, ihren bedrängenden Angstbildern und ihrer abgründigen Phantasie eine gewisse Struktur zu verleihen. Und angesichts der kargen, fast „minimali-

(12) Mutter und Tochter Sekula in Florida, 1944

stischen" Sprache der Amerikanerin empfindet Sekula ihre beschränkten englischen Sprachkenntnisse und den begrenzten Wortschatz nicht nur als Nachteil. Als blosse Nachahmerin möchte sich die Schweizerin jedoch nicht verstanden wissen. Es sei „creative to be a conscious imitator", und selbstbewusst will sie gar „in competition"[56] mit dem Vorbild treten.

Der Einfluss Gertrude Steins auf manche englischsprachige Texte Sonja Sekulas ist unübersehbar und -hörbar wie derjenige von Rilke auf einige ihrer deutschsprachigen Arbeiten: „Like a tune, it always follows me"[57]. Rilkes Sprachmelodie findet sich in den Ende der dreissiger Jahre entstandenen frühen Gedichten und in späteren Texten. Dem darin vorherrschenden elegischen, manchmal pathetischen Ton, den schwermütigen, oft um den Tod kreisenden Bildern[58], der eher konventionellen Syntax steht im Prinzip eine gewisse Leichtigkeit und Experimentierfreude in den englischen Texten gegenüber, wobei durchaus auch Mischformen der beiden Schreibweisen vorkommen. Sekula selbst sind die unterschiedlichen Wirkungen von Rilke

und der englischsprachigen Literatur im allgemeinen auf sie und auf ihr Schaffen nicht entgangen: „Es gibt Tage, da mich Rilke irgendwie *ent*hauptet ... und im Dämmerzustand, eng, verlässt, doch die Dichter in der englischen Sprache geben mir DURST, Hunger und Freude am eigenen Aufwachen ..." (I, 11)
Sonja Sekula ist nicht nur eine ungewöhnliche, in mehreren Sprachen schreibende Autorin, sie ist auch eine ungewöhnliche Leserin. Dass eine intensive, ausgewählte Lektüre Voraussetzung für die Qualität des Schreibens sein kann, zeigt sich bei ihr eindrücklich. Im Jahre 1943 zum Beispiel liest sie in acht Monaten nicht weniger als 121 Bücher, und zwar auf deutsch, englisch, französisch und spanisch ... Und was für Autoren! Das Spektrum reicht von Trotzki, Marx über Kafka, Remarque, Huxley, D.H. Lawrence, Poe bis zu Mallarmé, Apollinaire, Valéry und Garcia Lorca. Nicht zu vergessen die französischen Surrealisten und deren Umfeld wie Raymond Roussel, Crevel, Perét, Tzara und Breton.[59] Die französische Sprache und Literatur muss überhaupt bis Ende der dreissiger Jahre im Mittelpunkt von Sekulas Interesse gestanden haben: „French poetry was what she loved, Rimbaud, Lautréamont and Breton. French was her favorite language, her literature."[60]
Später werden von ihr auch Bücher zum Beispiel von Pound, Virginia Woolf, Camus, Brecht und Mao Tse-tung erwähnt; Hemingways „style of special conscious simplicity" (II, 9) gilt ihr gar als vorbildlich. Ausserdem gehören zur regelmässigen Lektüre philosophische und kunstgeschichtliche Werke. Und die japanische Haiku-Lyrik, die Bibel und religiöse Texte aus verschiedenen Kulturen gelten spätestens ab den fünfziger Jahren als „eiserne Lektürereserve". Die Lektüre allein genügt Sekula jedoch nicht. Aus manchen Büchern schreibt sie besonders interessante Passagen für sich ab, kommentiert Texte oder fasst sie in einer Art (Kurz-)Besprechung für sich zusammen.
Ihre eigentliche Spezialität ist aber die Verbindung von Schrift und Bild. In den vierziger Jahren entstehen die ersten sogenannten Wortbilder, verschiedenartige Kombinationen von Schrift- und Bild-Elementen. Diese besondere Form ist später das Charakteristikum der Skizzenbücher.
Unermüdlich ist ihre Phantasie auch im Erfinden von ab- und hintergründigen Bildtiteln, von denen einige, sprachlich waghalsig, fast alle Konnotationen mit der Bildebene zu unterlaufen scheinen. Und als gäbe es nicht schon genug Schrift-Bild-Beziehungen bei Sekula: Bereits publizierte Bücher von

Francis Carco, Jean Cocteau, Saint-John Perse und Hart Crane sowie vermutlich auch solche von Rilke werden nachträglich von ihr „illustriert".[61]

Freundschaft mit den Surrealisten – erste künstlerische Erfolge
1942 lässt sich die Familie Sekula definitiv in New York nieder, wo man an der 399 Park Avenue eine grosse, luxuriöse Wohnung bezieht (als Sommersitz wird später ein Haus am Asharoken Beach in Northport, Long Island, gemietet).
1941 trifft auch der „Papst" der Surrealisten, André Breton, der wegen des Ausbruchs des Zweiten Weltkriegs aus Frankreich hat emigrieren müssen, in New York ein. Bald bilden er und andere ebenfalls nach Amerika emigrierte Künstler wie Max Ernst, Roberto Matta, André Masson oder Yves Tanguy eine lose Surrealistengruppe im Exil. Zu ihr gesellen sich nach und nach einige amerikanische „Symphatisanten" wie der Maler Robert Motherwell und der Plastiker David Hare. Zum (Um-)Kreis der Surrealisten gehören in den frühen vierziger Jahren in New York aber auch der Schweizer Schriftsteller Denis de Rougemont und seine Landsleute, die Künstler Isabelle Wald-

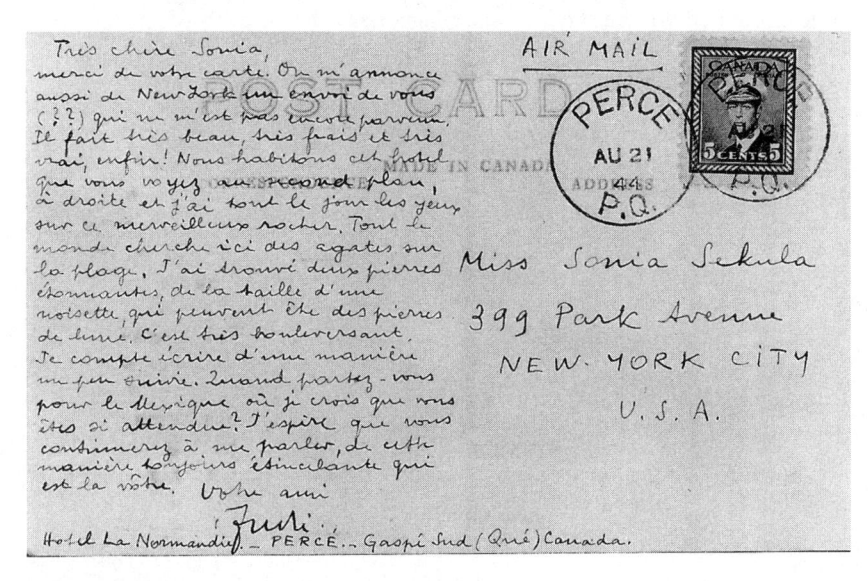

(13) *Postkarte von André Breton an Sonja Sekula, Percé/Kanada, 21.8.1944. „Très chère Sonja, (...) Quand partez-vous pour le Mexique où je crois que vous êtes si attendue? J'espère que vous continuerez à me parler, de cette manière toujours étincelante qui est la vôtre. Votre ami André".*

*(14) In der Wohnung André Bretons in New York,
vermutlich im Sommer 1945*

berg und Kurt Seligmann, sowie Marcel Duchamp, wobei die letzten beiden schon seit längerer Zeit in Amerika leben. Oft treffen sich diese Leute zu Diskussionen in den Wohnungen von Peggy Guggenheim oder des Rechtsanwalts und Kunstsammlers Bernard Reis.

Sonja Sekula lernt einige dieser Persönlichkeiten kennen, wobei sie vor allem mit Breton und seiner Frau, Jacqueline Lamba, und mit Matta, Motherwell, Hare sowie Bretons neuem Adepten, dem angehenden Dichter Charles Duits, einen engeren Kontakt pflegt. Der von Sekulas Persönlichkeit beeindruckte Duits verbringt im Sommer 1943 mit ihr, Breton, Lamba und Hare einige Ferienwochen in einem Haus auf Long Island: „Sonia peignait de jolis tableaux enfantins, fumait, rêvait, faisait des promenades solitaires dont elle revenait

(15) Bei Henri Seyrig in New York, um 1943. Stehend von links nach rechts: Roberto Matta, Yves Tanguy, Aimé Césaire, Henri Seyrig, André Breton, Nicolas Calas; hinten sitzend von links nach rechts: Mme Césaire, Denis de Rougemont, Marcel Duchamp, Esteban Francès; vorne sitzend von links nach rechts: Elisa Breton, Sonja Sekula, Jackie Matisse, Patricia ex-Matta, Teeny Duchamp, Mme Calas

farouche de soleil et de vent".[62] Duits beschreibt auch ihr Aussehen: „Elle portait le plus souvent un veston d'homme trop grand pour elle et des souliers plats. Se donnant ainsi une allure masculine que niaient ses formes rondes. Elle marchait les mains dans les poches, la tête légèrement penchée en avant, à grands pas. (...) Elle s'ornait alors de bijoux gorgoniens, peignait ses lèvres, qui étaient très pleines et dont il semblait que le pinceau d'un maître oriental avait dessiné le sinueux contour. (...) Elle avait une peau blanche sous laquelle affleuraient des ors; des cheveux coupés en fenêtre, comme une petite fille; des cheveux couleur de septembre, droits, épais, profonds. Une beauté de jeune faucon, à laquelle ses yeux, transparents, verts avec un cerne foncé, à fleur de tête, très ouverts, ajoutaient une fixité onirique. Un invisible nuage enveloppait Sonia, donnait à ses gestes une douceur et une lenteur. Elle était prise dans une transparence, qui l'isolait du monde."[63]
David Hare schildert, weshalb die Surrealisten von der jungen Schweizerin angetan gewesen sind und sie zur künstlerischen Mitarbeit aufforderten: „The

(16) Im Haus am Asharoken Beach, dem Sommersitz der Familie, in Northport, Long Island, um 1946

Surrealists liked the way she talked and the poetic ideas she had. She liked them because they thought the way she did and they appreciated the way she thought. They didn't ask her to be practical." (AiA, 79)
Der Start von Sekulas künstlerischer Laufbahn ist denn auch furios und für ihr Schaffen kennzeichnend. In der von Hare, Breton, Ernst und Duchamp in New York herausgegebenen Nummer 2–3 der heute berühmten surrealistischen Zeitschrift „VVV" im März 1943 ist die Schweizerin mit einer Art Wortbild (Gedicht und Zeichnung) vertreten. Dazu ist sie auch an einem „dessin successif" mit Ernst, Breton, Seligmann, Matta und Duchamp beteiligt. Sekulas Gedicht „Womb"[64] wirkt so surrealistisch wie fast kein anderer Text von ihr. Als müsste sie zeigen, dass sie Elemente der surrealistischen Schreibweise wie assoziatives oder automatisches Schreiben beherrscht. In Wirklichkeit kann sie sich mit der Theorie und Praxis des Surrealismus nur

teilweise einverstanden erklären: „I feel Surrealism as a literary and not an artistic movement. Their dream symbolism I do not agree with as a final expression in pictorial form, but in poetry it is unlimited. (...) But artistically, I cannot follow them."[65]

Dasselbe zwiespältige Verhältnis hat sie zu André Breton. Zwar glaubt sie an ihn „absolutely as a poet and philosopher".[66] Er honoriert das, indem er ihr seine Wohnung in New York vermutlich im Sommer 1945 für einige Zeit zur Verfügung stellt. Im Gegenzug geben die Sekulas im gleichen Jahr für ihn, aus Anlass seiner Abreise nach Haiti, eine Abschiedsparty, die auch von Anaïs Nin, Isamu Noguchi, Peggy Guggenheim u.a. besucht wird.[67] Als Sekula jedoch Breton 1950 in Paris wiedersieht, ist er „rather cool, he knows how antagonistic I feel about the people that surround him –"[68] Auch für Sekula war der Surrealismus von Breton, der in Amerika „refused to learn English (...) and abhorred Homosexuality"[69], wohl zu „gruppenbestimmt" und autoritär. Ihre künstlerische Devise ist eine ganz andere: „Physically and spiritually you must stand alone."[70]

Nicht allein ist Sekula allerdings bei ihrer ersten Ausstellung in der 1942 eröffneten berühmten Galerie Art of This Century von Peggy Guggenheim in New York. Zusammen mit heute renommierten Künstlerinnen wie Meret Oppenheim, Sophie Taeuber-Arp, Frida Kahlo oder Dorothea Tanning ist sie in der Ausstellung „31 women" vertreten, die, abgesehen von Guggenheim, von einer reinen Männerjury zusammengestellt wurde ...[71] Ebenfalls im Jahre 1943 nimmt sie mit Jackson Pollock, Motherwell, Ad Reinhardt u.a. an der Ausstellung „Spring Salon for the Young Artists" und 1945 an der Gruppenausstellung „The women" bei Guggenheim teil.

1946 hat sie dann ihre erste Einzelausstellung in der Art of This Century-Galerie. Sekula zeigt dort vor allem „night paintings", die hervorragend in die ungewöhnliche Architektur des Ausstellungsraums passen. Denn: „All views of New York were banished. Skylights and windows were blacked out."[72] Ihre Bilder sind „filled with dark, yet luminous surfaces and the depth of night's unheard sounds and the mind's uncanny delvings in the small dark hours."[73] Aufgrund dieser Ausstellung wird ihr Werk und das von anderen jungen Malerinnen und Malern von einem Kritiker als „a new magic out of old star-driven symbols rooted in an understanding of pre-Columbian American Indian art"[74] bezeichnet. Der gleiche Kritiker nimmt in ihren in den

frühen vierziger Jahren entstandenen Bildern den Einfluss von „Alaskan Indians and Alaskan Indian art objects – and familiarity with Paul Klee"[75] – wahr. Über die Maltechnik sagt er: „Her composition is often almost automatic: arbitrarily naive"[76]. Sekula selber charakterisiert sich als „Abstract Naturalist"[77] und erwähnt, neben Klee, als für sie wichtige Künstler Miro, Matta, De Chirico und – die französische Malerin Alice Rahon.[78]

„Der Hunger meiner Augen ist ungestüm"
„Ich will alle Länder, die noch nicht ganz verseucht sind vom mechanisch unmenschlichen Westen, bereisen (...) der Hunger meiner Augen ist ungestüm und ich muss reisen um dieses ‚Sehen-Wollen' zu beschwichtigen." (VII, 12) Sonja Sekulas „Reisephilosophie" mit ihrer Zivilisationskritik erinnert stark an die Begründung, die Annemarie Schwarzenbach für ihre Reise mit Ella Maillart nach Afghanistan 1939 gab.[79] Die geplanten weiten Reisen nach Südamerika, Japan oder Indien kann Sekula nicht realisieren. Sie hofft deshalb, in den indianischen Kulturen New Mexicos oder Mexikos noch die Reste einer ursprünglichen Welt zu finden. Denn: „die Menschheit in ihren Anfängen scheint ehrlicher zu sein ... denn heute ..." (VII, 3)
Als sie 1945 Mexiko und 1946/47 New Mexico und Mexiko besucht, trifft sie auf eine indianische Welt, die noch weniger als heute vom Tourismus bedroht ist. Sekula mietet im Herbst 1946 für einige Monate ein Adobe-Haus bei Santa Fe und fühlt sich dort fast wie in einer anderen Welt: „You can see the mountains + the desert beyond. It's full of blue birds + at night time you hear the coyotes crying – when it gets very cold the air is like phosphor + the moon more transparent than ever. (...) I love the silence here + the gray wilderness. The yellow skies before the sun going down, nothing ‚sweet' anywhere – all is violent + real + solemn – against man + animal."[80]
Sie hat durch Beziehungen Gelegenheit, mit Freunden an sonst für Weisse fast nicht zugänglichen Tänzen und Ritualen der Navajo-Indianer teilzunehmen: „Es ist wie vor tausend Jahren – alle sprechen Navajo und sehr wenige Englisch." (VII, 4)
Sie setzt sich intensiv mit der indianischen Kultur auseinander, bewundert die Masken, „zu einer anderen Welt gehörend", und Sandbilder, die zerstört werden, „wenn die Sonne untergeht". Der Sand wird später in manchen ihrer Werke ein wichtiges Material sein. Die Bilderwelt der Indianer empfindet

(17) Auf dem Patzcuaro-See in Mexiko, vermutlich im Frühjahr 1947

Sekula als Bestätigung für ihr intuitives Schaffen: gewisse Elemente der Indianerkunst hat sie bereits *vor* dem eigentlichen Kennenlernen an Ort und Stelle verwendet. In New Mexico flicht sie allerdings dann bewusst diese für sie faszinierende Bilderwelt in mehrere ihrer Werke ein.[81]
Um 1946/1947 lernt Sonja Sekula den in der Künstlerkolonie von Taos lebenden amerikanischen Schriftsteller William Goyen kennen, mit dem sie freundschaftlich verbunden bleibt. Der Titel seines bekanntesten Romans „House of Breath"[82] ist wie eine Metapher für Sekulas gefährdete Existenz. Während ihrer zweiten Mexikoreise hält sie sich im Frühling 1947 für einige Wochen beim englischen Surrealisten Gordon Onslow Ford in seinem abgeschiedenen Haus „El Molino" in Erongaricuaro am Patzcuaro-See auf. Er erinnert sich, dass sie „used to ride in the hills, sometimes alone, which was seldom done as we lived outside so called ‚law and order'."[83] Mexiko

*(18) Sonja Sekulas Gastgeber, der englische Maler
Gordon Onslow Ford und seine Frau Jacqueline, in
„El Molino" in Erongaricuaro am Patzcuaro-See in
Mexiko, um 1946*

erscheint ihr im Rückblick wie ein überirdischer Traum, voller Hoffnungen: „tout semblait encore illuminé ... des étoiles – des âmes visibles ... des voyages ... espérances –"[84]

Die aus Frankreich stammende und seit 1939 in Mexiko lebende Künstlerin Alice Rahon[85] ist der Hauptgrund für Sekulas wehmütiges Zurückschauen. Sie hat die mit den Surrealisten verkehrende Französin vermutlich im Spätfrühling 1945 in New York kennengelernt und sich in sie verliebt. Gemäss Anaïs Nin soll Rahon einmal eine Geliebte von Picasso gewesen sein und wird von ihr beschrieben als eine „auffallende Erscheinung. Gross, dunkelhaarig, tiefbraun, sieht sie aus wie ein mexikanische Indianerin".[86] Sekula ist aber von der Freundin nicht nur als Person fasziniert: „Alice Rahon was a medium through which I could see. She taught me how light can be transformed to inventive creation, to look and observe always."[87] Durch Rahon, mit der sie im Frühherbst 1945 Mexiko bereist hat, lernte Sekula dort auch deren Mann, den aus Österreich stammenden Maler Wolfgang Paalen, und die Künstlerinnen Leonora Carrington, Remedios Varo und Frida Kahlo kennen. Kahlo hat 1946 wahrscheinlich sogar einige Tage bei der Familie Sekula

in New York gewohnt, bevor sie sich dort in ein Spital für eine ihrer vielen Rückenoperationen begeben musste.[88]

Im Frühling 1949 bricht Sekula zu einer fast zweijährigen Europareise auf und besucht Frankreich, die Schweiz, England, Italien und Griechenland. Auch aufgrund des 1949 erschienenen Buches „The sheltering sky" des amerikanischen Schriftstellers Paul Bowles, der bis vor kurzem in Tanger lebte, stattet sie im Juli/August 1950 diesem Ort und wahrscheinlich auch ihm einen Besuch ab und reist durch die spanisch-marokkanische Wüste. Paul Bowles und seine exzentrische Frau, die lesbische Schriftstellerin Jane Bowles, hat Sekula schon in New York gekannt. In Paris wohnen sie und ihre Freundin Natica Waterbury im gleichen Hotel wie Jane Bowles.[89] Einmal ziehen die drei Frauen in dieser Stadt los wie „three musketeers"[90], besuchen einen Flohmarkt und den Montmartre. Ausserdem erweist Sekula in Paris Gertrude Stein die Reverenz, indem sie deren Freundin Alice Toklas besucht, um die berühmte Kunstsammlung zu sehen.

326 Monroe Street

Um 1947 lernt Sonja Sekula auf einer der „large parties"[91] ihrer Eltern den amerikanischen Avantgarde-Komponisten John Cage kennen. Am 5. November 1947 zieht sie in das Haus, genannt „Bozzas's mansion", an der 326 Monroe Street in New York, wo Cage mit seinem Lebenspartner, dem Tänzer Merce Cunningham, im obersten Stock „a large white loft" bewohnt. Die Schweizerin wird auf der gleichen Etage die Nachbarin von Cage. Die Lage der beiden Wohnungen wird von einer Freundin von Cage als „the most beautiful in the city"[92] bezeichnet. Die Aussicht war atemberaubend: „This great rectangle had seven high windows, three facing the Queensborough Bridge and the East River, and four looking south to Battery Park, the Bay and the Statue of Liberty beyond."[93] Um 1950 zieht auch der Komponist Morton Feldman ins gleiche Haus.

Drei heute weltberühmte Künstler – und die fast unbekannte Schweizerin, zusammen in einem ausserordentlichen Haus und einer dementsprechenden künstlerischen Atmosphäre. Zumindest für Sekula erscheint diese Zeit im Rückblick als einer der glücklichsten ihres Lebens, weg von der Mutter und doch in ihrer Nähe: „Mit John Cage an der Monroe Street in meiner Jugend in New York da kannte ich noch eine natürliche Lebensfreude, da konnte ich

(19) Mit John Cage und Merce Cunningham, um 1947/48

das Geborene-Umgebende vergessen und aufgehen im Verständnis der unmittelbaren Mitteilung. Ich vermisse die stillen Verständnisse der Gespräche und das Fröhliche des Beisammenseins."[94] Durch die drei amerikanischen Avantgardisten erhält ihr Schaffen, das zuvor eher im Bannkreis der vorwiegend europäischen Surrealisten gestanden hat, neue künstlerische Impulse. Durch die Freunde lernt sie andere amerikanische Künstler kennen und hinterlässt wegen ihrer ausserordentlichen Begabung und verwirrend vielfältigen Persönlichkeit bei manchen bleibende Eindrücke: „Everyone from the fifties in New York has a Sonja Sekula story." (AiA, 74)
In einem Fall führt das Zusammenleben auch zu einer künstlerischen Zusammenarbeit. Sekula entwirft und bemalt 1947 das Kostüm von Merce Cunningham, der es in der Uraufführung seines Stückes „Dromenon" Ende dieses Jahres in New York trägt. Die Musik – „Three Dances for Two Pianos" – steuert John Cage bei.[95]

„Die fliegenden schönen Brücken" (XI, 6)
„All the steel constructions are waking up and their steel shines towards new work. (...) I shall be an American painter, that is to say I shall try to realize the vision of this moment in the most direct way. I shall begin to speak of the New, the new cities." (VII, 5) Auch aufgrund des Zusammenlebens und

Zusammenarbeitens an der Monroe Street und beflügelt vom „unbelievable amount of energy, (...) unbelievable amount of talent"[96] in der Kunst-Szene in New York damals fühlt sich Sonja Sekula erstmals zur Künstlerin *berufen*[97] – und zwar als Vertreterin der zeitgenössischen amerikanischen Kunst. Beständig das Inbild einer amerikanischen Stadtlandschaft – Hochhäuser, Menschenmassen, viele Autos, Brücken, Schiffe, Lichter etc. – vor Augen und deren Geräusche in den Ohren, setzt sie Elemente dieser Wirklichkeit zu „new cities" in ihren Bildern um.

Diese bildnerische Auseinandersetzung in einigen der in der Zeit von 1947 bis 1952 entstandenen Werke wertet der bekannte amerikanische Kunstkritiker Brian O'Doherty als Versuch, „to bring a distinct response to the city New York (in the tradition of Hart Crane and Joseph Stella) into alignment with difficult pictorial ideas. (...) her work is infused with the spirit of New York's most promising moments." (AiA, 74) Ein Höhepunkt dieser Schaffensphase ist das 1951 entstandene Bild „The Town of the Poor". Es und andere dieser Stadtbilder mit ihren „vehement pulsations of shape and nervous notation in the chiaroscuro caverns" erinnerten einen Kritiker an Piranesis „Carceri"-Bilder.[98]

Noch ist es aber nicht das Eingeschlossensein, das sie beschäftigt. Angesichts der Williamsburg Bridge und der Brooklyn Bridge wird Sekula zur begeisterten „Brückenmalerin" mit teilweise frappierenden Darstellungen. Sie, die selber in ihrem Schaffen ständig Brücken zwischen Wort und Bild schlägt, versteht ihre Hinwendung zu diesem Thema als kunstübergreifenden Akt: „When I paint bridges I believe to also add in symbols towards the peace and welfare of the universal future!" (VII, 6)

Sekula, Betty Parsons und „The Giants"

Betty Parsons ist *die* Promotorin der amerikanischen Avantgardekunst, genannt „Abstrakter Expressionismus", in den späten vierziger und frühen fünfziger Jahren. In ihrer 1946 eröffneten Galerie in New York zeigt sie in Einzelausstellungen die Werke der später weltberühmten Künstler Barnett Newman, Jackson Pollock, Ad Reinhardt, Mark Rothko und Clyfford Still. Alle haben schon in Peggy Guggenheims Galerie ausgestellt und sind nach deren Schliessung von Parsons übernommen worden.

Auf diese Weise kommt auch Sekulas „Übertritt" zu Parsons zustande, bei

der sie zwischen 1948 und 1957 fünf Einzelausstellungen haben wird – mit vorwiegend positiven Kritiken. Die Einnahmen aus dem Verkauf von einigen Bildern in diesen Ausstellungen[99] reichen aber Sekula bei weitem nicht zum Leben aus. Sie ist stets auf die finanzielle Unterstützung ihrer Eltern angewiesen.

Parsons' „two great passions of her life" sind: „art and other women."[100] Das letztere ist für Sekula sicher nicht unwichtig gewesen; ihre wohl engste Freundin, die Amerikanerin Natica Waterbury[101], soll einige Zeit als Assistentin bei Parsons gearbeitet haben. Diese muss anderseits Sekula auch als Künstlerin sehr geschätzt haben; nur Hedda Sterne hat von 1947 bis 1957 mehr Einzelausstellungen als die Schweizerin bei Parsons gehabt. Die Galeristin schrieb denn auch einmal nach einer sehr gut angekommenen Ausstellung an Sekula: „I love your pictures and wish I could own at least a hundred of them."[102]

Die „Giants" genannten Newman, Pollock, Reinhardt, Rothko und Still sind jedoch mit der Galeristin, Künstlerin und Homosexuellen Parsons immer weniger zufrieden. Um 1952 werfen sie ihr mangelnde Geschäftstüchtigkeit vor und dass sie zu viele unbekannte Künstlerinnen und Künstler – „many of them amateurs, most of them women"[103] – ausstelle. Sie fordern eine vor allem finanziell grössere Unterstützung und weniger Künstlerinnen im Ausstellungsprogramm, was die Galeristin ablehnt. Mit Ausnahme von Reinhardt wechseln darauf die vier frauenfeindlichen „Giganten", die von Parsons die entscheidenden Impulse für ihre Künstlerkarriere erhalten haben, zu männlichen Galeristen, durch die sie endlich berühmt werden …

Ob Sekula von diesem Konflikt wusste, ist unsicher. Sie hätte sich gewundert, denn sie sah damals die Rolle der Frau in der Kunst sehr optimistisch und wollte keine Qualitätsunterschiede gegenüber Werken von männlichen Künstlern gelten lassen: „It is the women's era too, they are at last coming forward painting pictures of sensitivity, emotion, worth. (…) Women are doing creative work that is completely accepted by the public as good art."[104] Aber: „Abstract Expressionism was a man's game."[105] Lee Krasner, die erst nach dem Tod ihres Mannes Jackson Pollock den Durchbruch als Künstlerin schaffte, ist nicht das einzige, aber das bekannteste Beispiel für die Richtigkeit dieser Aussage.

Manina – „the one in the middle of the sea"[106]
1948 lernt Sonja Sekula in New York durch John Cage die angehende Künstlerin Manina Thoeren[107] kennen. Im gleichen Jahr malt sie das Bild „La Reine et son amie ou le grand cœur de Sappho" und schenkt es einige Jahre später der Freundin. Auf der Rückseite des Bildes, das eine Art Hommage an die lesbische Liebe ist, schreibt sie zu ihrem Werk: „I realise it would belong more into ‚Baudelaire' (Femmes damnées) than into a book of Rimbaud and yet une Saison d'Enfer seems in relation to all this too … I mean it is so wonderful to love being in l'Enfer."
Im Sommer 1949 trifft sie auf ihrer Europareise Manina in St-Tropez und beschreibt ihr unglückliches Verliebtsein in sie als „a torture really in the bottom of my sea-heart –"[108] Zwei Jahre später, im Januar 1951, arbeitet sie in New York „secretly" an einem ungewöhnlichen Werk, das von der unfassbaren – „the one in the middle of the sea" – Freundin inspiriert ist: „Manina Blumen Buch".[109] Manche Texte und Wortbilder darin kreisen um die Liebe zu Manina, geschrieben auf englisch und deutsch, aber vor allem in den wortlosen Sprachen der Linien, Farben und – des Herzens. Um der Persönlichkeit der Freundin – „a being with such delicate free wings" – gerecht zu werden, nimmt sich Sekula alle Freiheiten des Ausdrucks und interpretiert die wahre Liebe zur Geliebten als ein befreiendes, grenzüberschreitendes Ereignis in Wort und Bild, ohne Forderungen und Vorwürfe. Damit Manina sich ein möglichst umfassendes Bild von der sie derart Liebenden machen kann, enthält das Buch nicht nur die im Januar 1951 entstandenen Arbeiten, sondern auch Texte aus den dreissiger und vierziger Jahren, welche die Liebe nicht beschwören. Das „Manina Blumen Buch" ist sozusagen ein aktuelles wie retrospektives Selbstporträt Sekulas als Künstlerin und Liebende in Form eines Skizzenbuches.

Sekula, John Cage und „Silence"
Über die Gespräche, die Sekula und Cage an der Monroe Street geführt haben, wissen wir fast nichts. Über die „Stille" scheinen sie aber, auch nach dem Abreissen des Kontakts, einen unaufhörlichen „Dialog" geführt zu haben – in ihrem Werk und in der Lebenspraxis.
In den Jahren 1951 und 1952 findet eine Art Austausch von „silence" in einigen Arbeiten der beiden statt. 1951 malt Sekula das Bild „Silence", das

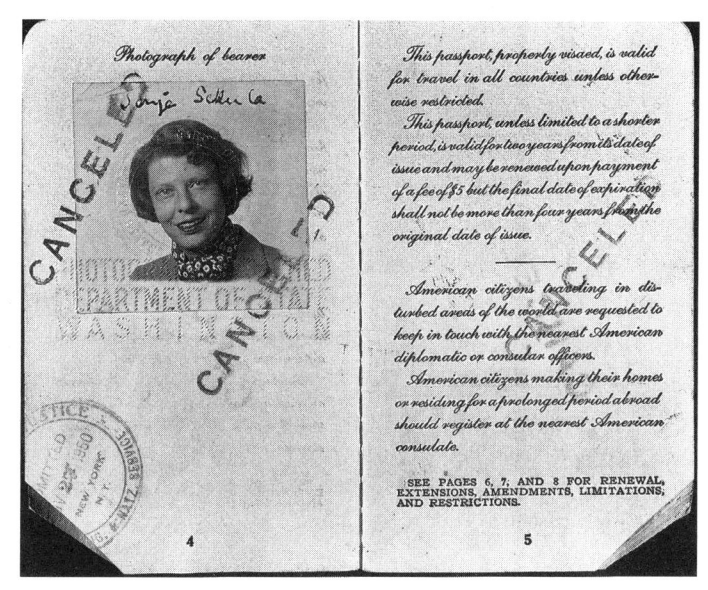

(20) „Canceled"! Sonja Sekulas amerikanischer Pass, ausgestellt am 14.4.1949

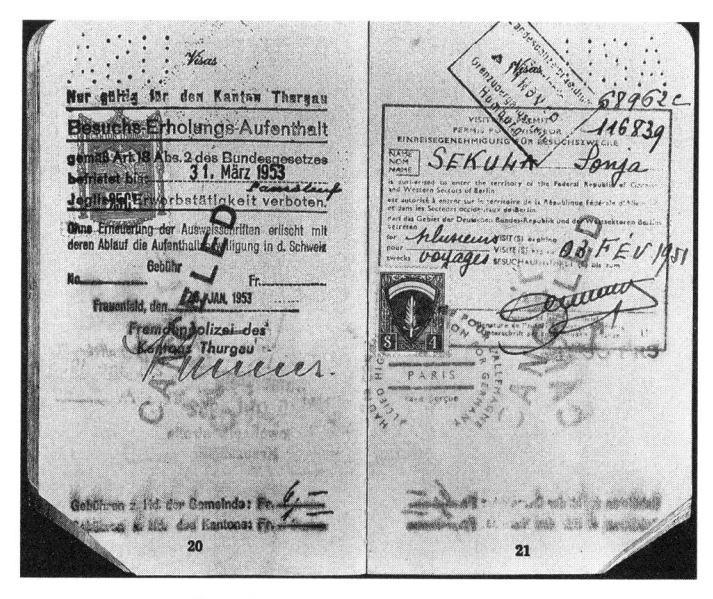

(21) Aus dem amerikanischen Pass Sonja Sekulas: Bewilligung für den „Erholungsaufenthalt" im Sanatorium Bellevue in Kreuzlingen ab Herbst 1952

sie später als ihr Lieblingsbild bezeichnen wird.[110] Im gleichen Jahr eignet sie dem Freund ein Bild mit dem Titel „Poem for John Cage" zu, ein filigranes, luftiges Gebilde mit notenähnlichen Formen. Cage nimmt den zugespielten „Silence-Ball" auf und widmet der Schweizerin 1952 eines der „Seven Haiku"-Stücke für Klavier.[111] Die einzelnen Stücke sind sehr kurz, sekundenlang, mit viel Stille. Und im selben Jahr schafft Cage sein revolutionärstes Werk: „4,33", das aus nichts als Stille besteht.

Vermutlich wird Sekulas Interesse für den Zen-Buddhismus durch Cage geweckt, der sich im Laufe der vierziger Jahre intensiv mit dieser Philosophie, die auch seine Kompositionsmethode beeinflussen wird, auseinanderzusetzen beginnt.[112] Im Mittelpunkt ihrer Beschäftigung mit dem Zen-Buddhismus steht das kurze, dreizeilige japanische Haiku-Gedicht. Deshalb wird für sie im letzten Jahrzehnt ihres Lebens die mehrbändige „Haiku"-Anthologie von R.H. Blyth so wichtig wie fast kein anderes Buch sein. Manche der Haikus in diesem Werk schreibt sie ab, kommentiert oder interpretiert sie bildnerisch. Eigenschaften des „State of Mind for Haiku" wie „selflessness", „loneliness" und „wordlessness"[113] zeigen, dass das Haiku-Schreiben und -Lesen nicht nur eine literarische Angelegenheit ist: „it is also a way of living."[114] In diesem Sinne definiert Sekula „Haiku" einmal als „a moment in which all is sad, beautiful and yet painless". (VII, 14) Die drei erwähnten „Haiku-Eigenschaften" und andere wie „simplicity" oder „love" werden von Sekula manchmal äusserst schmerzhaft erfahren; anderseits ist die Qualität ihres späten künstlerischen Werks wesentlich von ihnen bestimmt. Gegen Ende ihres Lebens kann sie denn auch zu Recht sagen: „I have learned to become Zen, which I always ‚all-ways' was." (V, 8)

Und John Cage? Den „Silence-Kreis" beginnt er zu schliessen, als er 1961 ein Buch mit dem Titel „Silence" veröffentlicht und dort Sekula mehrmals erwähnt.[115] Sonja Sekula schliesst den Kreis, indem sie im gleichen Jahr „the language of silence" lernen will und, als radikalste Thematisierung, ein Bild mit „Silence écoute silence" betitelt.

Nur noch Stille, und kein Mensch mehr, der still *und* laut ist, das kurze, zerbrechlich kurze Haiku-Stück von Cage für Sekula: 1951 droht ihr ein Verstummen, das nicht einmal mehr diese wenigen Takte Musik enthält.

Das Ende des amerikanischen Traums oder „Traum und Wirklichkeit fast ohne Wand"
Gegen Ende des im Januar 1951 geschaffenen „Manina Blumen Buchs" kündigt sich Drohendes an: „all within me is near a brim ... near overflowing –". Drei Monate später, am Tag nach der Eröffnung ihrer dritten Ausstellung bei Betty Parsons, erleidet Sekula einen Zusammenbruch und muss durch Manina Thoeren und den befreundeten Künstler Joseph Glasco ins New York Hospital in White Plains bei New York gebracht werden, wo sie schon vom Frühling 1939 bis Frühling 1941 gewesen ist. Während der Fahrt dorthin in dem von Manina gesteuerten Auto soll Sekula ununterbrochen gesprochen haben, sehr poetisch und in einem „state of clairvoyance".[116] Im Spital angekommen, seien ihr die Tränen wie aus einem Wasserhahn herausgelaufen, so dass ihr Kleid ganz nass geworden ist. Zu ihrem Weinen habe sie bemerkt: „I don't cry for myself, I cry for the others."[117]
Mit dem Eintritt ins New York Hospital in White Plains beginnt für Sekula ein langer Kreuzweg durch verschiedene psychiatrische Kliniken. Im Sommer 1952 hält sie sich wahrscheinlich wieder im gleichen Spital auf, das sie im Herbst verlässt, um sich in der Schweiz im bekannten Sanatorium Bellevue in Kreuzlingen bis Herbst 1953 erneut pflegen zu lassen. Anfang 1954 ist sie in New York, wird im Mai des gleichen Jahres wieder psychiatrisiert und kehrt im Frühling des nächsten Jahres definitiv in die Schweiz zurück. Danach muss sie jedes Jahr für kürzere oder längere Zeit das Sanatorium Bellevue in Kreuzlingen, die Klinik Hohenegg bei Meilen oder die Privatklinik Wyss in Münchenbuchsee aufsuchen. Über den Alltag und die Behandlungsmethoden in einer amerikanischen Klinik schreibt sie: „Life here consists of sitting a lot ... in a little yard with 3 beautiful trees... and as one moves on to new, better Halls, the lawns get bigger + you can smoke more cigarettes + put on new shoes. The doctors go by twice a day ... the patients say ‚good morning' or ‚good evening sir, how are you?' ... we are fine ... a big consoling, doll like U.S.A. smile etc. etc. few tub-baths with prolonged hours, a few injections ... or a ‚pack' (of bedsheets) to ‚calm down' occupational therapy ... (I make bright potholders to calm the imagination) + thru all that slowly we all get well + find the white Road that leads back to Reality + eternal Bliss – such as being creative or meditative in New York City ... (For the moment Creation means something else to me) as yet I still, maybe thru

(22) Sonja Sekulas Bild zum Tod von Frida Kahlo am 13.7.1954: „The death-note of Frieda Kahlo reached me today. I think of her with doubtless gratitude in each sense", (Klinik „Hall Brooke" in Westport, Connecticut), 16.7.1954

the many shocktreatments (patients call it ‚electrocutions' for fun), we forget a lot of things or names".[118]

Schmerzlich ist für Sekula, dass sie auch inmitten der Patienten eine Aussenseiterin unter Aussenseitern bleibt. Trotzdem rät sie einmal Betty Parsons, sie im Spital zu besuchen, da die Schönheit der Bilder von einigen Patienten „incredible"[119] sei. Einziges Mittel, sich gegen die Krankheit zu wehren, scheint ihr die künstlerische Betätigung zu sein. In der Tat schafft sie während ihrer Klinikaufenthalte erstaunlich viele, meistens kleinformatige, Bilder und Texte. Manche davon thematisieren die Umgebung und die Krankheit. Einige Texte enthalten fast archaische, ver-rückte (Sprach-)Bilder.[120] Angesichts ihrer ungebremsten Schaffenskraft hat sie ihre Krankheit denn auch nicht immer als „Krankheit" begriffen: „I have enough experiences, also religious ‚visions' which made my own family turn me to a sanatorium believing I was ‚sick' when often all I was was just being true to my mystically inclined nature –" (X, 5)

Eine fatale Auswirkung der Klinikaufenthalte ist, dass ihre sozialen und künstlerischen Kontakte ständig unter- oder gar abgebrochen werden. Und das „Stigma" der Krankheit liess sich draussen fast nicht mehr abstreifen: „Niemand will mit Seelenkranken verkehren – weil andere spüren, dass da etwas nicht stimmt." (VII, 11) Folge: noch grössere Einsamkeit und Schwierigkeiten, eine Brotarbeit zu finden.

Da sich die Eltern die vielen Aufenthalte ihrer Tochter in den teuren amerikanischen Kliniken finanziell nicht mehr leisten können, kehren sie 1955 mit ihr ebenfalls in die Schweiz zurück. Wenigstens die Spitäler sind in der Schweiz billiger. Für Sonja Sekula werden aber die kommenden Jahre oft zu einem „langen Traum voller Furcht".

V
Die letzten Jahre in der Schweiz

„I have never studied anything beside ‚pain-ting'" [121]
In der Schweizer Literatur- und Kunstgeschichte dieses Jahrhunderts kennen wir einige Beispiele von Künstlern, die im Ausland mit ihren Arbeiten Erfolg hatten und dort ein gewisses Lebensglück fanden, nach ihrer Rückkehr in die Schweiz aber an der geistigen Enge des Landes fast erstickten und ihre letzten Lebensjahre in Kliniken verbrachten.[122] Auch Sonja Sekulas Leben und Werk in der Schweiz ist in diesem Kontext zu verstehen, wobei bei ihrem „Schicksal" zusätzlich noch die Schwierigkeiten einer (lesbischen) Künstlerin in dem von Männern dominierten Kunstbetrieb zu berücksichtigen sind.

Nachdem Sekula mit ihren Eltern zuerst einige Monate in Zürich in einem Hotel gelebt hat, zieht die Familie im Sommer 1955 nach St. Moritz, wo man im Winter eine Wohnung mietet. Sonja Sekula hat dort zeitweise auch ein Atelier, wo sie ihre künstlerische Arbeit obsessiver denn je fortsetzt. Zu den Einheimischen findet sie während der folgenden drei Jahre fast keinen Kontakt: „I feel so far away from the Swiss character that I cannot get in touch with them. I hate their language and fat selfassured looks they preach moral in each word + am so tired of being an outcast in a country I never felt close to –"[123] In den ersten Jahren in der Schweiz fühlt sie sich denn auch „like on an island" und wegen der grossen Einsamkeit oft wie ein „ghost". Sie vermisst deshalb „New York daily"[124], wobei sie allerdings wegen des Umzugs und der langen Klinikaufenthalte praktisch keine Verbindung mehr zu ihren amerikanischen Freundinnen und Freunden hat.

Um so mehr erhofft sie sich von ihrer Galeristin Betty Parsons künstlerische Unterstützung durch neue Ausstellungen und finanzielle durch Bilderverkäufe. Sekulas Briefwechsel mit ihr zeigt den verzweifelten Versuch, unter dem Damoklesschwert der (künstlerischen) Heimatlosigkeit und der Krankheit wenigstens als Künstlerin in den USA überleben zu können. In bezug auf Ausstellungen gelingt ihr das nur einmal – 1957 –, wobei sie allerdings bei dieser Gelegenheit so viele Bilder wie nie zuvor verkauft. Immer mehr überfordert sie jedoch Parsons mit ihren ständigen Bitten nach

Ausstellungen und Geld. Einmal schickt sie ihr einige postkartengrosse Bilder, mit der Bitte, diese für einen Dollar (!) zu verkaufen, da ihr jedes, noch so wenige, Geld recht sei, um sich endlich finanziell von den Eltern zu emanzipieren. Doch die Werke finden keine Abnehmer ...
Das „miniature like work"[125] Sekulas ist in der Tat auf verlorenem Posten gegenüber den zumeist grossformatigen Werken, die typisch für den damals die Kunstwelt dominierenden Abstrakten Expressionismus sind. „American public must have bigness"[126] schreibt denn auch die Schweizerin resigniert an ihre Galeristin, während ihr in der Schweiz gesagt wird, sie solle nach Amerika zurückgehen, da ihr Werk „too ‚American' for a Swiss place"[127] sei. Abgesehen davon werden die Schwierigkeiten, Bilder ohne die kritische Gegenwart von Parsons auszuwählen und teuer nach Amerika zu verfrachten, immer unüberwindlicher. So kommt es 1959 zum Bruch mit der Galerie von Betty Parsons.
Im gleichen Jahr übrigens findet deren Zusammenarbeit mit einem anderen Schweizer Künstler ebenfalls ein Ende: mit Hugo Weber (1918–1971), der in den fünfziger Jahren mehrmals bei Parsons ausstellte. Weber lebte wie Sekula schon in den vierziger Jahren in den USA, und sein Werk ist wie ihres vom Abstrakten Expressionismus beeinflusst. Auch seine Rückkehr nach Europa wurde zum Fiasko; man wollte sein Werk in der Schweiz nicht ausstellen und dann in Amerika auch nicht mehr. Das Resultat war eine selbstzerstörerische Lebensweise und ein früher Tod.
Ausser dem kleinen Format vieler Bilder Sekulas hat bei der Rezeption ihres Werks noch ein anderes Charakteristikum immer wieder Probleme geschaffen: das Fehlen einer „streng einheitlichen Richtung". Die Vielfalt ihrer Malweise wurde und wird von der – vorwiegend männlichen – Kunstkritik oft vorschnell negativ als eine zu wenig konsequente Formgebung interpretiert. Die Künstlerin sieht das anders: „I paint each hour differently, no line to pursue no special stroke to be recognized by. (...) it is still me though it contains over a 1000 different ways –"[128] Und wie kann sie ein streng einheitliches Werk schaffen mit „vielen 1000 Fingern" an der malenden Hand? Sekula plädiert geradezu für eine Vielfalt von Stilen und Formen und übt indirekt Kritik an Künstlern wie Arp oder Miró, die stets „repeat their favorite forms". Denn: „Form as such needs no favor or favorites"[129]. Dass die Kunst von Frauen gerade wegen der mangelnden Einheitlichkeit oft kritisiert wird,

bestätigt Betty Parsons, wenn sie über das Werk der amerikanischen Künstlerin Hedda Sterne sagt: „But she changed all the time, and the damn critics thought she wasn't serious. (...) She had many ways; most artists just have one way to go."[130]

Skizzenbücher, Tagebücher und Wortbilder
Je mehr Sonja Sekula sich in Kliniken und ausserhalb des Kunstbetriebes aufhält, desto mehr Skizzenbücher, Tagebücher und Wortbilder entstehen. So stammen denn die ersten bekannten Skizzenbücher aus dem Jahre 1951, dem Anfang ihres „Weges" durch die Spitäler. Um diese Zeit beginnt auch mittels dieser Werkformen ein fast unaufhörliches Kommunizieren mit dem Kosmos, der Welt und oft mit sich selbst: Dialoge, die eigentlich Monologe sind[131] und Mittel, um nicht abseits der fernen stummen Welt der „Normalen" verstummen zu müssen. Was Paul Nizon beim Schaffen des ebenfalls in Kliniken internierten Louis Soutter wahrnimmt, gilt ebenfalls für Sekulas diesbezügliche Arbeiten: „Es hat den für die Schweizer Kunst bezeichnenden intimen (kleinformatigen) Charakter – Tagebuchcharakter. Soutter zeichnet eigentlich Stundenbücher."[132] Sekula nennt ihre Wort-Bild-Werke auch „Nachtbücher, Morgen- und Mittag- und Vor-Gestern-Bücher"[133] oder „A small small-talk book"[134].

Die vorliegenden Skizzenbücher weisen eine unerhörte Vielfalt an Formen auf und haben den Charakter von „multiplen Originalen" in Buchform. Sie enthalten also weniger Skizzen als fertige, oft signierte Bilder, Seite für Seite, und sind eine eigenständige künstlerische Gattung. Sie sind, weil am bequemsten ausserhalb des Ateliers zu handhaben, selten grösser als das A4-Format, oft kleiner; es soll sogar visitenkartengrosse geben. Die hier veröffentlichten Text- und Bildbeispiele aus den Skizzenbüchern demonstrieren die „ständig wechselbaren" „Wort-Farben" und „Farben-Worte" eindrücklich.

Die in den frühen fünfziger Jahren entstandenen Wortbilder in und ausserhalb der Skizzenbücher haben oft surrealen Charakter; eine verwirrende Anzahl von bildnerischen und sprachlichen Formen lässt dem Betrachter fast keine Ruhe. Einige der Bilder müssen gar gedreht werden, damit alle Texte entziffert werden können.[135] Die (Bild-)Welt verändert sich je nach der Lage der Schrift bzw. des Werks. Man gerät so in eine Art kreisendes Erfassen, in einen

(23) In Zürich, 1959

Strudel des Erkennens. Dagegen weist ein anderes Bild aus dieser Zeit – „Never complain!"[136] – einen der „Konkreten Poesie" verwandten Text auf, der, streng komponiert und mit listigen Anspielungen auf den uninspirierten Schöpfergott und den Koreakrieg, mit einem naiven, an Kinderzeichnungen erinnernden Bild konfrontiert wird.

Die Arbeiten aus den späten fünfziger und frühen sechziger Jahren sind hingegen stark von der Kalligraphie, der Zen-Malerei und -Lehre und der Haiku-Lyrik geprägt. Die Texte sind vorwiegend meditativ, suchend. Unermüdlich richtet die Künstlerin ihre Farben und Worte an die Leere – das Farb- und Gedankenlose –, wo sie von ihr aufgesogen und wieder abgestossen werden, um erneut „gerichtet" werden zu können. In einem Wort-Bild von 1957[137] mit einem treppenartigen Aufbau sind die „Wortkammern" ausser zweien leer. Der vorhandene einzige Satz „Jede Linie enthält einen / Gedanken" fordert uns auf, der Wort- und Gedankenlosigkeit abzuhelfen, und ist in seiner Aussage selber „gedanken-los".

Die eigenständigen, oft verblüffenden Wort-Bild-Kombinationen sind si-

cher der bezeichnendste und vielleicht auch wichtigste Aspekt in Sekulas künstlerischem Werk. Dass sie selbst von der Qualität dieser Seite ihres Schaffens überzeugt war, zeigen Pläne, einen Roman und eine Auswahl von Notizen und Aufzeichnungen mit eigenen Illustrationen zu veröffentlichen.

Sonja Sekula ist nicht eine Malerin, die auch schreibt, sie ist eine Wortmalerin und „Malworterin". Und vor allem ist sie eine eigenwillige Dichterin, traumwandelnd in mehreren Sprachen. Die in den Wortbildern, Skizzenbüchern, Tagebüchern und auf losen Blättern vorliegenden Texte beweisen ihr spracherfinderisches und -improvisatorisches Talent. Das Spiel mit der Sprache ist für sie ein lustvoller, fast sportlicher Akt: „I love to play foot-ball with words + knock each meaning with a kick around, in circles and squares – –"[138] Dass sie die verschiedenen Sprachen nicht richtig be-herrscht, sich manchmal verschreibt, erhöht den Reiz und Wert der Arbeiten. Dadurch ergeben sich oft neue, überraschende Wort- und Sinnkonstellationen. Wie die mit ihr in vielem verwandte Künstlerin Unica Zürn, die mit ihrer Anagrammtechnik in abgründige Bereiche vorstösst[139], bewegt sich das Wort-Spiel Sekulas vielfach im Grenzbereich zum Wort-Ernst.[140]

So ein „Spiel" kann ein Zerlegen eines Wortes in seine Bestandteile enthalten, wodurch die Künstlerin manchmal in einen anderen Bedeutungsbereich vorstösst, der sich aber ebensosehr als Falltür zu einer weiteren, unergründlichen Sinnebene erweisen kann. Oder sie fügt mehrere Worte zu *einem* zusammen; aus einer solchen „Wortraupe" kann sich ein verborgen gebliebener Sinn schmetterlingshaft entpuppen. Einige Texte wiederum wirken wie ein Fluss aus Worten, deren „Bedeutung" im Fliessen liegt. Und wieder andere erinnern an die Haiku-Lyrik in ihrer Kürze und Konzentration auf den Gegenstand *und* das Gegenstandlose.

Der Titel einer ihrer Texte – „Ge(h)-dicht" – wirkt wie eine Anleitung zu einer Art Poetik von Sekulas dichterischem Schaffen. Man kann ihn, und damit auch das Gedicht als Form, interpretieren als Aufforderung an die Dichterin sowie an die Leserin und den Leser, *dicht* an die äusseren und inneren Gegebenheiten heranzu*gehen,* um ihre „Wahrheit" zu erkennen, und mit diesem Akt zugleich ins Dichte, ins Dickicht, einzudringen und es – die Innenwelt der Sprache – zu erforschen. Das „Gehen" als „Verdichtung" und Erkenntnismittel findet sich im Fortschreiten bzw. Schreiben und Lesen des Textes selbst.[141]

Auch im Lichte dieser sprachlichen „Methode" scheint Sekula durch manche Texte und Wortbilder einen Rätselraum zu schaffen, der immer wieder erschaffen werden muss, um am Rätsel herumrätseln zu können.

„Meine Nacht schläft nicht"[142]
Der Umzug nach Zürich im Frühling 1958 bringt Sonja Sekula wenigstens neue soziale Kontakte und im Souterrain des Hauses, wo die Eltern eine Wohnung gemietet haben, ein geräumiges (Wohn-)Atelier. In den letzten Lebensjahren versucht sie immer verzweifelter, dem „steten Einsamkeitszimmer" zu entkommen. Auch mit Hilfe der Mutter, die das frühere gesellschaftliche Leben in New York mit grossen Einladungen und illustren Gästen in einem bescheideneren Rahmen in Zürich fortführt, gelingt es ihr, Freundschaften, wenn auch fragile, mit einigen meist viel jüngeren Menschen zu schliessen. Zu diesem „Freundeskreis" gehören der Schriftsteller Max Bolliger, die angehende Künstlerin Manon, der Fotograf Roland Gretler oder der Künstler Adrien de Menasce.[143] Verbunden fühlt sich Sekula auch mit dem Maler Oskar Dalvit und dem bekannten schwarzen Blues-Pianisten und -Sänger Champion Jack Dupree, dessen regelmässige Auftritte im Zürcher Jazzlokal „Africana" sie, wenn immer möglich, besucht. Max Bolliger hat in seinem Text „Chinesische Prinzessin" der von einem Krankheitsschub bedrohten Künstlerin und ihrer „Beziehung" zu diesem Musiker eine unsentimentale, eindrückliche Erinnerung gewidmet.[144] Und mit den Besuchen von Alice Rahon, Wifredo Lam und William Goyen trifft sie endlich auch wieder Freunde von früher.
Ihre Versuche, im praktischen Leben Fuss zu fassen, sind hingegen entmutigend. Zwar gelingt es ihr, hin und wieder eine Arbeitsstelle – in der Leihbibliothek des Warenhauses Jelmoli in Zürich oder in der Eier-Importfirma Lüchinger (!) – zu finden, aber meistens nur für kurze Zeit.[145] Die Erfahrung, die sie bei einer Stelle in einer Buchhandlung macht, könnte ihrer Persönlichkeit nicht besser entsprechen: da sie dort die Bücher mehr liest als verkauft, wird sie entlassen ...[146]
Da die Geschäfte des im hohen Alter immer noch arbeitenden Vaters nicht mehr so gut laufen, ist Sonja Sekula dringend auf zusätzliche finanzielle Mittel angewiesen. Zwar sind ihre Bilder seit der ersten Ausstellung in der Schweiz im Jahr 1957 mehrmals in in- und ausländischen Galerien gezeigt worden,

(24) In Oberhofen am Thunersee, Januar 1961

aber verkauft werden nur wenige. Erklärt werden kann dieser Misserfolg vielleicht dadurch, dass sie zum Beispiel in einem Teil ihres Spätwerkes (1961/1962) die von Jackson Pollock bekannt gemachte „Dripping"-Technik anwendet und diese Bilder deshalb ungewohnter und „amerikanischer" sind als ihre früher in den USA geschaffenen Werke. Der Kritiker Brian O'Doherty schreibt zu Recht, dass sie dadurch und durch die malerische Interpretation von anderen avantgardistischen Kunstströmungen in Zürich „a kind of scene-in-exile around her, a fictional ambience" (AiA, 74) geschaffen habe.
Immer mehr arbeitet sie „langsam an vielem. Ohne Zentrum und doch am meisten an weisser Leinwand die ich weiss lasse –"[147] Diese „Arbeitsmethode" hat stark mit Sekulas Versuch zu tun, den Zen-Buddhismus als eine Einheit von Leben *und* Werk zu erfahren. Im Zusammenhang mit ihrer zunehmenden „Spiritualisierung" schrieb sie einmal: „Je suis depuis des années profondément dans la recherche de source … essence de religions divers – et mes études ont surtout à faire avec la pensée et culture du Japon en tout sens."[148]
Auch im Sinne einer Auseinandersetzung mit ihrer Krankheit beschäftigt sie sich zudem intensiv mit dem Werk von C.G. Jung und besucht im gleichnamigen Institut in Zürich Vorlesungen der mit ihr bekannten Psychologin Jolande Jacobi. Sicher sucht Sekula an diesem Ort auch Verständnis für die

komplexe Problematik ihrer Persönlichkeit, von manchen Ärzten und Psychiatern vorschnell als „Schizophrenie" bezeichnet. Zumindest bei einem unkonventionellen Geist wie dem Zen-Philosophen Alan Watts, einem alten New Yorker Bekannten, findet sie ein unvoreingenommenes Gegenüber. Als Watts im Frühling 1958 einige Vorlesungen am C.G. Jung-Institut hält, trifft er auch Sekula: Ich war „angenehm überrascht, dass ich mich im kommerziellen, spiessigen Zürich ganz und gar nicht langweilte, zum Teil wohl deshalb, weil eine auf höchst interessante Weise verrückte junge Dame, die als Künstlerin berühmt geworden wäre, wenn sie sich nicht einige Jahre später das Leben genommen hätte, mich unter ihre Fittiche nahm. Sonja zeigte mir die Stadt, fuhr Boot mit mir auf dem Zürichsee (...) ihr Auge sah Schönheit in Dingen und an Orten, die andere Menschen ignorieren. Die psychotherapeutischen Pandits hatten sie als hoffnungslose Psychotikerin aufgegeben, aber mich faszinierte sie mit ihrer verworrenen, ungewöhnlichen Art zu reden, und ich ging gerne auf sie ein. Ich war Sonja von Herzen zugetan, merkte jedoch, dass mein freundschaftlicher Umgang mit ihr von der Elite des Instituts missbilligt wurde".[149]
Aber der künstlerische und finanzielle Misserfolg, unglückliche Liebesgeschichten und die Krankheit kehren ihren zeitweiligen Optimismus, ihr Ringen um eine Zen-Lebenshaltung oft ins Gegenteil: „No more Zen attitude or feeling. Preoccupied so much with hell and punishment." (XI, 12) Dann findet sie sich „eine eher lächerliche sich nie selbstbemeisternde Figur", die „wie durch einen schmerzhaften undurchdringlichen Sumpf mühsam + Hiobklagend wate, ohne das Ufer der Erlösung je zu erreichen."[150] Angesichts dieser deprimierenden Erfahrungen ist es kein Zufall, dass Sekula schon früher ihren Zustand „als mein 1000jähriges mein ur-zeitliches ewiges Warten" (VIII, 7) bezeichnete. Ihre „Sucht nach dem Ewigen" ist vielleicht dieses „grosse Warten, das sich nie erfüllt –" (VIII, 7)
1946 veröffentlichte der Künstler Ad Reinhardt in der amerikanischen Zeitschrift „P.M." eine halbernste Zeichnung mit dem Titel „How to look at modern art in America". Darauf ist ein Baum zu sehen, dessen Stamm mit den Namen von modernen Malklassikern beschriftet ist und dessen Äste viele Blätter mit den Namen von neuen, noch wenig bekannten Malerinnen und Malern tragen. Das Blatt mit dem Namen „Sekula" hängt am gleichen Ast wie die Blätter mit den Namen „Pollock" oder „Motherwell". 1961 schuf

Reinhardt eine ähnliche Zeichnung mit dem Zusatz im Titel: „fifteen years later".
Man muss die Zeichnung genau anschauen, um zu sehen, dass Sekulas Name diesmal fehlt. Das Blatt ist abgefallen. Sie ist als Künstlerin in Amerika, dem wichtigsten Ort ihrer künstlerischen Orientierung und Anerkennung, tot, bevor sie in der Schweiz wirklich tot ist.

Die „Meditationsschachteln"
1961 schafft Sonja Sekula ihr unkommerziellstes Werk: die „Meditationsschachteln" oder „Meditation Boxes". Es sind Zündholzschachteln, meistens in Normalgrösse, die von ihr beschriftet, bemalt, mit kleinen Collagen versehen oder mit Sand überzogen werden. Sie enthalten oft Zündhölzchen, bemalte Steinchen sowie eigene und fremde Texte, vor allem Haikus, geschrieben auf Zetteln. Manchmal sind die Schachteln auch leer. Eine solche „Meditationsschachtel" ist „Feuer und Holz umgeben von Farben, Worten und Deutungen, alten und neuen Zeichen –" (I, 24) Darin soll sein „the pleasure of listening to the sound of raindrops (…) Each box is a surprise of joy, it is like a heart of one for all". (I, 25) Ein Besitzer einer solchen Schachtel soll von ihrem Aussehen und Inhalt so überrascht werden wie vom „Wunder der Flamme".
Die unspektakulären, zum grösseren Teil in der „Schublade" der Künstlerin gebliebenen „Meditationsschachteln" sind ihr wohl künstlerisch überzeugendster Versuch, dem Drang nach „Ruhm für die Öffentlichkeit" entgegenzuwirken und „namenlos" bleiben zu wollen. So möchte sie denn auch, dass die Schachteln weg von ihr nach Indien oder Japan „reisen", an den Ursprung der Zen-Lehre, als deren Ausdruck sich diese Arbeiten verstehen. Doch weder sie noch Sekula gelangten je ins ersehnte „Land der aufgehenden Sonne".
Durch die Kleinheit dieser Werke nähert sie sich der Welt ihres Vaters wie nie zuvor. Mit ihnen ist sie fast im Zimmer ihres unermüdlich arbeitenden, nun beinahe tauben Vaters, in der Nähe seiner Briefmarken, die so leicht, so zerstörbar sind und doch so wertvoll … Im Gegensatz zu den sichtbaren, aber schmerzlosen Zacken der Marken haben die unsichtbaren an den Schachteln ihrer Schöpferin beim Gestalten Schmerzen bereitet, da sie „Wochen verbrachte um das Feuer durch Malen und Sandkonstruktionen zu durchge-

(25) Mutter und Tochter mit Bertie Sekulas Neffen, Walter Ducloux, um 1962

hen". (II, 23) Und es ist, als spiegle das Kleinformat der Schachteln die zunehmende Reduktion von Sekulas Leben auf einen immer kleineren, winzigen Raum. Das „Aussehen" dieses Raumes entspricht vielleicht ihrer im Zusammenhang mit den Schachteln gemachten Definition von „Meditation": „No more form, color or matter, no more birth or death." (I, 23)

Der Tod und die Liebe der Mutter
Es gibt viele Geschichten über Sonja Sekula, und es gibt viele Geschichten über sie und ihre Mutter. Positive Geschichten, negative.
Es gibt Menschen, die voller Bewunderung sind für das unzertrennliche Mutter-Tochter-Paar, es gibt andere, welche die innige Beziehung als Hass-Liebe bezeichnen und das Verhalten der Mutter wie das „eines Liebhabers zur Angebeteten".[151]
Am besten versteht sich Sonja mit der Mutter, wenn sie nicht zu nahe ist. Das ist selten der Fall. Mit 44 Jahren ist ihr die Beziehung zur Mutter noch immer rätselhaft: „I don't know what the power is she has over me. I feel even

more weak and insecure when I am next to her." (XI, 15) Sie scheint wie ein Spiegelbild von ihr zu sein: „konstant verwirrt wie wir alle – umdüstert + und doch leuchtend."[152] Bei aller Abhängigkeit von der Mutter schafft sie sich, vielleicht gerade deshalb, durch die Kunst „ein Zimmer für sich allein".[153] Und in der Krankheit ist sie dann wirklich allein.
Es gibt den Tod, vor dem Mutter und Tochter gleich sind.
Bertie, die Mutter, will 1980 wenigstens am gleichen Ort – in der Klinik Hohenegg bei Meilen – sterben, wo Sonja kurz vor ihrem Tod gewesen ist. Die Mutter will *so* bewusst den Kreis schliessen, dem Sonja durch ihren Selbstmord fast zwanzig Jahre zuvor entwichen ist. Denn die Tochter konnte sich zuletzt ihr Leben ohne die Mutter nicht vorstellen: „she is my soul, my friend, my life". (XI, 15) Deshalb *musste* sie *vor* dem Tod der Mutter aus dem Leben gehen.
Aber es ist nicht nur die Mutter.
Sonja Sekula ist gegen Ende ihres Lebens eine von den Klinikaufenthalten und Medikamenten gezeichnete Frau. Sie fühlt sich „finished as an artist" und sieht, wie schon früher manchmal, auch im Glauben keine Hoffnung mehr: „Gebet? Zu was, zu wem?"[154] Sie möchte dann lieber ein Stein sein, über den sie einmal schrieb, dass man sich durch die Betrachtung von dessen „Hell und Dunkel" „anonym *schöpferisch* betätigen" (I, 25) könne. Ihr Leben betrachtet sie bereits aus Distanz: „Life was an interesting experience. I do not regret it." (II, 26)
Als eine Frau, in die sie verliebt ist, ein Treffen mit ihr absagen muss, erhängt sich Sonja Sekula am 25. April 1963 in ihrem Atelier in Zürich. Das letzte Bild, das sie schafft, heisst: „Lesbienne".
Da sie in Sachen Tod „Ungewissheit hasst", hat sie sich gewünscht, an einem „netten Platz" – „in einem kleinen Bergfriedhof, vielleicht im Engadin"[155] – begraben zu sein. Auf dem Friedhof in St. Moritz, in der Nähe, wo Annemarie Schwarzenbach gelebt hat und gestorben ist, ist sie denn auch begraben.

Zürich, März 1996   *Roger Perret*

Anmerkungen

Der Titel ist Sonja Sekulas Gedicht „Dolores solitudines" (1940) entnommen, wo es heisst: „Manchmal, am Morgen wenn die / Sonne kommt, wartet er auf ein Wunder, / aber bald überwältigt ihn wieder / der Ruf der Sirenen –" Es ist im Heft I, Seite 1–2, der Abschriften von Texten aus Tage- und Skizzenbüchern, von verschiedenen Texten auf losen Blättern, von Briefauszügen usw. im Besitz von Max Bolliger, Weesen, enthalten, die in 10 numerierten Heften und einem „Supplement" vorliegen (Details siehe „Anmerkungen zu den Texten"). Um den Anmerkungsapparat in einem überschaubaren Rahmen zu halten, werden die Zitate aus diesen Abschriften einzig mit der römischen Zahl des jeweiligen Heftes und der arabischen Seitenzahl in einer Klammer nach der entsprechenden Textstelle bezeichnet. Die Zitate aus der Publikation „Who was Sonja Sekula?" von Nancy Foote in „Art in America" (siehe „Bibliographie") werden mit „AiA" und der Seitenzahl ebenfalls in einer Klammer nach der Textstelle gekennzeichnet. Die Seitenzahlen der in den Anmerkungen erwähnten Texte Sekulas beziehen sich immer auf den Abdruck in diesem Buch.

1) Gertrude Stein: „A novel of thank you". – Normal: 1994, S. 35.
2) Max Bolliger gab 1964 im „Hortulus" und „du" von ihm eingeleitete Texte Sonja Sekulas heraus und publizierte im gleichen Jahr den Text „Chinesische Prinzessin" mit Sekula als Protagonistin (siehe auch „Bibliographie").
3) Max Bolliger versuchte mit der Mutter, Bertie Sekula, in den sechziger Jahren vergeblich, einen Verlag für die Publikation eines Buches mit Texten und Bildern von Sonja Sekula zu finden. Einziges Resultat ihrer Bemühungen war die 1967 in kleiner Auflage herausgegebene Kassette mit Serigraphien und Texten (siehe „Bibliographie").
4) Nancy Foote (Hg.): „Who was Sonja Sekula?" Mit 12 Abb., „Art in America", New York, Nr. 5, September–Oktober 1971, S. 73–80.
5) Vielleicht wird jetzt Sonja Sekula auch in den USA wiederentdeckt. Die amerikanische Kunsthistorikerin Ann Gibson hat schon mehrmals im Rahmen von Aufsätzen über – grösstenteils vergessene – Vertreterinnen des Abstrakten Expressionismus auf Sekula hingewiesen (siehe „Bibliographie") und wird im Herbst 1996 das Buch „Toward a Cultural History of Abstract Expressionism", in dem auch Sekula erwähnt ist, veröffentlichen. Zudem wird im Herbst dieses Jahres im „Swiss Institute" in New York eine redimensionierte Fassung der Ausstellung über Sekula gezeigt, die im Sommer 1996 zuerst im Kunstmuseum Winterthur zu sehen sein wird.
6) Siehe Anm. 5. Dieter Schwarz, Direktor des Kunstmuseums Winterthur, wird die erste Retrospektive Sekulas im Kunstmuseum Winterthur realisieren, zu der auch ein Katalog erscheint.
7) Sonja Sekula: „Womb" (= Gedicht und Zeichnung), „VVV", New York, Nr. 2–3, März 1943, S. 67. Siehe S. 42.
8) Sonja Sekula: Wortbild, ohne Titel, 1956 (Slg. Roger Perret, Zürich). Text siehe S. 133.
9) Sonja Sekula: „Fragment of Letters to Endymion" (Abschriften, II, 1–5), S. 66.
10) Anmerkung von Sonja Sekula zu „Fragment of Letters to Endymion", S. 54–71.
11) „Fragment of Letters to Endymion", S. 56.
12) Dieses und die folgenden „Endymion" betreffenden Zitate aus Robert Ranke-Graves: „Griechische Mythologie. Quellen und Deutung". – Reinbek bei Hamburg: 1974, Band I, S. 188. Eine andere Ursache des Schlafs von „Endymion" soll, gemäss Ranke-Graves,

seine Frau „Selene" gewesen sein, die „zarte Küsse mehr schätzte als seine zu fruchtbare Leidenschaft." (S. 188)

13) Vgl. Sonja Sekula: „Ich sage ich und ich sage du." In: Manuskript, ohne Titel [= „‚Im Zeichen der Frage, im Zeichen der Antwort'"], undatiert (Slg. Jana Tucek, Meilen). S. 98. Und: „unser Treffen war ja bloss mein eigenes Verlorensein – " (Abschriften VIII, 7), S. 174. Vielleicht hat Sonja Sekula die Verserzählung „Endymion" (1818) des englischen Dichters John Keats (1795–1821) gekannt. Zu Beginn dieser „poetic romance" erwähnt der Dichter, dass allein schon der *Klang* des Namens Endymion ihn berührt habe: „The very music of the name has gone / into my being". (S. 65) Keats aktualisiert die mythische Figur des Hirten Endymion, indem er ihm die Gefährdung und Zerrissenheit des modernen Menschen verleiht: „Brain-sick shepherd prince" (S.89); „the deadly feel of solitude" (S. 95) oder „O my love / my breath of life, where art thou?" (S. 104/105. Zit. nach Jack Stillinger (Ed.): „John Keats. Complete Poems". – Cambridge, Massachusetts/London: 1982). Bei Kenntnis dieser Interpretation würde das Ich in „Fragment of Letters to Endymion" nicht nur den schlafenden, träumenden und liebenden Endymion „with your strength, with your strong hands and your strong lips" („Fragment of Letters to Endymion, S. 66) anrufen, der zudem das gesunde Leben auf dem Lande statt das krankmachende in der Stadt verkörpert, sondern auch einen von ähnlichen Ängsten beherrschten und deshalb verständnisvollen Leidensgenossen. Endymion könnte nicht nur deswegen der vom Ich im Text so vermisste *eine* Freund sein. Als Figur der Imagination, des nie erreichten „Anderen" ist er der treueste Freund, weil der Text auf der sprachschöpferischen Suche nach einer Form von Wirklichkeit die gleichzeitige Nähe und Ferne Endymions unaufhörlich selbst inszeniert.

14) Die an Kunst und Kultur sehr interessierte Bertie Sekula führte in Luzern, vor allem aber in New York und auch in Zürich ein offenes Haus, wo viele bekannte Künstler und Intellektuelle verkehrten.

15) Bertie Sekula: Tagebuch über Sonja Sekula als Kind, ohne Titel, undatiert [1919–1921], Eintrag vom 14.9.1920 (Slg. Max Bolliger, Weesen).

16) Brief von George Grosz an Ulrich Becher, 13.3.1937, in Ulrich Becher/George Grosz: „Flaschenpost. Geschichte einer Freundschaft". – Basel: 1989, S. 124.

17) Zit. nach „Die Tagebücher der Anaïs Nin. 1944–1947". – Frankfurt a.M.: 1979, Eintrag vom November 1945, S.144.

18) Tel. Auskunft von Anne Rotzler an Roger Perret, 19.9.1991. Anne Rotzler besuchte mit Sonja Sekula 1932/1933 die städtische Handelsschule in Luzern und organisierte 1964 in der von ihr geleiteten Galerie „Gimpel & Hanover" in Zürich die erste Nachlassausstellung ihrer ehemaligen Mitschülerin.

19) Brief von Jules Stauber an Roger Perret, 18.4.1992.

20) Siehe Anm. 15. Eintrag vom 14.9.1920.

21) Siehe Anm. 15. Eintrag vom Februar 1921.

22) Siehe Anm. 15. Eintrag vom 14.9.1920.

23) Siehe Anm. 18.

24) Sonja Sekula: Aufzeichnungen [„Wie ein Zweifüssler die andern Zweifüssler sieht"], undatiert [1933–1935], Eintrag von 1934 (Slg. Gérard Le Coat, Lausanne).

25) Siehe Anm. 24.

26) Siehe Anm. 24. Eintrag von 1933.

27) Siehe Anm. 24. Eintrag von 1934.

28) Siehe Anm. 24. Eintrag von 1934.
29) Siehe Anm. 24. Eintrag von 1934.
30) Siehe Anm. 24. Eintrag von 1935.
31) Siehe Anm. 24. Eintrag von 1935.
32) Siehe die beiden Abbildungen im Katalog zur Ausstellung Sonja Sekula im Kunstmuseum Winterthur 1996.
33) Es ist unbekannt, wann genau und wo Sonja Sekula Annemarie Schwarzenbach erstmals getroffen hat und ob sich die beiden Frauen später, vor allem 1937–1938 und 1940, als beide in den USA waren, nochmals gesehen haben. In dem mir bekannten Nachlass von Sekula taucht der Name Schwarzenbach und in deren Nachlass der Name Sekula nicht auf.
34) Während Renée Schwarzenbach, die Mutter Annemaries, einen Teil von deren Nachlass zerstörte, hat sich Bertie Sekula, die Mutter Sonjas, sehr für die Publikation eines Buches über das Werk ihrer Tochter eingesetzt und für zahlreiche Nachlassausstellungen Bilder zur Verfügung gestellt. Zu dem von ihr erhofften Durchbruch des Werkes von Sonja Sekula ist es allerdings zu ihren Lebzeiten nicht gekommen.
35) Zit. nach einem 1974 aufgenommenen Gespräch über Sonja Sekula zwischen Bertie Sekula und der Galeristin Jeanne Wiebenga, die in den sechziger und siebziger Jahren in ihrer Galerie in Epalinges mehrere Ausstellungen über Sekula durchgeführt und nach dem Tod Bertie Sekulas aus deren ehemaligem Besitz die Mehrheit der nachgelassenen Bilder von Sonja Sekula erhalten hat. Duplikat der Tonbandkassette im Besitz von Roger Perret.
36) Sekula und Schwarzenbach hielten sich zu verschiedenen Zeiten im Sanatorium Bellevue in Kreuzlingen auf, während sie – Anfang 1941 – vermutlich gleichzeitig in der psychiatrischen Klinik des New York Hospital in White Plains waren.
37) Klaus Mann: „Tagebücher 1936–1937". – München: 1990, Eintrag vom 5.1.1936, S. 10. Das Urteil von Klaus Mann wird durch eine 1934 in Florenz gemachte Aussage von Sonja Sekula indirekt bestätigt: „Ich komme gänzlich ab von meinen kommunistischen Ideen." (Brief von Sonja Sekula an Bertie Sekula, [Florenz 1934]; in: Abschriften, VII, 1)
38) Klaus Mann: „Tagebücher 1936–1937", a.a.O., Eintrag vom 15.1.1936, S. 12.
39) Klaus Mann: „Kind dieser Zeit". – Berlin: 1932.
40) Zit. nach Klaus Mann: „Der Wendepunkt. Ein Lebensbericht". – Reinbek bei Hamburg: 1984, S. 425.
41) Otto Indig: „Hochsommer" (auch „Riviera Hochsommer"), Typoskript, undatiert, 146 Seiten, S. 12 (Privatbesitz, Zürich). Gemäss einer handschriftlichen Notiz auf dem Umschlag dieses Typoskripts, das wohl nach der ungarischen Fassung entstanden ist, wurden von der deutschsprachigen Version vermutlich nur sechs Exemplare als Privatdruck herausgegeben. Siehe auch Anm. 42.
42) Otto Indig: „Kánikula" – [Budapest]: Franklin-Társulat [1947] [deutsche Übersetzung [?] „Hochsommer" (auch „Riviera Hochsommer"), Typoskript, 146 Seiten, Privatbesitz, Zürich; ev. engl. Übersetzung „Dog days"; keine Ausgaben in Buchform ermittelt] Ob Sekula diesen Roman je zu Gesicht bekommen hat, ist unbekannt. Der aus Kronstadt in Siebenbürgen stammende, ungarisch und deutsch sprechende und schreibende Schriftsteller Otto Indig (1890–1969) feierte anfangs dreissiger Jahre mit der auch in Berlin und Wien aufgeführten Komödie „Die Braut von Torozko" seinen grössten Erfolg. Er lebte längere Zeit in Budapest, dann in Deutschland und Frankreich und war zuletzt bei

„Radio Free Europe" in München tätig. Gestorben ist er in der Schweiz und begraben in Zürich.
43) Siehe Kapitel „Im ‚Sonnenhof'" und „Das ‚Sünneli' und die Mutter im ‚Sonnenhof'", S. 183–184, und Anm. 15, und „Das ‚Quallentier', das ‚grosse Manntier' und die ‚Genügsame'", S. 186–188, und Anm. 24.
44) O. Indig: „Hochsommer", a.a.O., S. 14.
45) Indig, a.a.O., S. 24.
46) Indig, a.a.O., S. 16.
47) Indig, a.a.O., S. 45.
48) Indig, a.a.O., S. 46.
49) Indig, a.a.O., S. 97.
50) Zit. nach Indig, a.a.O., S. 17.
51) Gertrude Stein: „Die geographische Geschichte von Amerika oder die Beziehung zwischen der menschlichen Natur und dem Geist des Menschen". – Frankfurt a.M.: 1988, S. 46.
52) Allen Tucker: „The Art Students League. An Experiment in Democracy". Zit. nach „Allen Tucker Memorial", Exhibition, Art Students League, New York, 1980.
53) Vgl. „Up to this time [vor dem Eintritt in die „Art Students League". R.P.] she had thought writing more important than painting." Zit. nach Cicely Aikman: „An artist speaks: Sonia Sekula"; in: „The League", New York, Winter 1945–46, S. 2.
54) Sonja Sekula: Randnotiz (vermutlich 1941–42 entstanden) in Gertrude Stein: „Lectures in America". – New York: 1935 (Slg. Roger Perret, Zürich).
55) Vgl. Sonja Sekula: „I repeated before and after / Gertrude Stein – also before I met her work, but / differently – so I must say"; in: Wortbild, ohne Titel, [8./9.4.]1957 (Slg. Rudolf Johannes Haller, Friedburg). Siehe Tafel XXXI.
56) Dieses und das vorherige Zitat siehe Anm. 54. Sekulas Rezeption der Schreibweise von Gertrude Stein ist vermutlich eine der frühesten oder vielleicht die früheste einer deutschsprachigen Autorin, obwohl die Rezeption vor allem in Texten auf englisch erfolgte.
57) Siehe Anm. 54.
58) Sekula spricht im Gedicht „Anfang" (Abschriften, III, 4), S. 22, denn auch vom „Deutschen" als „innerliche Sprache".
59) Sekula las sicher auch Bücher dieser Autoren, weil sie um die gleiche Zeit in persönlichem Kontakt mit den Surrealisten in New York trat.
60) Zit. nach Cicely Aikman, a.a.O., S. 2.
61) Zwei dieser Bücher sind erhalten. Francis Carco: „La rose au balcon. Poésies". – Paris: 1936 (Museum of Modern Art, New York), mit 3 vermutlich 1942 entstandenen Zeichnungen Sekulas; Saint-John Perse: „Vents". – Paris: 1946, mit 13 um 1955 entstandenen „Illustrationen" (Privatbesitz, Zürich). Siehe Tafeln LV und LVI. Ein weiteres Beispiel von Sekulas Illustrationsweise fremder Texte ist die Geschichte „The broken image" von Pamela Frankau; in: „Mademoiselle", New York, Juli 1954.
62) Charles Duits: „André Breton a-t-il dit passe". – Paris: 1969, S. 131/32.
63) Charles Duits, a.a.O., S. 102.
64) „VVV", a.a.O., S. 64.
65) Zit. nach Cicely Aikman, a.a.O., S. 2, 13.
66) Zit. nach Cicely Aikman, a.a.O., S. 2. Gemäss Manina Jouffroy hat Breton in Sonja Sekula „den reinen Menschen gesehen, den der ganze Surrealismus ja aufgebaut; dass

man zuerst eine gewisse Art Mensch ist", der „sich nicht korrumpiert und sich nicht verkauft". Zit. nach Gespräch von Roger Perret mit Manina Jouffroy, Venedig, 12.1.1996. Siehe auch Anm. 107.

67) Vgl. „Die Tagebücher der Anaïs Nin. 1944–1947", a.a.O., Eintrag vom November 1945, S. 144/145.

68) Brief von Sonja Sekula an Bertie Sekula, Paris, 27.[1.]1950 (Kunstmuseum Winterthur).

69) Steven Naifeh/Gregory White Smith: „Jackson Pollock. An American Saga". – London: 1992, S. 419.

70) Zit. nach Cicely Aikman, a.a.O., S. 13.

71) In der Jury waren Breton, Duchamp, Max und Jimmy Ernst, Howard Putzel, James Thrall Soby und James Johnson Sweeney.

72) Steven Naifeh/Gregory White Smith, a.a.O., S. 438.

73) Zit. nach einem Text im Dossier „Sonja Sekula" im Schweiz. Institut für Kunstwissenschaft, Zürich. Englische Übersetzung des anonymen spanischsprachigen Originaltextes im Katalog zur Ausstellung „Sekula. Quince años de pinturas 1943–1958", Galeria Don Hatch, Caracas/Venezuela.

74) Kenneth Lawrence Beaudoin: „This is the Spring of 1946", „Iconograph", New York, Spring 1946, Nr. 1. Zit. nach Ann Eden Gibson: „Issues in Abstract Expressionism. The Artist-Run Periodicals". – Ann Arbor: 1990, S. 96.

75) K.L. Beaudoin: „Six young female painters", „Iconograph", New York, Summer 1946, Nr. 2. Zit. nach Ann Eden Gibson, a.a.O., S. 101.

76) K.L. Beaudoin: „Six young female painters", a.a.O. Zit. nach Ann Eden Gibson, a.a.O., S. 102.

77) Zit. nach Cicely Aikman, a.a.O., S. 2.

78) Vgl. Cicely Aikman, a.a.O., S. 2.

79) Vgl. Annemarie Schwarzenbach, „Mobilisiert in Kabul" (1939): „Unterwegs mit unseren Fahrrädern oder Fordautos suchten wir keine Abenteuer, sondern nur eine Atempause, in Ländern, wo die Gesetze unserer Zivilisation noch nicht galten und wo wir die einzigartige Erfahrung zu machen hofften, dass diese Gesetze nicht tragisch, nicht unumgänglich, unumstösslich, unentbehrlich seien." In A.S.: „Auf der Schattenseite. Ausgewählte Reportagen, Feuilletons und Fotografien 1933–1942". – Basel: 1990, S. 225.

80) Brief von Sonja Sekula an Robert Motherwell, Santa Fe, 12.12.1946 (Dedalus Foundation, Bedford Hills, New York).

81) Siehe Tafeln II und III.

82) Die deutsche Übersetzung der 1951 publizierten Originalausgabe erschien 1952 unter dem Titel „Haus aus Hauch". In einem anderen Buch William Goyens – dem 1957 auf deutsch erschienenen „Im fernsten Land. Eine Romanze" – scheint die Protagonistin „Marietta" Züge von Sonja Sekula zu tragen. Die Stickerin „Marietta" sucht und sehnt sich in New York nach dem „fernsten Land". „Wegen ihrer halb spanischen, halb irischen Blutmischung" hält sie sich „für gespalten, weiss aber, dass sie zur Selbsterfüllung gelangen wird, wenn sie dem heimatlosen ‚Wegewanderer' folgt, einem fast ausgestorbenen Prärie-Vogel ihrer Heimat" in Texas. Die Fragen von „Marietta": „Was ist's, das mich so plagt, dieser Traum oder Ruf, den ich nicht benennen kann, und der mich so anders macht als die, die ich nachher bin, wenn es vorüber ist? Und welches bin ich,

Traum oder Nach-Traum? Was ist's für eine Zauberkraft, die in mir wirkt?" (S. 20–21) könnten auch von Sonja Sekula stammen.
83) Brief von Gordon Onslow Ford an Roger Perret, 22.7.1992.
84) Brief von Sonja Sekula an Alice Rahon, [Zürich], 15.11.1956 (Nachlass Alice Rahon, Lourdes Andrade, Mexico City).
85) Alice Rahon (1914–1987) liess sich 1947 von Wolfgang Paalen scheiden. Rahon hat an einer Stelle die Begegnung mit Sonja Sekula poetisch beschrieben: „notre rencontre a été celle de deux vagues venant en sens contraire qui s'élèvent et se brisent à l'extrême de leur elan – à vous qui coulez sur la même pente que moi, Sonia, que j'attendais." Möglicherweise 1945 geschriebene handschriftliche Widmung an Sonja Sekula in A. Rahon: „Sablier couché". – Paris: 1938 (Slg. Dr. Anton Weilenmann, Winterthur).
86) „Die Tagebücher der Anaïs Nin. 1944–1947", a.a.O., Eintrag vom Mai 1945, S. 83.
87) Zit. nach Cicely Aikman, a.a.O., S. 2.
88) Vgl. Telegramm von Frida Kahlo an Ella Wolfe am 10.5.1946: „Probably will stay first days at 399 Park Avenue Miss Sonja Sekula." (Papers of Bertram D. Wolfe, Hoover Institution on War, Revolution and Peace, Stanford, California). Sonja Sekula oder zumindest ihr Vorname scheint Kahlo Eindruck gemacht zu haben. Im Oktober 1946 bittet Kahlo nämlich ihre obenerwähnte amerikanische Freundin Ella Wolfe, in Briefen an sie als Decknamen für ihren anonym bleiben wollenden Geliebten den Namen „Sonja" zu benutzen! Vgl. Hayden Herrera: „Frida Kahlo. Malerin der Schmerzen – Rebellin gegen das Unabänderliche". – Frankfurt a.M.: 1987, S. 328.
89) Vgl. Brief von Sonja Sekula an Betty Parsons, Paris, 1.2.1950: „Often see J. Bowles ... she has a flat beneath my floor and is writing ... and full of ideas ..." (The Betty Parsons Papers, Archives of American Art, Smithsonian Institution, Washington, D.C.)
90) Siehe Anm. 68.
91) Zit. nach Gespräch von Roger Perret mit John Cage, Zürich, 10.6.1991.
92) Minna Lederman: „John Cage: a view of my own". In: „A John Cage Reader in celebration of his 70th birthday". – New York: 1982, S. 152.
93) Minna Lederman, a.a.O., S. 153.
94) Sonja Sekula: Skizzenbuch, ohne Titel, 1957 (Kunstmuseum Winterthur).
95) Das Stück war ein „group dance" mit Merce Cunningham und sechs Tänzerinnen. Cunningham trug das Kostüm nochmals in seinem Stück „Solo" von 1975, mit der Musik „Child of Tree" von John Cage.
96) „H.C.E. (Here Comes Everybody). Morton Feldman in conversation with Peter Gena". In: „A John Cage Reader", a.a.O., S. 52.
97) Vgl. Sonja Sekula, „Brief an die bekannte Fremde" (25.12.1948), S. 78: „Aber jetzt weiss ich es ganz genau, dass ich Künstler bin. Und dass das nun immer so sein muss und immer so war. Es ist eine vollkommene Sicherheit in mir, dass der Grund meines Daseins war." (Abschriften, I, 6) Um die gleiche Zeit wurde sie übrigens auch amerikanische Staatsbürgerin.
98) Stuart Preston: „Shahn, Hare and Others", „The New York Times", 16.3.1952.
99) Offiziell wurden an den fünf Ausstellungen von 1948–1957 34 Bilder verkauft. Gemäss einer Liste in „The Betty Parsons Papers", a.a.O.
100) Steven Naifeh/Gregory White Smith, a.a.O., S. 546.
101) Vgl. Brief von Jane Bowles an Paul Bowles, Paris, 17.1.1950: „Ein ungewöhnlich lebhaftes und charmantes Mädchen namens Natika Waterbury, das zur Zeit in Paris lebt

und das ich vor langer Zeit mal in New York kennengelernt habe. Sonia Sekula gibt heute abend eine kleine Party auf ihrem Zimmer." In Jane Bowles: „Eine richtige kleine Sünde. Prosa etc.". – München: 1990, S. 239.
102) Brief von Betty Parsons an Sonja Sekula, 24.12.1952. (The Betty Parsons Papers, a.a.O.)
103) Steven Naifeh/Gregory White Smith, a.a.O., S. 677.
104) Zit. nach Cicely Aikman, a.a.O., S. 2.
105) Lee Hall: „Betty Parsons. Artist, Dealer, Collector". – New York: 1991, S.101.
106) Brief von Sonja Sekula an Manina Thoeren, undatiert [Januar 1951] (Slg. Manina Jouffroy, Venedig).
107) Die gebürtige Wienerin Manina Jouffroy (geb. 1918) emigrierte Ende der dreissiger Jahre mit ihrem ersten Mann, dem tschechischen Drehbuchautor Robert Thoeren, nach Hollywood. 1948 trennte sie sich von ihm und ging nach New York, wo sie 1951 ihre erste Ausstellung hatte. Seit Mitte der fünfziger Jahre lebt sie in Venedig, wo sie den französischen Schriftsteller und Kritiker Alain Jouffroy heiratete, von dem sie seit längerem geschieden ist.
108) Sonja Sekula: „Manina Blumen Buch", Wortbilder und Texte von 1934–1951, undatiert [Januar 1951] (Slg. Manina Jouffroy, Venedig).
109) Siehe Anm. 108.
110) Siehe Verna Small: „The artist: Earning", „Mademoiselle", New York, Nr. 3, Juli 1952. Small zitiert Sekula, wobei diese und ihr Bild „Silence" im Artikel abgebildet sind.
111) Vgl. John Cage: „Auf dem untersten Teil der Seite befindet sich eine Notenzeile, und der Rest des Blattes ist leer. Ich habe diese Seiten den Leuten gewidmet, die mich finanziell unterstützten oder die es zumindest versucht haben, denn zu der Zeit ging es mir finanziell sehr schlecht." In Richard Kostelanetz: „John Cage im Gespräch. Zu Musik, Kunst und geistigen Fragen unserer Zeit". – Köln: 1989, S. 22. Willem de Kooning und Richard Lippold waren unter den Leuten, denen Cage auch eines dieser Stücke widmete.
112) Ein Satz von Sonja Sekula in ihrem Prosatext „Im Zeichen der Frage, im Zeichen der Antwort'", S. 101, kommt dem „erweiterten Musikbegriff" von John Cage sehr nahe: „Musik, das nennen wir auch Nebelhorn und Wellengang. Klang". Siehe auch Anm. 13.
113) Zit. nach R.H. Blyth: „Haiku. Volume One: Eastern Culture". – Tokyo/South San Francisco: 1981, S. 154 (Erstausgabe 1949–1952).
114) Zit. nach R.H. Blyth, „Haiku. Volume One", a.a.O., S. 5.
115) Siehe John Cage: „Silence. Lectures and Writings". – Middletown: 1961, S. 56, 193, 273.
116) Zit. nach Gespräch von Roger Perret mit Manina Jouffroy, Venedig, 12.1.1996. Eine Krise bzw. ein „Krankheitsschub" konnte sich verschiedenartig manifestieren: So soll Sonja Sekula mit dem Lippenstift poetische Sätze auf die Wand eines Restaurants geschrieben haben (Auskunft von Manina Jouffroy, Venedig, 12.1.1996) oder elektrische Ströme in der Luft oder Dialoge zwischen unsichtbaren Personen „wahrgenommen" haben (tel. Auskunft von Manon, 10.6.1992). Oder sie soll gesagt haben: „Ich studiere den Zwischenraum der Blätter." (Auskunft von Anne Marie Goldschmidt. Zit. nach Gespräch von Roger Perret mit ihr, Zürich, 23.7.1992).
117) Siehe Anm. 116.
118) Brief von Sonja Sekula an Manina Thoeren, [White Plains], 6.7.1951 (Slg. Manina Jouffroy, Venedig).
119) Brief von Sonja Sekula an Betty Parsons, [Westport, Connecticut], 14.11.1954 (The Betty Parsons Papers, a.a.O.).

120) Zum Beispiel das „Prosa-Gedicht, vielleicht in einer Tages-Traum-Stunde" (Abschriften, VIII, 5), S. 31, oder der Prosatext „Begleiter" (Abschriften, VIII, 9/10), S. 104–105.
121) Brief von Sonja Sekula an Betty Parsons, undatiert [St. Moritz, Mitte Dezember 1956] (The Betty Parsons Papers, a.a.O.)
122) Zum Beispiel Louis Soutter und Robert Walser. Siehe Paul Nizon: „Diskurs in der Enge. Aufsätze zur Schweizer Kunst". – Zürich: 1973, S.106–110, 112.
123) Brief von Sonja Sekula an Betty Parsons, [St. Moritz], undatiert [Mitte Dezember 1956] (The Betty Parsons Papers, a.a.O.)
124) Brief von Sonja Sekula an Betty Parsons, [St. Moritz], 4.9.1957.
125) Brief von Sonja Sekula an Betty Parsons, St. Moritz, 14.9.1957.
126) Brief von Sonja Sekula an Betty Parsons, [St. Moritz], 28.1.1956.
127) Brief von Sonja Sekula an Betty Parsons, [Ascona], 24.11.1957.
128) Sonja Sekula: Manuskript „No more reading of art magazines ...", 6.12.1961 (Slg. Gérard Le Coat, Lausanne), S. 161–162. Dies ist nur eine von mehreren Aussagen, mit denen Sonja Sekula vor allem nach der Rückkehr in die Schweiz ihre Malweise zu rechtfertigen versuchte. Schon 1946 sagte sie: „I change consciously from day to day, according to the daily new sphere that surrounds me. Its flux changes continuously. This makes me feel closer to the water than the earth. Water represents to me a more concrete and primeval substance than earthly matter. It is more spiritual, supernatural." Zit. nach Cicely Aikman, a.a.O., S. 2.
129) Sonja Sekula: Wortbild „Selfdictionary", April 1957 (Slg. Rudolf Johannes Haller, Friedburg). Siehe Tafel XXIX.
130) Lee Hall, a.a.O., S. 108. Hedda Sterne, die bei Betty Parsons ausstellte, war die einzige Künstlerin, die mit den kommenden „Stars" des Abstrakten Expressionismus wie Pollock, de Kooning, Motherwell und Rothko für die berühmte Fotografie „Irascible group of advanced artists" von Nina Leen posieren durfte. In: „Life", New York, 29.1.1951.
131) Vgl. Sonja Sekula, Wortbild, ohne Titel, undatiert: „Smalltalk and sitting with somebody or just a body smalltalking alone"; in: Skizzenbuch „'A small small-talk book'" undatiert [1951] (Slg. Brian O'Doherty, New York). Siehe Tafel IV.
132) Paul Nizon, a.a.O., S. 108.
133) Siehe Anm. 8.
134) Siehe Anm. 131.
135) Siehe zum Beispiel Tafeln XII, XIII, XX, XXVI und XLVII.
136) Sonja Sekula: Wortbild „Never complain!", 1951 (Slg. Roger Perret, Zürich). Siehe Tafel I.
137) Sonja Sekula: Wortbild, ohne Titel, 9.4.1957 (Slg. Rudolf Johannes Haller, Friedburg). Siehe Tafel XXX.
138) Sonja Sekula: „I look for autumn haikus ...", 31.10.1961, in: Skizzenbuch, ohne Titel, 1961/1962 (Slg. Jean Ramsperger). Siehe S. 159.
139) Vgl. Unica Zürn: „Anagramme". – Berlin: 1988 (= Gesamtausgabe, Band I).
140) Die Wortspiele Sonja Sekulas seien oft im Zusammenhang mit einer Krise aufgetreten (tel. Auskunft von Manon, 10.6.1992). Andere Freundinnen und Freunde Sekulas sagen, dass das „Wort-Spiel", das unzusammenhängende, „freie", assoziative Reden, das Merkmal von Sekulas Ausdrucksweise überhaupt gewesen sei. Vgl. David Hare: „You could communicate with her, but you couldn't have a rational conversation with her very well, because she'd skip the logic of anything." (AiA, 79)
141) Siehe das Gedicht „Ge(h)-dicht" (Abschriften, X, 14), S. 39, und Tafel XXI.

142) Annemarie von Matt: „Blasius". In Hans von Matt: „Gegengaben. Annemarie von Matt 1905–1967. Toni Flüeler 1898–1960". – Stans: 1974, S. 20. Annemarie von Matt ist wohl, neben Sonja Sekula, die Sprachschöpferin unter den Schweizer Malerinnen. Auch ihre oft fragmentarischen Texte zeichnen sich durch eine unverwechselbare, die Grammatik und Orthographie manchmal ignorierende Sprache aus. Das malerische und dichterische Werk der „unerhört erkenntnis- und wortbesessenen" (Theo Kneubühler) von Matt ist zurzeit in keiner Publikation greifbar. Die Aufarbeitung ihres Werkes, verbunden mit einer Ausstellung, ist jedoch im Gange.

143) Adrien de Menasce gab auch Kurse über die Beziehung zwischen Malerei und Psychologie am C.G. Jung-Institut. Sonja Sekula hat 1962 sehr wahrscheinlich seinen Kurs „La Peinture Contemporaine et l'Insconscient" besucht.

144) Max Bolliger: „Chinesische Prinzessin"; in: „Prosa junger Schweizer Autoren. – Einsiedeln/Zürich/Köln: 1964, S. 59–63. Auch in: „Die Affenschaukel. Literaturmagazin", Zwillikon, Nr. 16, 1992, S. 26–27.

145) Sonja Sekula muss schon früher in den USA einzelne Arbeitsstellen gehabt haben. Vgl.: „She has taught recently in a New York settlement house – and has just started a private-school job in Louisiana in which art teaching will be only part of her work with children." In Verna Small: „The artist: Earning", a.a.O.

146) Auskunft von Roland Gretler. Zit. nach Gespräch von Roger Perret mit Roland Gretler und Manon, Zürich, 3.7.1992. Möglich ist, dass Gretlers Aussage ungenau ist und er mit „Buchhandlung" die Leihbibliothek von Jelmoli meint.

147) Brief von Sonja Sekula an Oskar Dalvit, undatiert [um 1961] (Nachlass Oskar Dalvit, Zürich).

148) Brief von Sonja Sekula an Alice Rahon, [St. Moritz], 12.4.1957 (Nachlass Alice Rahon, Lourdes Andrade, Mexico City).

149) Zit. nach Alan Watts: „Zeit zu leben. Erinnerungen eines ‚heiligen Barbaren'". – München: 1988, S. 304. Vgl. auch Charles Duits: „La vie et le fard de Dieu. Journal 1968–1971". – L'Isle-sur-la-Sorgue: 1994, S. 236: „Sonia ne me semblait nullement folle. Elle était écorchée, chose toute différente."

150) Sonja Sekula: Skizzenbuch (in Form eines Leporellos), ohne Titel [„Observations"], August 1958–[1961], Eintrag vermutlich vom Dezember 1959 (Slg. Max Bolliger, Zürich).

151) Zit. nach Gespräch von Roger Perret mit Manina Jouffroy, Venedig, 12.1.1996.

152) Siehe Anm. 150. Eintrag vom 18.12.[1959]. Vgl. auch John Cage: „When Sonja was in the hospital, her mother was out. But when Sonja came out of the hospital, her mother went in." (Zit. nach Gespräch von Roger Perret mit John Cage, Zürich, 10.6.1991) Diese sehr pointierte Aussage wird zumindest durch ein Vorkommnis erhärtet: In den vierziger Jahren soll sich die Mutter, Bertie Sekula, nach einem Nervenzusammenbruch für einige Zeit im New York Hospital in White Plains aufgehalten haben, wo die Tochter mehrmals gewesen ist. (Auskunft von Anne Marie Goldschmidt. Zit. nach Gespräch von Roger Perret mit ihr, Zürich, 23.7.1992)

153) Vgl. Virginia Woolf: „Ein Zimmer für sich allein". – Berlin: 1978.

154) Siehe Anm. 150. Eintrag vermutlich vom Dezember 1959.

155) Brief von Sonja Sekula an Bertie Sekula, 1952. Auszugsweise Übersetzung des verschollenen englischsprachigen Originals (Kunstmuseum Winterthur).

Anhang

Transkriptionen der Texte in den Wortbildern

Sämtliche Texte in den Wortbildern werden ungekürzt wiedergegeben, wobei ein genaues – graphisches – Abbild des Originals auch aus Platzgründen nicht realisiert werden kann. Ein Text in einem vertikal angeordneten Bild wird im Prinzip zuerst von oben nach unten und dann von links nach rechts erfasst, ein solcher in einem horizontal angeordneten zuerst von links nach rechts und darauf von oben nach unten. Im Original zusammenhängende Wörter werden jedoch, ungeachtet der Grundregel, auch in der Transkription als zusammengehörende präsentiert. Ein Text am Rand in der Vorlage wird meistens am Schluss der Wiedergabe aufgeführt.
Ein neuer Abschnitt oder Textblock wird in der Transkription ebenfalls als neuer Abschnitt wiedergegeben. Eine neue Zeile wird durch einen Schrägstrich /, der gleiche Schrägstrich oder ein gerader Strich im Original werden hingegen durch das Zeichen \ ausgedrückt. Eine alternative Lesart eines Wortes wird in [ ] wiedergegeben. Die eigenwillige Rechtschreibung wird übernommen; diesbezügliche Fehler werden nur bei einem offensichtlichen Verschrieb, der das Verständnis erschweren würde, korrigiert.

I
Never complain!
I am not inspired / you are not inspired / he is not inspired / we are not inspired / they are not inspired / God is not " [inspired] / cat " " " [is not inspired] / Korea " " " [is not inspired] / only today is not " [inspired]
P.S. / The / Rains / did / not / come / either + / nobody / of all the / thirsty ones / was in a / hurry for / it –

II
Le papillon aigu retournait dans sa ville / après dix ans de rêve aux étrangers ... il / essayait de parler à sa ville natale aux / rues de fleurs et aux toits de mousse / nocturne ... pourtant le retour se terminait / dans une chambre vide ... le papillon cachait sa / belle tête rose sous ses ailes ... „la ville ressemble / aux oiseaux", se disait-il, „c'est des autres ... ils / habitent l'air ... mon cœur est une seule tristesse / depuis que les oiseaux ignorent / le vol des papillons."

III
8. Toward spring when / all rivers were full / the people talked / to their gods. / „Please make wings / for our children" / they asked, „we / do not want to be earthmen / anymore." The gods sent / wind instead and sun- / flowers, so they were / sad and turned away / from their seven gods.
7. The fog between / mountain and sky / hid all coming snowflakes / and in the bushes three blue / birds were buried by these / people.
6. All trees had blue icicles / on top, the coyotes made / a special nightsong up / for the screeching / comet.
5. Once in a while *the / silence* asked men and / women to come and / meet the masked snow / people, but for a secret / reason they never met.
2. In a small / frozen pond one water- / lily was found with / new / blossoms.
3. They rarely talk to each other and / all animals they meet are treated / as strangers even / though they talk the / same language.
4. The moon lies within a / travellimit and these / masked silent people / draw circles in the / sky, they use colored / sand like the indians / do and sometimes / toward midnight / they roam and play / near the earth glacier.
1. In the daytime these people / disappear in the snow, at night / you see small lights under the / ice and the people come down / from the mountains. They dance / without feathers / and in between / during dawn / time you can / hear a bell with / a wonderful / sound. Then / those people / go down to the / snow hill.

IV
Smalltalk and sitting / with some-body or just / a body smalltalking alone

V
... unfinished, but an even-evening feeling / in it, they say there is a big hot red fire / spot burning the edge of this town down / the wind is so angry tonight too ... it must / be cold now in the streets. / Nothing is sameness, but the evening is still / similar to a few others ... so many nothing / to do or dream about hours or evenings / ahead, and yet ...

VI
Come back to / me, criss cross / out all anger / come back PRAY ...

VII
To err ... or to have a few gods / in error and a few men erring / and both, gods or men, / want to be one together and / the world too is maybe just one / place ...

VIII
This is a beginning of / a many ... languag ... ed poem / for Manina ... to you that I / saw in the middle of the ocean / and as your name is, so you are / the hand in the / middle of the / sea + in the / middle of / each new / wave ...
(This little book / is a secret, it / is only for you / + all that *is* you)
Manina I try / to be so / careful / to be near your gift of / laughter ... you are the one that / crosses with a *single* – dance / step from the moon to the sun / in one step + one instant + / I love your dancing

IX
Und das Blut im Herzen der / Engel ist zu einem Flügel / geworden, es ist jetzt der / EINE Flügel der Engel / und das Herz leuchtet / und wird der Rote / Mond von allen / heissen / Ländern / der / Wüste / der / Engel
So ist er dann in die Wüste / gegangen als Büsser um das Bild seiner Liebe aus dem / Fühlen zu vernichten ... so hat er aus der Steinigung ein / Lachen gefunden, so sind die Früchte erschienen in allen / Bäumen, so hat er die Wüste ge-ackert mit dem Verzicht / des Bildes und dem Verbot / der Liebe, im Sand
Du musst alle diese *lauten* Farben verzeihen es / ist bloss das Unverständnis es richtig sagen zu / können ... die lauten Farben sind ja auch Fremde ... / und erst die „Geheimnis-Kenner" können darauf verzichten ...

X
In den Sonnenblumen, da / kann ich dich finden, da / steht dein Heim im Sommer / in der inneren Hülle dieser / seltsamen Blume der Finsternis / die den Tag beleuchtet ...

XI
Is there a stop to soul to sound to word ...? does it matter, *matter?,* no finality / in the feeling, each departure most momentary, reposal for another arrival,

/ is there a stop to motion ... next to a man lying flat down on a flat stretch of / sand, a stop to a heartbeat, but the drumbeat somewhere is weaving each / stop of a heartbeat, somewhere of some man, further and further ... is there / a stop to pain to joy to light to darkness, each atom another possibility / to cast another shadow, a body waiting, going away, coming and returning ...

XII
The Fireflies are the saints are the lights the fireflies (quick lit up – out – up) are the sudden / answer to silent questioning – – (Art class: Who is St. Francis, who / is Fra Angelico? Sameness –)
A / D / B / C / A / E
For some it is / before + for some / after the Meal / Me – / All
Nature uncrossed / without the son or the daughters / translation was Nature too
Who are you to ex (X) communicate (To) / the heathen (of) the artist of / the paegant [pagan?] heathen

Let me be a wave in a wave a / silent guilt less creature
let me be / as innocent as the goldbrown the unveiled gaze the grace in a cow's / EYE
Just believe (Love) / nobody no- / Power makes / believe (f) *It* / is just, it just / Is
a daisy a goldfish + a lake / + a swimming dark boy / saw each-other / In-doctrination of self + outside simplicity
Who is the C\L\O\W\N on The / Ladder?
Make No more / belief
True artists are true / givers and true workers / please let them be / happy – –
a Benediction / off (for) St. Benedict

XIII
Miserere / mei / Deus
Memento / Domine
All / + / One / +
Memento / Domine
Miserere / mei, Deus, / miserere mei

In / umbra / alarum / tuarum sperabo / clamabo ad / Deum / altissimum / in te confidit / anima mea
Mystic = Me (My) Stick – CL ear?
Lets have a fairy tale and / touch hands + walk in a tree – walk
tobacco is a weed, / the smokers burn / it, mouthlit, who / is the old / honey bee / in the ole / tobacco / plant- / ation / ?
lets be / simple / like a / prophet
Its alright to preach at a / kreacher but its a / transparent echo / inside of the / loud / voices
lets / have a / roundtable / talk once in a while
A / B / O / D / E
A / B / O / D / Y
In- / cantation / Image- / ination / Intuition / Imitation / Initiation
Rose and Mary hold roses / and are merry like a / bead in a rosemary
Sol et / luna / in / Habitaculo / Suo
N / O / W
Eripe me / Domine
ERIPE me Domine

XIV
Elle pleurait souvent sans / savoir pourquoi, / que la foi demeure parmi / les fleurs de pierre de sa / douleur
à la mort: je t'aime puisque / tu nous fais rire quand-même, / et pour te plaire je vais rire sans / soupire.
SAVOIR RECEVOIR ET CROIRE / et voir sans la petite / volonté du SAVOIR –
(L'horreur des pleurs nous / effleure mon père, le voisin / et son chagrin et notre pain. (Est))

XV
Fenêtre des amis, traître / et prêtre, accompli –
Le plus doux aux / griffes de loup, / l'assassin qui veut / griffonner mon / dessein
Dialogue, (women,)

It would be so much easier to have her be / like others, for the „comfort d'âme" de qui? / de ceux du dedans et du dehors de la vie, génie, je te nie.

XVI
Junemonth of Roses
La tristesse de soi-même / est la tristesse d'autrui / soi / m' / aime
Nature / all
Natur-elle / Naturally
In Fini / Fini / S
En Suisse on peut être plus / que seule au moi\s de / Juin
et le sentiment de l'Arbre se mêle rarement / avec " " " [le sentiment de] l'homme ...
De petits cristaux, points / illuminés sur / des rochers / si gris, des / rochers tombés de / quelque part et cette / lumière incroyable / cette étincelle accrochée / au rocher ... et / tout ça Nature, toi qui n'a pas besoin de / la gloire vaniteuse des hommes me fait penser / à la Loi de Ta Création
ER bittet = He begs / ERbitten [=] to ask FOR
Ville / utile? / In-utile?

XVII
a / HOME
a Room
a man
a / name
et / alors?
and / Then?
voyâge / aux / mâges / aux sens *des* / Nuâges
1 2 3
So they started to / count to be / and to write / Music
The / NR 10 / means / 1 and / 0 / together / when / It becomes / Ten.
The Logos of the Soul, the / law of the Invisibility some / call-ed – Psychology

XVIII
spielen immer / wieder spielen / müssen und / dürfen

Musik / Muse – / um
Die Dichter werden dem / eigenen stillen Dichten / dem innerlichen / Wort und Bild-fühlen / immer ähnlicher
Reise: wie schwer ist das bewusste sich / Vereinfachen, die Wahl der / grossen Auswahl. Die mannig- / faltigen Zeichen und Risse / der Baumrinden, die / ja die kann ich als / Lehrer als Erklärer / empfangen
jede Welle / jeder Wille
„durch Länder hindurch / stellt man sich vor"

XIX
mon dieu c'est si / difficile et si / incroyablement / merveilleux de / VIVRE
(d'être libre / avec un / livre)
a Bird / in / the / Rain
I don't like to / be alone in front of / my coffee cup / after I wake / up alone
coûte que coûte / goutte par goutte
Early / Morning / Happiness / can hurt / a little / bit – too

XX
Sanskrit – sans écriture – Vieles + Schriftloses
der / der / den / Mond – Sucht
sucht und - / (ER) / findet mich
dualité s / d ualites
AngeL [auge]
Auge [Ange] / malgré
im Sonnen / Garten
Wir warten
Das Los-Sein vom / Los / ER / Tragen
ja so sprichst Du, Sprich-Worte
Câge
Visâge mâge nâge

XXI
Dichtes
Dichter
Gehen –

Geh-dicht
und / dichten [?]
erdichten
Baum / Arme –
Raum Armee

XXII
TakeitorleaveIt
Vacation
Headlines on Heatwaves

XXIII
One like no-one / Two – too / Three like me –

XXIV
Très doucement / simple and less, bless

XXV
The / Doubt / + / the / Charity / the / Dream / + / the / simple / Reality / the / opening / of / a door / a / secret / the real / Charity

XXVI
Sand Uhren – Sonnen-UR (Uhren) und / Strahlen und Schnee-blinde Seher a / gain / again / s-âme / same ...
Eng+ / oder / weit – / Nahe
ein Wegweiser für / Kinder und solche die / noch nicht den / Eigenen Spiegel / des Anderen / erkennen
So what / B \ R \ E \ A \ T \ H \ I \ N \G
Palace / Pâlast:
Im Vollmond vielleicht / noch eine Stille –
auf diesem Blatt, das ist fast nach / einem Teller entstanden, darauf 2 / Vögel waren ... und auch viel Farbe / – der Teller ist teilweise zer- / brochen Bergsteine und / dann ein Hirschhorn / im Schnee ... auch Wolken / und Menschen ...
Peinture comme dans le temps tout à coup

Europe Retour / ... yes ... mountain / return ... sameness ... / Sich selber zeitLos und / dankbar durch-zeichnen / durch Punkte – Linien ... / alte Beschäftigungs-Geh / ... Bete im [in?] Blumen / auferstehen ... Ostern! / 1955

XXVII

Wie viele Jahre ... zeitlose mehr denn Jahre ... (Worte von Ewigkeit, ganz unbemessen) / wie lange ... müssen doch viele von uns warten auf *einen*, unerwarteten *Strich*, / *eine* gelöste selbstlose Linie – eine Regenverwandte Zeichnung, *einmal* ein / Zeichen im Gepräge der Hand, der Geisterfüllten Hand, die da arbeitet / den Körper sucht und aufrecht erhaltet ...
Ärzte wollen alles deuten, helfen, Seelenstände (Seelen„*zu*"stände) erklären und / besichtigen – da wenden wir uns doch hilfesuchend zum Stein zum Gras zum / Dichter –
Hast du denn in den Märchen von Engeln, oben oder unten, gehört die einer / erdichtet, hast du geglaubt dass Träume Träume sind – waren da Unter- / schiede – die Namen vom Tod, vom Feuer vom Blühen oder vom Sturm / sind so wie Blumennamen – irgend einer, vielleicht viele, nannten Namen / an alles das sie umgab ... Schön war das Hoffen und die Angst / war unschön ... noch eine Linie, noch ein Strahlen, Bibel lesen / Erscheinungen pflegen ... der Holzfäller haut zu, dann / braucht er das Holz, und später viel später / erinnert er sich noch an die nassen / Furchen, Adern, Zeichnungen im / Holz oben und unterhalb der Rinde ...
Verständigung des Engels / mit dem Vogel, Vereinigung / vom Gefieder, Ähnlichkeiten / der gegenseitigen Wünsche, / Formen Geheimnis –

XXVIII

Fahnen, Segelformen, Momente der Schneespuren ... lange / blaubraune Schatten ... März Licht ... Berg Stunden – die Übung / der Ruhe im durchdachten Schritt ... dann wieder der / Eindruck, fast bildlos, endlich keine Leiter zum / Aufwärts- zum Herabsteigen ... die Mitte. Der Raum / zwischen Ästen, Baumstämmen, die Linie der / gezeichneten Luftformen, Pausen von Leere zwischen / Halmen die dicht nebeneinanderstehen, aber jeder / Halm wirft seinen eigenen Schatten, alles zusammen / wird zur Fläche ... endlich beobachten dass die / Wiederholung jedes Jahr bis zur Kindheit über- / brückt.

Da liegt die nasse Gletscherwand. Wie / gut dass es ausser der menschlichen Erinnerung das / wissenlose Dasein gibt. Es ist da. Weder ge- / hört, geglaubt ... gelesen ... gelernt. Das Dasein. Dass / im Frühling noch immer die Vögel singen wenn sie / von der Reise zurückkehren und im Herbst wird / der gleiche oder ein ähnlicher Vogelbeerenbaum mit / tiefroten Trauben das *Rot* darstellen. Geduld zur / Erlösung des Eigenen ... das oft schwere Erleichtern im / farbenlosen Wachsein ... das „Dann"

XXIX
Selfdictionary
a Letter = a, a letter to somebody. / Somebody means together. Some = body? obvious „abstract": most artists repeat / their favorite Forms – Form as such / needs no favor or favorites
You need a background to bring out a / foreground, back and forth, like / a ball or a color upon the other / yesterday in the hailstorm I wanted to
be a sculptor – But I found a stone / and took it back here with me. Wonder / how to change the stone.
Preliminary, (reflect!) what do you / really expect out of a painting lesson / or a nude? a Lesson?
all that I miss – a while ago – is really yet / in me, *now* too. *Now.* Can you paint / Now? What do you now mean by / „now"?
While writing I also paint with the pencil / it is a wonderful feeling to have a dry black / background and put light fair colors
over it and scratch surface with a / thought lead (to lead) pencil. The / hand mind and paper and color
The word *and* really matters. From / one to another ... also the secret / and ... what an effort to avoid what we cannot / avoid. Nature *is* a miracle. Man / speaks of it. Man loves to make and
call things by name. At the beginning was / the word – (and before?)
Temptation above = To leave one line free / and write more on it
than on the painted streaks that were written on
I missed New York mostly while I was / there – wish to return to *New* (York)
on Birthdays we rarely think about / Birth as such – To give Birth – to Receive Birth – To work to take a / holiday.
Effort (in the mountains it's different!) / To arrive in a town and try to *see*

some / one by making a date over a
over a wire (In / quire?) / No memory / of coffee / or cigarettes, breakfast in
the / Here- / after / How nice and pleasant some things / are —
often prefer washing my paint / brushes to using them
Wish I had left this last white line free / from writing and yet how wonderful
to be able to / say so and cover it.

XXX
Jede Linie enthält einen / Gedanken

XXXI
I love *this* color
and
this one
and *this* one next to it
and I love these 3
I look forward to / use (1)
one just yellow (2) / line
This color wants to be different / from others it has black in / the yellow
Two yellow streaks must and / want to have
a third one, but
again I
(no, not I, green wants / to be
waiting
for blue (may- / BE)
This color makes all the / difference
Today I do not know what will / happen on this page tomorrow / 3 AM. 8.
IV. 57
IV. 9. Some colors *must* be together / and must follow each other —
it takes a moment and / years to find and decide
on the inward or outward / Colorscale
I repeated before and after / Gertrude Stein —
also before I met her work, but / differently — so I must say
without selfdefense, I / *love* this color

and yellow – and
the constant black under- / neath and inbetween
The black I had planned / – – the top, rest, came
afterwards – there was / a natural plan.

XXXII
étude pour mots

XXXIII
I do not feel part of any country or race. I was well / when they called me sick and often sick when they thought / that I was well – Have in thoughts been surprised at / the vanity of others + surprised also at my own. / Am working by necessity in various directions at / similar moments ... now it may be electric-abstract / (what means abstract?) now it may be just / ashes and sand + selfborn form without will. / The reproach I often received at not following one / definite Line I cannot understand. For I am / many and I reflect the left + the right and attempt / to stand up + lie down wall-lessly in the shadow + / in the light of my hands, soul and heart. / Many days when gray + black + white + brown are / altogether a definite color like Red. I see Blue / and feel yellow and to me white is a strong color. / Let them go on making portraits + landscapes / or the theme of new unkempt stars ... or just dots / anything goes. I must do what I must / do and thank God few dollars / are waiting where I go.

XXXIV
Das unerwartete Verstandenwerden ... äusseres durch- / dringt wie eine end- lich wahrnehmbare Farbe das / Innere ... die einsame / Wirklichkeit einer endlosen Winter- / nacht + Wintertag-Hülle klärt sich zum Einen – / zum bewussten Sehen von Licht auf einem Baum / jedes Blatt ist *da*. Das Auge erkennt die Farbe / ... endlich nicht mehr die Kritik vom Menschen- / spiegel + seinem Lärm ... nur noch die Gnade der Frucht.

XXXV
This spot came by / itself (not wanted) / I do not feel / meek but I / call it

welcome / like a bee in / a shut Room
Clear (all / clear) affinité
I waited and / yet it was / a waiting *to* / wait ...

XXXVI
„A fine day of autumn: / Smoke from something / Rises into the sky" (Shiki)
„How Lovely / Through the torn paper-window, / The Milky way." / Issa
„The moon in the water; / Broken and broken again, / Still it is there." / Chôshû
„After the cleaning, / Zenkôji Temple: / The bright autumn." / Issa
„The water-fowl / Pecks and shivers / The moon on the waves." / Zuiryu
„All the fishermen of the beach / are away; / the poppies are blooming." / Kyorai

XXXVII
Stille –
Es braucht Klang und Gedanke (Sprache / nach aussen und innen) um die / Stille als persönlich-allgemeines / benennen zu können. Stille der / Stille – dann Schnee ... (auf den / Schnee schneien) – doppelter Einklang – / endlich das Gestillsein + endlich das Gedanken / Lose –

XXXVIII
A. Breton: „on dirait qu'on bat des / cartes de miroir dans l'ombre"
Bergsprache, vom JETZT, aufgehängte Farben, seit / 1 Woche braun mit weiss, gelb mit braun, Stufen / von 3 Farben durch 7 Tage. Viel Lesen von / vielen Gedichten von Leopardi, Breton, / Lorca – drei Sprachen 3 Farben, gemischt / im eigenen Bergburgwesen, Schneestrassen – / ohne Gelbes, das Schwarze (Farbe?) tritt / herein mit und ohne Erlaubnis – Die tägliche / Übung einer vielfachen Form, daraus entsteht / der Kopf, die Linie vom Berg in 3 Farben + / 4 Richtungen – Eine Möglichkeit.

XXXIX
Aufgabe an einen Schüler: eventuell eine / Strasse, Wellen, ein Haus ein Vogel-flug / ein Dreieck ein Kreis ... mach etwas von / Dir selbst Unerwartetes. Male ein / Staunen ... ein Erwarten, einen Garten / ... und dann? Dann

reden sie von / konkret von abstrakt von Einfluss / und Ähnlichkeiten von Kritik vom Ver- / kaufen eines Bildes ... / Ganz alleine mit viel Papier + und / viel alleine sein damit (Eine / Stunde, / keine / Tat / kein / Rat.)
Formen von Knie und Brust sehr / ähnlich, alles notwendig, Bauch wie / das Plötzliche vom Hals, / vom Kopf- / Schultern ... Bein Linie ... wie soll sich so / ein Körper darstellen ... als Knochen / als Idee als Dasein, als / ein Sehen mit geschlossenen / Augen. Eine Linie, eine / Form mit und ohne / Inhalt. Der Ernst von farben- + / wortlosen Spielen –
Blauschwarze Streifen, endlich das Gesicht des / Unvorsichtigen von vorne und der Mitte aus / ansehen. Die Farben des Farblosen.
Muss Gelb gelb sein, das Runde rund? Ist *was* –? / So, sich verdeutlichen. Ruhig „ich" er-tragen – / ich *sein* und gleichzeitig das *du*. Was ist Arbeit ... / Maler, Dichter Bauern Bäume, alles ist / lebendig und arbeitet am Wachsen am sich / fortwährend still-laut Bewegenden. Blau – / schwarz, Fehler, vielleicht schreibt man Schwar*t*z ... / Farben fühlen und angreifen ... das Rot aus- / schalten damit es da ist. (Für mich) Und die / tägliche Wiederholung vom Gelben, Runden. / Arbeit ausschalten. Arbeiten.

XL
advise to myself coming back as a young artist ... swallow / it all up in one breath, the Mondrian square the / this + that sculptural angle the transparent / spacewash the international Line, selfassured big / motions with welltrained shoulders + big brushes – / try it all out – and then, just a table – / you may start to forget the broad table surface / + the air between easel + eyebrow – No more / color or medium, glue + Harzleim + sand / surfaces – forget even the egg in it. Just / one moment. That you call love. You / can always touch the bridge + the river / the memory of your future – Let them / whip you with isms + abstract + concrete (still / you are a young artist or a poet ... / and you walk toward your / only own one-one).

XLI
(force of gravity) / gravity visible or invisible, with or without color and / yet words such as the center, (Zentrum) and gravity / seem to contain a form that words are able to / describe –
Because the world is / not going anywhere there / is no hurry

White does not / need the / nomination (name) / of color. It is / and it helps other / colors as a bridge + / yet self contained − / white
out of Allan W. Watts, *The Way of Zen* / ... For when you climb it is the / mountain as much as your own legs / which lift you upwards − and when / you paint it is the brush, ink and / paper which determine the result / as much as your own hand −
This is a first principle in the study of Zen and of any Far Eastern / Art: hurry and all that it involves is fatal − For there / is no goal to be attained −

XLII
Change with the change, add a white / line to what could be any-no-thing − / I started out to write about color so as to eliminate / it − (a violet brown (streak) outside each / cage −

XLIII
I am one who / eats his breakfast / gazing at the / morning-glories / Bashô
I willingly do not hide but am deep within the / feathers of African − of Japanese − of men and / jungle ... deep garden + cultivated cut trees − / Influence? Yes yes, more than that − in the / more than bloody black red interior of my in- / most life I am the drum and the thunder / dance − the Indian jungler and the white earnest / gatekeeper − Color? A „colored" / one? Yes, I *am*.

XLIV
maintenant / l'or, or / de l'heure / Color-Thought / LESS (color-thought-less)

XLV
Could the conception of Timelessness the kind assurance of an indifferent infinite existence / exist in the human mind without the certain Time measurement which we live by, by necessity / law, work and endless observation. There is no end but to our „Selves" we express the / word by an element of time. The word *Now* implies the Here and After ... not / only the Hereafter ... Past and Future can again only be conceived by the middle / word of Now.

I live *now* and begin to be satisfied with this realisation –
To make no effort, just to *be,* without careful selfadvise. It is so – and it is also otherwise. All / to be conceivable by man has the „Is" form. We can imagine the void and some try to depict / it. To learn and to repeat what we heard or read or admired. To make no effort and try to avoid the / taught memory. Line upon line and point upon point. To *make* a point –

XLVI

To go into the deep – the selfless SELF – to find the wordless heart – / feeling the love for now – the warm or cold now moment – quick sight / of a branch a mountain line – sit near the water and just the flow / of it is enough to forget the thinking stomach or brain – the stone / prayer, the quick eye inside out – the beyond seeking for peace / certainty that something, thingless, exists – the quick blue now + / somewhere a flower, not shut in by any tale or circle –

XLVII

Die / Stille, / so / wie / Dein / Wille
a Patient: (Fish / mute)
a Fish patient / while waiting
a Creation
One – two …
a / plea yes *for* each *other*
Still ist mein Herz und harret seiner Stunde / Die liebe Erde allüberall blüht auf im Lenz und grünt / aufs neu! Allüberall und ewig / blauen licht die Fernen – Ewig – ewig – –
Sea-gull … Sky – light – island   dusk
sand ebb + tide – sun – dawn – sun / moon – dust – *snow flakes* grass – reality / the truth of one for (four – any number) equality without / brutality of man towards himself – for the drawing of / the right against the left hand cannot bring peace / in the name of Man let us unite and not / divide … let us treat nature / and all of the face and / faith of nature, foe and / friend with Joy –

XLVIII

Poème / oui, nid et / quatre becs, / arbre, écorce, / matin. Un chat, un / âne, et

3 personnes. / Un homme, plusieurs livres – / une rivière, un lac, Plage / pas toujours en dimanche / Bouts de cigarettes – Absinthe / à l'odeur du jardin. Etc.
Liberté / vivre en

XLIX
Prière / à / A

L
Let them keep / Their / cash / I'll use / sea pebbles / and in / age / eat / the blue / Joke / Eggwhole / and paint / grass / dots / on / white or yellow / beaches / with / a black footprint and / a praise in that soul

LI
The pasania / Desired by me / and whose shade I approached / It has become / a vacant sleeping place / Bashô

LII
Among the winter trees / when the axe sank in, / how taken aback I was at / the scent / Buson
Fallen leaves have sunk / and lie on a rock / under the water / Jôsô
(suchness of things)

LIII
To paint *It* and to see *That*. To be and to become

LIV
Erste Zeichnungsschritte mit Pinseltasten der / erst erfassten ... mitten um die Mittags(Zeit)

Zur Edition

Als Sonja Sekula 1963 starb, gab im gleichen Jahr Bertie Sekula dem Studenten Gottfried Berner den Auftrag, den Grossteil der sich in ihrem Besitz befindlichen deutsch-, englisch- und französischsprachigen Texte ihrer Tochter abzuschreiben. Ende 1963 lagen in Form von Typoskripten zehn numerierte Hefte und ein „Supplement" vor mit Abschriften von Texten aus Tage-, Notiz- und Skizzenbüchern, von verschiedenen Texten auf losen Blättern, von Auszügen aus Briefen an Bertie und Béla Sekula sowie von Ausstellungsbesprechungen usw. (Details siehe „Anmerkungen zu den Texten"). Im Prinzip wurden alle Texte ungekürzt wiedergegeben; einzig die Briefe, die Zusammenfassungen und Besprechungen von Büchern sowie die Ausstellungskritiken usw. sind gekürzt oder in Auswahl überliefert. Ziel war es, mit diesen Abschriften einen Verlag für die Publikation eines Buches mit Texten und Bildern zu finden, was misslang.

Die Originale dieser Texte sind grösstenteils verschollen. Deshalb mussten die meisten Druckvorlagen den Abschriften im Besitz von Max Bolliger, Weesen, entnommen werden. Weitere Texte stammen vor allem aus Skizzenbüchern und Wortbildern. Obwohl die Abschriften sorgfältig angefertigt wurden, enthalten sie Fehler, was aus dem Vergleich mit einigen in der Zwischenzeit aufgefundenen Originaltexten hervorgeht. Da in vielen Fällen eine gesicherte Textgrundlage fehlt, ergaben sich bei der Erstellung der Druckfassungen manchmal Probleme. Im Prinzip folgen die Druckfassungen der sehr persönlichen, die Regeln der Grammatik oft ignorierenden Schreibweise Sonja Sekulas. Im Hinblick auf eine mögliche Publikation einiger ihrer schriftstellerischen Arbeiten äusserte Sekula einmal: „They might need correction." (Abschriften, II, 13). Deshalb wurden offensichtliche Fehler, vor allem in den fremdsprachigen Texten, sowie Tippfehler in den Abschriften korrigiert. Wo betreffend Überlieferung oder Verständnis eines Wortes oder Satzes Unsicherheit herrschte, wurde hinter der entsprechenden Textstelle ein Fragezeichen oder eine alternative Lesart in [ ] hinzugefügt.

Da das Übersetzen der fremdsprachigen Texte wegen der erwähnten ungesicherten Textgrundlage und der eigenwilligen Schreibweise Sekulas teilweise grosse Schwierigkeiten bereitet, werden die vielfach wortspielerischen und deshalb fast nicht übertragbaren Gedichte sowie die Kurzprosa nur in der Originalsprache präsentiert. Diese im Wortschatz eher einfachen Texte sollten unseres Erachtens auch von einer Leserin und einem Leser mit nur durchschnittlichen Fremdsprachenkenntnissen „verstanden" werden. Übersetzt wurden – auch aus Platzgründen – einzig die längeren fremdsprachigen Prosatexte.

Im Teil „Lyrik" des Buches werden die Gedichte und gedichtähnlichen Texte, im Teil „Prosa I" die längeren, in der Mehrheit dichterischen Prosatexte und im Teil „Prosa II" die kürzeren, eher reflexiven, tagebuchartigen und autobiographischen Aufzeichnungen, Meditationen usw. präsentiert, die manchmal Notate von haikuartiger Form und Kürze sein können. Dieser letzte Teil mit dem Nacheinander von deutschen und unübersetzten fremdsprachigen Texten soll auch einen Eindruck von der verwirrenden Fülle der verschiedenen Textformen und Sprachen geben, wie sie in einem Skizzenbuch vorkommen kann. Die Texte in allen drei Teilen sind chronologisch geordnet.

Die verschiedenartigen Kombinationen von Text und Bild sind vor allem in Skizzenbüchern enthalten, aber auch in Einzelbildern anzutreffen. Sie werden – etwas vereinfacht und generell – „Wortbilder" genannt. Kriterium für die Auswahl eines solchen Wortbildes war in erster Linie die Qualität der Text- *und* Bildteile. Die beiden Elemente sollten eine eigenstän-

dige Bedeutung und Kraft haben und nicht nur illustrativ sein. Die Länge eines Textes zum Beispiel durfte also keine Rolle für die Aufnahme eines Werkes spielen. Bilder ohne Text, bei denen aber der Titel sprachspielerisch war, wurden nicht ausgewählt, ausser in einem Fall, wo der Titel Sprache thematisiert (auch wenn eine strike Unterscheidung zwischen Titel und titelähnlichem Text nicht immer gemacht werden kann).

Als Beispiele für eine weitere Kombinationsform Text–Bild werden auch zwei Bilder aus einem bereits publizierten Werk eines fremden Autors, das von Sonja Sekula nachträglich „illustriert" wurde, präsentiert.

Die Wortbilder sind, wie die Texte, chronologisch geordnet, wobei wegen der graphischen Gestaltung das Prinzip der Chronologie nicht durchgehend eingehalten werden konnte.

Da einige der Texte in den Wortbildern wegen der relativen Kleinheit der Abbildungen nicht leicht zu entziffern sind und viele zudem auch ohne das bildnerische Element „wirken", werden im Anhang alle diese Texte zusätzlich in Form von Transkriptionen präsentiert. Um die Transkriptionen speziell von längeren Texten lesefreundlicher zu machen, werden ein neuer Abschnitt oder ein neuer Textblock ebenfalls als solche wiedergegeben, was – bei Transkriptionen eher unüblich – oft eine Interpretation voraussetzt. Die gewählte Form soll aber in erster Linie ein Hilfsmittel sein, wobei in einzelnen Fällen auch eine andere Interpretation möglich ist.

Da in diesem Buch die Schriftstellerin Sonja Sekula im Mittelpunkt steht, wird auf eine möglichst vollständige Liste der Ausstellungen und Ausstellungskritiken verzichtet. Sie ist jedoch im Katalog zur Ausstellung Sonja Sekula im Kunstmuseum Winterthur enthalten, der zur gleichen Zeit wie dieser Band erscheint.

Der Herausgeber

Anmerkungen zu den Texten

Die meisten Texte sind den Abschriften (siehe „Zur Edition") entnommen, die in folgenden elf, vermutlich von Gottfried Berner mit Titeln versehenen, Heften vorliegen (Gesamtumfang der Typoskripte 191 Seiten):

I.	„Aufzeichnungen 1940–1962 (lose Blätter)", 27 Seiten
II.	„Tagebücher 1939–1962 (11 Notizhefte)", 32 Seiten
III.	„Gedichte 1940–1951 (maschinengeschriebene Bögen)", 12 Seiten
IV.	„Umgang mit Büchern 1943–1962 (11 Notizhefte)", 13 Seiten
V.	„Kunstbetrachtungen 1954–1961" [keine Angaben zur Vorlage], 8 Seiten
VI.	„Sketch-Books 1951–1961" [ohne Bilder], 18 Seiten
VII.	„Briefe 1934–1962" [an Bertie und Béla Sekula. Briefe nur in Auszügen überliefert; keine Angaben zur Vorlage] , 16 Seiten
VIII.	„Betrachtungen und Skizzen 1940–1952" [keine Angaben zur Vorlage], 12 Seiten
IX.	„Ausstellungen – Kritiken" [1946–1961. Anm. von Gottfried Berner: „Dieses Heft enthält die noch im Doppel vorhandenen Kritiken, Kataloge etc. Das vollständige Exemplar von Berty Sekula umfasst 65 Seiten."], 11 Seiten
X.	[im Original nicht numeriert] „Supplement zu II. (Tagebücher), III. (Gedichte), IV (Umgang mit Büchern), VII. (Briefe)" [1939–1959; keine Angaben zur Vorlage], 21 Seiten
XI.	„Ergänzungsheft (Gemischtes) 1929–1962" [Gedichte, Aufzeichnungen und ein Brief; keine Angaben zur Vorlage], 21 Seiten.

Bei jedem Text werden die Quelle, das heisst die Überlieferung der Druckvorlage und der Name der Besitzerin oder des Besitzers, sowie gegebenenfalls der Ort und das Datum des Erstdruckes angegeben. Fehlen die letzteren Angaben, ist der Text unveröffentlicht. Die Texte aus den „Abschriften" werden mit der römischen Zahl des jeweiligen Heftes und der arabischen Seitenzahl bezeichnet. Um die Anmerkungen in einem überblickbaren Rahmen zu halten und Wiederholungen zu vermeiden, werden zudem folgende Abkürzungen verwendet:

A	„Die Affenschaukel. Literaturmagazin", Zwillikon, Nr. 16, 1992
AiA	„Art in America", New York, Nr. 5, September–Oktober 1971
BOD	Brian O'Doherty, New York
du	„du. Kulturelle Monatsschrift", Zürich, Januar 1964
E	Erstdruck
FZ	„FabrikZeitung", Zürich, Nr. 94, Juli/August 1993
Ho	„Hortulus. Illustrierte Zweimonatsschrift für neue Dichtung", St. Gallen, 2. Heft, April 1963
hs.	handschriftlich
JR	Jean Ramsperger
JT	Jana Tucek, Meilen
KMW	Kunstmuseum Winterthur
M	Manuskript
MB	Max Bolliger, Weesen

MBB   „Manina Blumen Buch", Wortbilder und Texte von 1934–1951, undatiert [Januar 1951], unpaginiert
MJ   Manina Jouffroy, Venedig
NZZ   „Neue Zürcher Zeitung", Nr. 165, 18./19.7.1992
Q   Quelle
SB   Skizzenbuch
SM   Sylvia Mosimann, Aeschi
ST   „Sonja Sekula. Sechs Serigraphien. Aus Tagebüchern". – [Zürich]: 1967, unpaginiert
STB   „‚A small small-talk book'", Wortbilder in Form von losen Blättern, undatiert [1951], unpaginiert
T   Typoskript
WF   „Wort – Farben. Farben – Worte, in engl., in german, in french – all similar; ständig wechselbar", Wortbilder und Texte, Februar 1958–[Juni 1958], unpaginiert

Lyrik

S. 8   Bild
       Q: MBB (Anm. von Sonja Sekula zu diesem Gedicht: „es war eines meiner ersten Gedichte die ich irgendwie *fühlte* ..."); MJ
S. 9   Florentinischer Brunnen
       Q: MBB; MJ
S. 10 Too much Time
       Q: XI, 4
       E: A, S. 36
S. 12 Stunde
       Q: X, 8/9
S. 15 Composition
       Q: XI, 5
S. 16 Gedicht ...
       Q: Wortbild, in: MBB; MJ
S. 17 Gedicht
       Q: III, 2
S. 19 Poem 1942
       Q: I, 4
       E: A, S. 36
S. 20 Gedicht
       Q: XI, 6 (Anm. von Sonja Sekula: „das erste [Gedicht] seit 5 Jahren".)
       E: NZZ, S. 50
S. 21 Sammlung „Ich sehe die Menschen im Dunkel" (III, 3–10). Anm. von Sonja Sekula auf dem Titelblatt (= III,3): „Relu 1960 und suis d'accord". Fünf Prosagedichte dieser Sammlung sind auch in einer gleich betitelten Prosafassung in VIII, 3/4, enthalten, die sich in der Interpunktion unterscheidet und als Druckvorlage für E im „du" diente. Die Titel wurden jedoch dort weggelassen. Unklar ist, ob die Gedichte „Ruf" und „Anklage" in III, 11/12, ebenfalls zu dieser Sammlung gehören. Da sich ihre Datierung von derjenigen der Sammlung unterscheidet, werden sie separat präsentiert.

S. 22   Anfang
         Q: III, 4
S. 23   Betrachtungen
         Q: III, 5
         E: du, S. 58 (Prosafassung in VIII, 3)
S. 24   Begebenheit
         Q: III, 6 (Prosafassung in VIII, 3)
S. 25   Versuch
         Q: III, 7
         E: A, S. 48
S. 26   Mehr
         Q: III, 8
         E: du, S. 58 (Prosafassung in VIII, 3)
S. 27   Erfinder
         Q: III, 9
         E: A, S. 48 (Prosafassung in VIII, 4. Zudem fehlt dort „die fliegen bewegen sich die erfundenen Eisenflügel", Zeilen 2/3)
S. 28   Irrung
         Q: III, 10
         E: du, S. 58 (Prosafassung in VIII, 4. Zudem endet sie mit „und da geschah mir eine Antwort"; sie enthält also nicht die Fortsetzung der Zeile 15 und die ganze Zeile 16)
S. 29   Ruf
         Q: III, 12
S. 30   Anklage
         Q: III, 11 (Anm. von Sonja Sekula: „Anklage (es hilft verstehen, Leere)"
S. 31   Prosa-Gedicht, vielleicht in einer Tages-Traum-Stunde
         Q: VIII, 5
         E: A, S. 50 (gekürzt)
S. 32   Frage, ohne Klage
         Q: X, 12
         E: A, S. 49
S. 33   I love ...
         Q: VI, 2
         E: A, S. 50
S. 34   Being
         Q: I, 8
S. 35   A Spot
         Q: X, 13
         E: A, S. 50
S. 36   Sometimes they don't understand ...
         Q: hs. auf der Rückseite eines Wortbildes, ohne Titel; SM
S. 37   Auf der Suche ...
         Q: V, 3
S. 38   „da ist man wie gelähmt im Mund ...
         Q: V, 3
         E: A, S. 52

S. 39 Ge(h)-dicht
       Q: X, 14
       E: A, S. 53
S. 40 Be fearless ...
       Q: SB „Livre à dessin et pensées pour voyages et pour sans voyages", Muri, Bern, Dr. Tauber, Ort für Erholung, 1961; Privatbesitz, Zürich
S. 41 Oui poème tu t'écris ...
       Q: VI, 14
S. 42 Womb
       Q und E: Wortbild, in: „VVV", New York, Nr. 2–3, März 1943, S. 67
S. 43 The fruit, two oranges ...
       Q: XI, 20
       E: AiA, S. 80 (gekürzt; ungekürzt in: A, S. 60)
S. 44 It will never come again ...
       Q: hs. auf der Rückseite eines Bildes, ohne Titel; SM
       E: A, S. 60
S. 45 In der Mitte, im heissen Sand ...
       Q: X, 11 (vermutlich im Januar 1951 entstanden)
       E: NZZ, S. 50
S. 47 Die Zeit der Feinde ...
       Q: X, 15
S. 48 Gedicht-liches
       Q: VIII, 11
       E: du, S. 58 (leicht gekürzt)
S. 49 An Nietzsche und alle seine Zarathustra-Berge
       Q: X, 16/17
       E: A, S. 62
S. 52 Durchgänge von Toten ...
       Q: VI (Titelblatt)
       E: NZZ, S. 50

Prosa I

S. 54 Fragment of Letters to Endymion
       Q: II, 1–5 (Anm. von Sonja Sekula: „written before first illness 1939")
       E: A, S. 28, 30, 32, 34 (unter dem Titel „Fragments of Letters to Endymion")
S. 55 Briefe an Endymion – ein Fragment (Übersetzung von Bettina Kobold)
       E: A, S. 29, 31, 33, 35 (unter dem Titel „Fragmente von Briefen an Endymion". Übersetzung von Isabelle Imhof)
S. 72 Maybe this is the final inward crisis ...
       Q: X, 3 (dieser Text war – wegen der zeitlichen, thematischen und sprachlichen Nähe – vielleicht ursprünglich ein Bestandteil von „Fragment of Letters to Endymion" oder ist ein weiteres, eigenständiges Produkt des „Textkomplexes Endymion")
S. 73 Dies womöglich ist die letzte innere Krise ... (Übersetzung von Bettina Kobold)
S. 76 Sans Souci
       Q: VIII, 1
S. 76 Keine Sorge (Übersetzung von Bettina Kobold)

S. 77   Brief an die bekannte Fremde
        Q: I, 6/7
S. 80   Monroe view
        Q: MBB (dieser Text und der folgende, „I remember the room ...", enthalten folgende Vorbemerkung: „Two pages from a diary, time (St. Tropez, summer 1949) this has to do with your little book [= MBB] too because I was so very much in love with you all thru the strange summer there + I filled in each gap of your absence with other beings, + all of it was a torture really in the bottom of my sea-heart –"; MJ
S. 81   Monroe-Blick (Übersetzung von Bettina Kobold)
S. 82   I remember the room ...
        Q: MBB (siehe Anm. zu „Monroe view"); MJ
S. 83   Ich entsinne mich, das Zimmer ... (Übersetzung von Bettina Kobold)
S. 84   There is no reason to write about it ...
        Q: T; KMW
        E: AiA, S. 76
S. 85   Es gibt keinen Grund zu schreiben ... (Übersetzung von Bettina Kobold)
        E: FZ, S. 14/15 (unter dem Titel „Capri, Sept. 1949". Übersetzung von Isabelle Imhof)
S. 88   Im Wünschen
        Q: Aus einem Wortbild, in: MBB; MJ
S. 89   Dein Wissen
        Q: MBB; MJ (eine weitere Fassung in VIII, 8, unterscheidet sich in der Interpunktion)
S. 90   Bist du, Ich bin ...
        Q: II, 6/7 (von 6 Blättern nur S. 5/6 erhalten)
        E: du, S. 58 (gekürzt; „Gib mir den Zaun ... so bricht sich das Glas durch den Abend." als E in: A, S. 47)
S. 93   Mündung
        Q: VI, 1a
S. 94   Beten
        Q: M (auf der Rückseite ein Brief an MJ, ohne Anrede und Unterschrift, undatiert); MJ
S. 95   Wir haben über das Sphinxmärchen über die Rätselerfüllung ...
        Q: MBB (vermutlich im Januar 1951 entstanden); MJ
S. 96   Wenn ich die Augen schliesse ...
        Q: MBB (vermutlich im Januar 1951 entstanden); MJ
S. 97   „Im Zeichen der Frage, im Zeichen der Antwort" (Titel vom Hg.)
        Q: M, 10 S. (S. numeriert 2–11, S. 1 fehlt); JT
S. 104 Begleiter
        Q: VIII, 9/10
        E: A, S. 63
S. 106 The heart is a bit sad on all four corners ...
        Q: Wortbild, ohne Titel; JR
S. 107 Das Herz ist ein klein wenig traurig an allen vier Ecken ... (Übersetzung von Bettina Kobold)
S. 108 The occurence of meeting a face contra a face
        Q: VIII, 12

E: AiA, S. 78
S. 109 Das Ereignis – zwei Gesichter treffen gegeneinander (Übersetzung von Bettina Kobold)
E: FZ, S. 15/16 (unter dem Titel „Das Ereignis vom Zusammentreffen zweier gegeneinander gerichteten [sic!] Gesichter". Übersetzung von Isabelle Imhof)
S. 112 Quand on a fini d'être le surplus de soi-même ...
Q: VIII, 2 (ev. 1942/43 entstanden)
S. 113 Wenn man aufgehört hat, der Überschuss seiner selbst zu sein ... (Übersetzung von Bettina Kobold)

Prosa II

S. 116 ... outside it is very gray ...
Q: Brief an Bertie Sekula, VII, 5/6
E: AiA, S. 76
S. 116 Our land and roots are the world ...
Q: Brief an Bertie Sekula, VII, 7
S. 116 ... Maybe it is best *to speak* ...
Q: Brief an Bertie Sekula, VII, 9
E: A, S. 47
S. 117 Don't forget that today it is Sunday ...
Q: VI, 1
E: A, S. 47
S. 117 Don't forget that I, am a, woman ...
Q: VI, 1
E: AiA, S. 76
S. 117 Miracles, chewing gums ... / Fragment: Oh boy is it? ...
Q: VI, 1
E: A, S. 47
S. 117 Guessing
Q: Wortbild [„Guessing"], undatiert, in: STB; BOD
S. 117 When it rains ...
Q: Wortbild „Covering-up", undatiert; in: STB; BOD
S. 118 Sunday
Q: Wortbild „Sunday", in: STB; BOD
S. 118 You get a bit older ...
Q: Wortbild „Meditations ... at noon", undatiert, in: STB; BOD
S. 118 It's no use overemphasing the feeling ...
Q: Wortbild, ohne Titel, undatiert, in: STB; BOD
S. 118 ... Changing ...
Q: Wortbild „... Changing ...", undatiert, in: STB; BOD
S. 118 There are such that don't want to be told about love ...
Q: Wortbild, ohne Titel; MB
S. 119 First there was the end and then there was the beginning ...
Q: Wortbild, ohne Titel; MB
S. 119 Ex plaining (Ex-plan ... ation ...)
Q: Wortbild; BOD

	E: A, S. 47 (ohne den Titel)
S. 119	One of these rare hours ...
	Q: Wortbild, ohne Titel; JR
S. 119	A Sunday is just a moment on the grass ...
	Q: Wortbild, ohne Titel; Privatbesitz, Zürich
S. 119	Lovers are always searching ...
	Q: Wortbild, ohne Titel, in: STB; BOD. Das Blatt, das sich in Format und Datum von den anderen Blättern = Wortbildern in STB unterscheidet, wurde vielleicht später dieser Sammlung zugefügt.
S. 120	Still Lives are not still ...
	Q: VI, 2
S. 120	Nicht jeder Turm fällt im Sturm
	Q: VI, 2
	E: A, S. 50
S. 120	Sometimes you can ...
	Q: VI, 2
S. 120	Gedanken
	Q: M = Schriftbild; SM
	E: A, S. 49
S. 121	I want to be buried some day ...
	Q: Brief an Bertie Sekula, VII, 10
	E: AiA, S. 76
S. 121	We watched a forest burn behind a window ...
	Q: Aus einem Wortbild, ohne Titel; JR
S. 121	... for my comfort ...
	Q: I, 8
	E: A, S. 50 (leicht gekürzt)
S. 121	(Keep your sense of humor, she says)
	Q: VI, 3
S. 122	Je réalise donc ...
	Q: II, 8
S. 122	C'est bien difficile de dessiner après nature ...
	Q: II, 8
S. 122	C'est bien difficile aussi de dessiner une route ...
	Q: II, 8
	E: A, S. 51
S. 122	Et le brouillard et la neige ...
	Q: II, 8
S. 122	Now my Age – pray ...
	Q: VI, 4
	E: A, S. 51
S. 122	Stirne – Ge(h)-Stirne [?] ...
	Q: VI, 3
	E: A, S. 51
S. 122	Die Menschen waren noch nicht DA ...
	Q: VI, 3

S. 123   Please listen, to – ...
         Q: hs. auf der Rückseite des Bildes „– Einiges – Einheitlich –"; MJ
S. 123   Have no language of my own ...
         Q: II, 9
         E: AiA, S. 76 (stark gekürzt; ungekürzt in: A, S. 52)
S. 123   The private old cemetery ...
         Q: II, 9
S. 123   It is good and peaceful to copy poetry ...
         Q: Aus dem Wortbild „The Pleasures of Merely Circulating", mit dem gleichnamigen Gedicht von Wallace Stevens; BOD
S. 124   I love Juan Gris ...
         Q: V, 2
S. 124   You will realise that fear ...
         Q: Wortbild, ohne Titel; BOD
         E: AiA, S. 76 (gekürzt; ungekürzt in: A, S. 52)
S. 124   Farben
         Q: V, 2
S. 124   Selbstfrage ...
         Q: V, 2
         E: Ho, S. XII
S. 125   „Was dir genügt ...
         Q: V, 4
S. 125   Im Moment kenne ich niemanden auf der Welt ...
         Q: VI, 5
         E: A, S. 52
S. 125   I love to live in and without the tunnel ...
         Q: Wortbild (Text hs. auf Vorder- und Rückseite), ohne Titel; KMW
S. 125   Auf, Zeichnungen, auf Farben Hinter-Grund ...
         Q: VI, 4
         E: A, S. 51
S. 126   Manchmal erschüttert die Rilke-Sprache ...
         Q: I, 11
S. 126   Man freut sich oft auf das Ende des Tages ...
         Q: I, 14
         E: NZZ, S. 50
S. 126   Steine pflücken ...
         Q: II, 11/12
S. 127   D'apprendre à tailler la pierre ...
         Q: V, 2
S. 127   To talk about art ...
         Q: Wortbild, ohne Titel; Marlies May, Gipf-Oberfrick
S. 128   Wie dankbar bin ich doch dem Papier ...
         Q: I, 15
         E: A, S. 51
S. 128   Heute erblickt zwei blaue Teile am Kirchturm ...
         Q: I, 16

S. 128   What do I leave behind ...
          Q: Wortbild (mit einem weiteren eigenen Text und Haikus von Issa, Buson und Seifu-jo), ohne Titel; JR
S. 128   No-Thing – new
          Q: I, 16 (Anm. von Sonja Sekula: „me end of XII. [=Dezember]")
          E: A, S. 52
S. 129   Humor ends up deadly serious ...
          Q: I, 16
S. 129   „Erinnerung an Stunden ...
          Q: II, 9
S. 129   Befehl ... Maler ...
          Q: V, 3
S. 129   Often regret death as such ...
          Q: II, 13
S. 129   – and and is and – ...
          Q: Am Rand des Bildes „Terre de minuit argentée"; Jules Stauber, Schwaig bei Nürnberg
S. 129   Das klare wunderbare Vergessen und Schlafen ...
          Q: Wortbild, ohne Titel; SM
S. 129   „Gedanke"
          Q: II, 13
S. 130   Conscious of existing momentary in plainless nonexistence ...
          Q: II, 13
S. 130   The words humility and vanity are deceiving ... / To work. At our own ...
          Q: II, 13/14
S. 130   Another, another same day ...
          Q: II, 14
          E: A, S. 53
S. 131f. Ich denke an die Gefangenen allüberall in der Welt ... / Freude, Freude ...
          Q: II, 14/15
S. 132   Switzerland and its inhabitants are definitely not my country ...
          Q: Aus einem Wortbild, ohne Titel; BOD
S. 132   Let them tell us ....
          Q: VII, 10
          E: A, S. 52
S. 133   I believe that the study of psychology is exaggerated ...
          Q: Aus „Observations", in: X, 5
S. 133   Die Seelenforscher machen selten mit ...
          Q: Wortbild, ohne Titel; Roger Perret, Zürich
S. 134   Allerlei sehr Natürliches ...
          Q: hs. auf dem Umschlag eines Skizzenbuches, ohne Titel, 1956; JR
S. 134   A prayer ... / Let us make a sketch ...
          Q: VI, 5
S. 134   Try to purify without noisy silence ...
          Q: VI, 5
          E: AiA, S. 76

S. 134 Lame with fame ...
   Q: Wortbild, ohne Titel; Andreas Reges, Kriens
S. 134 Die einzelnen ... / Angst – Los
   Q: VI, 6
   E: A, S. 54, 53
S. 134 Il y avait une fois ...
   Q: VI, 13
   E: A, S. 54
S. 135 L'art de se taire ...
   Q: hs. auf der Rückseite des Bildes „Selbsterklärung zum Ähnlichen"; Privatbesitz, Zürich
S. 135 Farbenerinnerungen ...
   Q: Wortbild, ohne Titel; JR
   E: Einzelne Abschnitte in AiA, S. 76; ST
S. 137 Übung zum selbständigen Mischen ...
   Q: Wortbild, ohne Titel; Rudolf Johannes Haller, Friedburg
S. 139 Entferne mich langsam ...
   Q: Wortbild, ohne Titel; Rudolf Johannes Haller, Friedburg
   E: Einzelne Abschnitte in AiA, S. 77; NZZ, S. 80; ST
S. 141 I saw traces in the rainy snow ...
   Q: Wortbild, ohne Titel; MB
S. 142 Himmelblaues Bild mit etwas Humor ...
   Q: Wortbild, ohne Titel; KMW
   E: A, S. 54
S. 142 The more I begin to look at other painters' work ...
   Q: II, 16
S. 143 To stay in Ascona ...
   Q: II, 16
   E: A, S. 54
S. 143 I remember ghosttowns in USA ... / It is difficult to find new words ...
   Q: II, 16
S. 143 Alone. Definition? ...
   Q: V, 5
S. 144 Im Engadin braune Tinte ausgeschüttet ...
   Q: V, 4
   E: Ho, S. XII
S. 144 Unprolific from April to September ...
   Q: V, 4/5
   E: Ho, S. XII (stark gekürzt)
S. 144 Yesterday reaches into today ...
   Q: Notizheft „Livres", November 1957–[Februar] 1958, unpaginiert; Privatbesitz, Zürich
S. 145 J'en faisais des lignes ...
   Q: VI, 13
   E: A, S. 54

S. 145 To be able to work ...
        Q: SB, ohne Titel, undatiert [Dezember 1957–Februar 1958]; JR
S. 145 I shall soon be 40 times one ...
        Q: WF; JT
S. 145 To have a room ...
        Q: Aus einem Wortbild, in: WF; JT
        E: A, Tafel XII (Abbildung des Wortbildes)
S. 145 Wunsch: Farbengedichte von innen her ...
        Q: WF; JT
        E: A, S. 54
S. 146 Ich betrachte meine Collagen als tägliche Übung ...
        Q: WF; JT
S. 146 A body has a secret ...
        Q: WF; JT
S. 146 In all my sketchbooks ...
        Q: Aus einem Wortbild, in: WF; JT
        E: A, S. 56
S. 146 Früher, vor einigen Jahren ...
        Q: WF; JT
S. 147 It was good (and *is*) to *be* alive ...
        Q: Aus einem Wortbild, in: WF; JT
        E: A, Tafel XIV (Abbildung des Wortbildes)
S. 147 Discouraged? Vain? ...
        Q: II, 17
S. 147 Bilder reichen sich Hände ...
        Q: V, 7
S. 147 To act now, to do and undo the decision ...
        Q: Wortbild, in: WF; JT
        E: A, S. 56
S. 147 Farben, ich sehe und fühle sie ...
        Q: V, 6
S. 147 Ich Maler? ...
        Q: V, 6
S. 148 Mehr wie Meer? ...
        Q: V, 7
        E: A, S. 55
S. 148 Japan steht deutlicher da ... / Das Sich-satt-Sehen an Farben ...
        Q: V, 7
S. 148 ... Das Freisein ...
        Q: Brief an Bertie Sekula, VII, 11
        E: A, S. 56
S. 148 Picasso is the *Ein*-stein ...
        Q: Brief an Bertie Sekula, VII, 11
S. 148f. As I cannot enough control myself ... / To reach anonymous collaboration ...
        Q: SB (in Form eines Leporellos), ohne Titel [„Observations"], August 1958–[1961];
        MB

S. 149   The poetry – the writing ...
         Q: VI, 13
         E: A, S. 55
S. 149   Wie klar scheint mir das Unerklärliche.
         Q: II, 17
         E: A, S. 54
S. 149   Wie wichtig sind Geräte ...
         Q: IV, 10
         E: A, S. 54
S. 149   Cherchant une forme ...
         Q: Wortbild, ohne Titel; JR
S. 149   Seeking a nameless night ...
         Q: Wortbild, ohne Titel; JR
         E: A, S. 56
S. 150   It is such a good feeling to quote lines ...
         Q: IV, 11
S. 150   I wonder why old tired people ... / Gebet? Zu was? Zu wem? ... / Wer bin ich? Eine impotente Zornfackel? ... / Bin verbrannt von Zigaretten + betäubt von billigem Wein ...
         Q: SB (in Form eines Leporellos), a.a.O.; MB
S. 150   A difficult dream ... / Let homosexuality be forgiven ...
         Q: II, 18
         E: AiA, S. 77
S. 151   Ich war erledigt ... / Es tut weh Eltern altern zu sehen ...
         Q: I, 18
S. 151   Wie wenig Bücher habe ich bis jetzt gelesen ...
         Q: I, 18
         E: A, S. 56
S. 151   Mehr und mehr *die* Einsamkeit ...
         Q: SB (in Form eines Leporellos), a.a.O.; MB
         E: A, S. 56
S. 151   Adrien [de Menasce] hat nie Glück gebracht ...
         Q: SB (in Form eines Leporellos), a.a.O.; MB
S. 151   I signed my name ...
         Q: II, 19
         E: A, S. 58
S. 152   No humility needed ... / The word god as yet has not been pronounced ...
         Q: II, 19
S. 152   To have visions ... / We are watched ...
         Q: II, 19/20
         E: A, S. 57
S. 152   Yes, the word OM is enough.
         Q: SB (in Form eines Leporellos), a.a.O.; MB
S. 152   Morgenregen – ein Fenster mit Regentropfen ...
         Q: VI, 14
         E: A, S. 57

S. 152 Wenigstens Steine scheinen ungekränkt ...
    Q: SB „Stein Welten Stein Da-Sein", 1961; JR
    E: A, S. 56
S. 152 oiseauendieudelune
    Q: SB „Frühlings Blätter", 1961; MB
    E: A, S. 58
S. 153 Meditation Boxes
    Q: I, 22–24
S. 153 „Incident totale de vie personelle" ...
    Q: VI, 14
S. 154 „Steindrängen" ins Steinlos des Seinlosen.
    Q: SB „Frühlings Blätter", a.a.O.; MB
    E: A, S. 56
S. 154 Gibt es farblose Worte? ...
    Q: SB „Frühlings Blätter", a.a.O.; MB
S. 154 „Juniabendwegstille" ...
    Q: Vermutlich Bildtitel hs. auf Rückseite eines Bildes; SM
S. 154 de douter du doute ... / erreuraccomplisans
    Q: VI, 14
S. 154 c'est bon de revoir le matin ...
    Q: I, 25
S. 154 Je suis multiple en peinture ...
    Q: V, 8
S. 154 mehr und mehr Raum – ...
    Q: SB, ohne Titel [auf dem Umschlag: a Cross and a-cross cross country seaandinward hillplains], Juni 1961–[Dezember 1961]; MJ
S. 155 a Cross and a-cross ...
    Q: ev. Titel auf dem Umschlag von SB, ohne Titel, a.a.O.; MJ
S. 155 Malen. Neuer Gedankengrund neue Ebene ...
    Q: II, 22
    E: A, S. 57
S. 155 Et la couleur de la fleur ...
    Q: V, 8
S. 155 Matin
    Q: VI, 15
S. 156 I think seashells grew once under the mountain ... / I am attached to so much ...
    Q: II, 22
S. 157 Wassermalen Wasserfarben ...
    Q: II, 23
    A: S. 57
S. 157 Viele Pinsel überall ...
    Q: II, 23
S. 157 Wie dankbar ich heute abend bin zu leben ...
    Q: II, 24
    E: ST (gekürzt; ungekürzt in: A, S. 57)

S. 157 Warum Angst und Sorgen vor dem Morgen ...
Q: II, 24
E: A, S. 57
S. 158 Von einer Sprache in die andere rudern ...
Q: II, 24
E: NZZ, S. 50
S. 158 „Dämmerung"
Q: SB, ohne Titel, [September] 1961–[26.2.]1962; JR
S. 158 Ich habe eigentlich jetzt keine Freunde mehr ...
Q: II, 24
S. 158 Wir gingen und gingen ...
Q: II, 25
S. 159 I look for autumn haikus ...
Q: SB, ohne Titel, a.a.O.; JR
S. 159 Un Crucified Buddha
Q: VI, 15
S. 159 Am I a Swiss, or an American painter? ...
Q: VI, 15
E: AiA, S. 77
S. 159 To work for fashion ...
Q: II, 26
E: AiA, S. 77 (nur Abschnitt „I often feel like ... It seems enough.")
S. 160 I hope to die without too much pain ...
Q: II, 26
E: AiA, S. 77
S. 160 Writing looks like ...
Q: Auf der Vorderseite eines Wortbildes (zusammen mit „To learn to live with oneself ... it is November 6, 1961", ohne Titel; BOD
E: A, S. 57
S. 160 To learn to live with oneself ...
Q: Auf der Vorderseite (zusammen mit „Writing looks like ...") und Rückseite eines Wortbildes, ohne Titel; BOD
S. 161 Altogether a Japanese state of being ...
Q: II, 27
S. 161 If they (in Switzerland or elsewhere) needle me ...
Q: II, 27
E: A, S. 58
S. 161 Good work day ...
Q: V, 8
S. 161 No more reading of art magazines ...
Q: M; Gérard Le Coat, Lausanne
E: AiA, S. 78
S. 162 Man kann sich auch anonym *schöpferisch* betätigen ...
Q: I, 25
S. 162 Gestraft für was? ...
Q: SB (in Form eines Leporellos), a.a.O.; MB

S. 162 Unable to paint these days ...
Q: XI, 8/9
E: AiA, S. 78 (stark gekürzt)

S. 163 So much time since so long ...
Q: XI, 9
E: A, S. 60

S. 163 To critics ...
Q: XI, 9

S. 163 Yes, now I try to work ...
Q: XI, 10
E: A, S. 59

S. 163 I seem to live and not to live ...
Q: XI, 10/11
E: AiA, S. 78 (nur gekürzter Teil „I suffer ..."; dieser ungekürzt in: A, S. 60)

S. 164 I wonder why I cannot write ...
Q: XI, 11

S. 164f. To get rid of the person we represent ... / I live once in a while ... / Ich wehre mich noch immer ...
Q: XI, 13

S. 165 Jung sein, alt sein ... und dann? ...
Q: XI, 13
E: NZZ, S. 50

S. 165f. I am fed up with USA and Europe ... / There are funerals ahead ... / Outsider ...
Q: XI, 14

S. 166 But at home I feel they look into me ...
Q: XI, 14/15

S. 166 Waiting for your turn ...
Q: XI, 15
E: A, S. 59

S. 166 Do we need others to clap their hands? ...
Q: XI, 15
E: AiA, S. 78

S. 166 Wahn-Sinn. Herrgott was heisst Sinn? ...
Q: XI, 16
E: A, S. 58

S. 167 Ich war noch nie in einer so trostlosen Lage ...
Q: XI, 17
E: A, S. 59

S. 167 I am learning how to do nothing ...
Q: XI, 18
E: AiA, S. 78 (ungekürzt in: A, S. 59)

S. 167 I cannot say how often it hurts ...
Q: XI, 19
E: AiA, S. 78

S. 167 Immer zögernd, selten frei ...
Q: XI, 19

S. 167 Sehr dankbar, einige Tage in den Bergen zu verbringen ...
        Q: II, 28
        E: NZZ, S. 50
S. 168 In Vaters Zimmer gezogen nach seiner Abfahrt ...
        Q: II, 29
S. 168 Ein Ratschlag bedeutet oft ...
        Q: II, 29
        E: NZZ, S. 50
S. 168 Selbstbeherrschung. Schweigen. Lächeln ...
        Q: II, 29
        E: A, S. 58
S. 168 „Am Anfang war das Wort" ... / Die Berg-Welt, die Welt des Meeres ... / Frage: Hatte einen schmerzhaften Traum ...
        Q: II, 29/30
S. 169 Das sind alles Worte ... / Und die Luft, der Wind ... / Was soll das Wort „leer" bedeuten ...
        Q: II, 30
        E: A, S. 59, 58, 59
S. 169 Nicht mehr zweifeln ...
        Q: II, 31
S. 169 Viele Worte, so wie „einbegriffen" ... / Steril? Ja sehr oft fast vertrocknet ...
        Q: II, 32
        E: A, S. 58, 59
S. 170 Habe noch immer eine Riesenkartonschachtel im Atelier ...
        Q: I, 24
S. 170 Mein treuester bester Lebensgefährte war und ist Mutter ...
        Q: II, 32
        E: ST (leicht gekürzt; ungekürzt in: A, S. 59)
S. 170 Nie genug davon zu haben ...
        Q: II, 32
        E: A, S. 59
S. 170 Ich wirke ohne Scham ... / Im Schaffen selbst ...
        Q: I, 26
        E: A, S. 58
S. 171 ... Humans, may they be as intelligent as halfgods ...
        Q: Brief an Bertie Sekula, geschrieben 1937–1939 im Sarah Lawrence College, Bronxville, VII, 12
S. 171 I am influenced by Gertrude Stein in my writing + in my thinking ...
        Q: Auswahl aus Randnotizen, vermutlich 1941–1942 entstanden, in Gertrude Stein: „Lectures in America". – New York: Random House 1935; Roger Perret, Zürich
S. 171 Sometimes feeling far from humble ...
        Q: X, 6
S. 172 Qu'est-ce, l'art? Un phénomène, sans plus ...
        Q: Wortbild. Titel, Datum und Standort unbekannt. Übersetzt aus dem Deutschen. Zit. nach Jacques-Edouard Berger: „L'artiste américaine Sonja Sekula à la Galerie Wiebenga, à Epalinges", „Tribune de Lausanne", 1.5.1967

S. 172 Ordnung machen im eigenen Gedankenreich …
    Q: X, 6
S. 172 Haiku to me means …
    Q: Brief an Bertie oder Béla Sekula, VII, 14
S. 172 Meine letzten Bilder tragen ganz neue (für mich) Farben …
    Q: M, vermutlich Handschrift von Bertie Sekula, ohne Titel; MB
S. 172 Menschen, Fussspuren im Sand …
    Q: VIII, 6
S. 173 Von allen Wegen …
    Q: MBB (datiert 21.9.; vermutlich 1950 entstanden); MJ
S. 173 Mehr + mehr denke ich an den Klang vom Wind …
    Q: MBB (vermutlich 1949/1950 entstanden); MJ
S. 174 Das Beginnen der Finsternis in der Sonnenblume …
    Q: Wortbild auf dem Titelblatt von MBB (vermutlich im Januar 1951 entstanden); MJ
S. 174 Du bist so wie die Steinblumen …
    Q: Wortbild in: MBB (vermutlich im Januar 1951 entstanden); MJ
S. 174 Du lebst mit Geistern, höhnen sie …
    Q: VIII, 7
S. 174f. Hilfe, Hilfe, schreit der Adler … / Ist diese Prüfung ohne Ende? …
    Q: X, 2 (vermutlich 1939 entstanden)
    E: A, S. 61
S. 175 …ich bin ein Wesen das eine versteckte Höhle möchte …
    Q: Brief an Bertie oder Béla Sekula, VII, 14
    E: A, S. 61
S. 175 Warnung? Geheimnis? …
    Q: X, 2 (vermutlich 1939 entstanden)
    E: ST

Anmerkungen zu den Wortbildern

Wie in den „Anmerkungen zu den Texten" werden die Quelle, das heisst die Überlieferung der Bildvorlage und der Name der Besitzerin oder des Besitzers, sowie gegebenenfalls der Ort und das Datum der Erstpublikation angegeben. Fehlen die letzteren Angaben, ist das Wortbild unveröffentlicht. Betreffend die verwendeten Abkürzungen siehe „Anmerkungen zu den Texten".

I		Never complain!, 1951
		Q: Roger Perret, Zürich
		E: A, S. 20
II		Ohne Titel [„Le papillon aigu retournait dans sa ville …"], 1945
		Q: Roger Perret, Zürich
III		Ohne Titel [„Toward spring when all rivers were full …"], 1946/1947
		Q: Privatbesitz, Rolle
		E: A, S. 14 (unter dem Titel „After Return from Santa Fe")
IV		Ohne Titel [„Smalltalk and sitting with some-body …"], undatiert [1951]
		Q: STB; BOD
V		Ohne Titel [„… unfinished, but an even-evening feeling in it …"], undatiert [1951]
		Q: STB; BOD
VI		Ohne Titel [„Come back to me …"], undatiert [1951]
		Q: STB; BOD
VII		Ohne Titel [„To err … or to have a few gods in error …"], undatiert [1951]
		Q: STB; BOD
		Siehe Texte aus STB, S. 117–119
VIII		Ohne Titel [„This is a beginning of a many … languag … ed poem for Manina …"], Januar 1951
		Q: MBB; MJ
IX		Ohne Titel [„Und das Blut im Herzen der Engel ist zu einem Flügel geworden …"], undatiert [Januar 1951]
		Q: MBB; MJ
X		Ohne Titel [„In den Sonnenblumen, da kann ich dich finden …"], undatiert [Januar 1951]
		Q: MBB; MJ
		Siehe Texte aus MBB, S. 8–9, 16, 80–83, 88–89, 95–96, 173–174
XI		Ohne Titel [„Is there a stop to soul …"], 28.12.1951
		Q: Privatbesitz, Zürich
XII		Ohne Titel [„The Fireflies are the saints …"], Mai 1952
		Q: Kaba Roessler, Diesbach
XIII		Ohne Titel [„Miserere mei Deus …"], 1952
		Q: JR
XIV		Ohne Titel [„Elle pleurait souvent sans savoir pourquoi …"], Januar 1953
		Q: SM
		E: A, S. 51

XV	Ohne Titel [„Fenêtre des amis ..."], 1953 Q: SM E: A, S. 51
XVI	Ohne Titel [„Junemonth of Roses ..."], 1954 Q: SB „Sketchbook or paint-like-diary", W[est]port, Mai–Juni 1954, unpaginiert; Ferdinand Bösch, Luzern E: A, Tafel I
XVII	Ohne Titel [„a HOME a Room a man a name ..."], 1954 Q: SB „Sketchbook or paint-like-diary", a.a.O.; Ferdinand Bösch, Luzern E: A, Tafel II
XVIII	Ohne Titel [„spielen immer wieder spielen müssen und dürfen ..."], 1954 Q: SB „Sketchbook or paint-like-diary", a.a.O.; Ferdinand Bösch, Luzern
XIX	Ohne Titel [„mon dieu c'est si difficile et si incroyablement merveilleux de VIVRE ..."], undatiert [Mai–Juni 1954] Q: SB „Sketchbook or paint-like-diary", a.a.O.; Ferdinand Bösch, Luzern
XX	Ohne Titel [„Sanskrit – sans écriture ..."], 1954 Q: SB „Sketchbook or paint-like-diary", a.a.O.; Ferdinand Bösch, Luzern E: A, Tafel III
XXI	Ohne Titel [„Dichtes Dichter ..."], 1954 Q: SB „Sketchbook or paint-like-diary", a.a.O.; Ferdinand Bösch, Luzern E: A, Tafel VI
XXII	Ohne Titel [„TakeitorleaveIt ..."], undatiert [1954–1955] Q: SB „Various a whole Fin + InFinito Sketchings", 1954–1955; The Museum of Modern Art, New York. Alva Gimbel Fund, D.S. and R.H. Gottesman Foundation Fund, Sadie A. May Fund, John S. Newberry Fund, Mrs. E.B. Parkinson Fund.
XXIII	Ohne Titel [„One like no-one ..."], undatiert [1954–1955] Q: SB „Various a whole Fin + InFinito Sketchings", 1954–1955; The Museum of Modern Art, New York, a.a.O.
XXIV	Ohne Titel [„Très doucement ..."], undatiert [1954–1955] Q: SB „Various a whole Fin + InFinito Sketchings", 1954–1955; The Museum of Modern Art, New York, a.a.O.
XXV	Wordless forword for 3 orphans, 1952 Q: Mehrteiliges Wortbild (nicht veröffentlicht: auf der Rückseite des links abgebildeten Blattes eine Kreuzformvariante, verdeckt von einem Blatt mit einer weiteren Kreuzform, das, von vorn gesehen, an den rechten Rand des linken Blattes geklebt ist); JR
XXVI	Ohne Titel [„Sand Uhren ..."; Titel ev. „Peinture comme dans le temps tout à coup"], undatiert [1955] Q: Erica Steiner, Küsnacht
XXVII	Ohne Titel [„Wie viele Jahre ..."], August 1955 Q: MB E: A, S. 61
XXVIII	Ohne Titel [„Fahnen, Segelformen ..."], 24.3.1957 Q: MB E: A, S. 55

XXIX	Selfdictionary, April 1957
	Q: Rudolf Johannes Haller, Friedburg
	E: A, S. 49 (Teilabbildung)
XXX	Ohne Titel [„Jede Linie enthält einen Gedanken"], 9.4.1957
	Q: Rudolf Johannes Haller, Friedburg
	E: AiA, S. 76
XXXI	Ohne Titel [„I love *this* color ..."], [8./9.4.]1957
	Q: Rudolf Johannes Haller, Friedburg
	Vgl. zu Tafeln XXIX–XXXI Brief von Sonja Sekula an Alice Rahon, [St. Moritz], 12.4.1957 (Nachlass Alice Rahon, Lourdes Andrade, Mexico City): „Am working much and with silence and active thought – also write a daily journal about all that has to do with painting and work. Write with pencil on oil prepared thin paper pages – it all looks like 1957 or like the year 0."
	Siehe auch Texte, S. 135–141
XXXII	Etude pour mots, November 1957
	Q: SB, ohne Titel, 1957; KMW
XXXIII	Authentic begging, 17.12.1957
	Q: SB, ohne Titel, 1957; KMW
	E: du, S. 58
XXXIV	Ohne Titel [„Das unerwartete Verstandenwerden ..."], 15.12.1957
	Q: SB, ohne Titel, 1957; KMW
	E: A, S. 53 (nur Text)
XXXV	Ohne Titel [„This spot came by itself ..."], Dezember 1957
	Q: SB, ohne Titel, 1957.; KMW
XXXVI	Ohne Titel [„‚A fine day of autumn ...'"], 1957
	Q: JR
XXXVII	Stille –, 20.1.1958
	Q: KMW
	E: A, S. 19
XXXVIII	Ohne Titel [„A. Breton: ‚on dirait qu'on bat des cartes ...'"], St. Moritz, 11.2.1958
	Q: WF; JT
	E: A, Tafel VIII
	Zitat „on dirait qu'on bat des cartes de miroir dans l'ombre" aus: „Les états généraux"; in André Breton: „Poèmes". – Paris: 1948, S. 215.
XXXIX	Ohne Titel [„Aufgabe an einen Schüler ..."], 12.2.1958
	Q: WF; JT
	E: A, Tafel IX
XL	Ohne Titel [„advise to myself coming back as a young artist ..."], 18.2.1958
	Q: WF; JT
	E: A, S. 45
XLI	Ohne Titel [„(force of gravity) ..."], März 1958
	Q: WF; JT
XLII	Ohne Titel [„Change with the change ..."], März 1958]
	Q: WF; JT
	E: A, Tafel XI

XLIII	Ohne Titel [„I am one who eats his breakfast ..."], 13.3.1958 Q: WF; JT E: A, S. 65
XLIV	Ohne Titel [„maintenant l'or ..."; Titel ev. „color-thought-less"], Juni 1958 Q: WF; JT Siehe Texte aus WF, S. 145–147
XLV	Ohne Titel [„Could the conception of Timelessness ..."], April 1957 Q: BOD
XLVI	Ohne Titel [„To go into the deep ..."], Juli 1958 Q: Privatbesitz, Zürich
XLVII	Ohne Titel [„Die Stille, so wie Dein Wille ..."], undatiert Q: MJ
XLVIII	Ohne Titel [„Poème ..."], 9.7.1961 Q: SB, ohne Titel [ev. Titel auf dem Umschlag: „a Cross and a-cross cross country seaandinward hillplains"], Juni 1961–[Dezember 1961]; MJ
XLIX	Prière à A, 16.7.1961 Q: SB, ohne Titel, a.a.O.; MJ
L	Ohne Titel [„Let them keep Their cash ..."], 30.7.1961 Q: SB, ohne Titel, a.a.O.; MJ
LI	Ohne Titel [„The pasania Desired by me ..."], 19.7.1961 Q: SB, ohne Titel, a.a.O.; MJ Das Gedicht stammt, gemäss R.H. Blyth: „Haiku. Volume 3: Summer–Autumn". – Tokyo/South San Francisco: 1982, S. 841, nicht von Bashô, sondern aus „Genji Monogatari". Sonja Sekula hat es nach der 1949–1952 erschienenen Erstausgabe des vierbändigen Werkes von Blyth zitiert. Siehe Texte aus diesem SB, S. 154–155
LII	Ohne Titel [„Among the winter trees ..."], undatiert [September 1961–26.2.1962] Q: SB, ohne Titel, [September]1961–[26.2.]1962; JR
LIII	Ohne Titel [„To paint *It* and to see *That* ..."], Zürich, 6.11.1961 Q: SB, ohne Titel, a.a.O.; JR Siehe Text „Dämmerung" aus diesem SB, S. 158
LIV	Ohne Titel [„Erste Zeichnungsschritte mit Pinseltasten ..."], 12.6.1961 Q: SB „Signes à moi et à mon intuition d'une rencontre inattendue de l'Asie", 1961; The Museum of Modern Art, New York. Christopher Tietze Fund
LV	Ohne Titel, undatiert [um 1955] Q: Saint-John Perse: „Vents". – Paris: 1946 (mit 13 „Illustrationen"); Privatbesitz, Zürich
LVI	Ohne Titel, undatiert [um 1955] Q: Saint-John Perse: „Vents", a.a.O.; Privatbesitz, Zürich

Nachweis der Fotografien

Die Zahlen entsprechen den Nummern der Abbildungen.

Bibliothèque publique et universitaire, Fonds Denis de Rougemont, Neuchâtel
15
Max Bolliger, Weesen
20, 21
John Heliker, New York
19
Kunstmuseum Winterthur
5, 7
Sarah Lawrence College, Bronxville, New York
10 (aus: „College yearbook", 1939), 11
Manon, Zürich
23
Sylvia Mosimann, Aeschi
2, 4, 24
Gordon Onslow Ford, Inverness, California
17, 18
Roger Perret, Zürich
6, 12, 13, 14, 22
Privatbesitz, Zürich
8
Galerie Patrick Roy, Lausanne
16 (Foto: André de Dienes. Aus: Einladungskarte zur Ausstellung „Sonja Sekula",
Galerie Patrick Roy, Lausanne, 1984)
Anne Marie Sekula, Santa Fe, New Mexico
1, 9, 25
Stadtarchiv Luzern
3

Bibliographie

Primärliteratur
Erstdruck von Texten; die diesbezügliche Seitenzahl steht in Klammern, wenn nicht nur Texte von Sonja Sekula publiziert sind.

Sekula, Sonja: Womb [= Gedicht und Zeichnung], VVV, New York, Nr. 2–3, März 1943, S. 67.
-: [Aus Tagebuch-Aufzeichnungen]. Eingeleitet und hg. von Max Bolliger, Hortulus. Illustrierte Zweimonatsschrift für neue Dichtung, St. Gallen, 2. Heft, April 1963, S. XI–XII und lose Bildbeilage (S. XII).
-: Was ist denn das, Wirklichkeit? Aus den Aufzeichnungen. Mit drei Abb. Eingeleitet und hg. von Max Bolliger, du. Kulturelle Monatsschrift, Zürich, Januar 1964, S. 56–58 (S. 58).
-: Sechs Serigraphien. Aus Tagebüchern. Eingeleitet von Max Bolliger und hg. von Bertie Sekula. – [Zürich]: 1967 [unpaginiert; Auflage: 50 Ex.].
-: Journals, in: Foote, Nancy (Hg.): Who was Sonja Sekula? Mit 12 Abb., Art in America, New York, Nr. 5, September–Oktober 1971, S. 73–80 (S. 76–78, 80).
-: Zwei Gedichte. Aus den Tagebüchern. Mit 1 Abb. Eingeleitet und hg. von Roger Perret, Neue Zürcher Zeitung, Nr. 165, 18./19.7.1992, S. 50.
-: Texte und Wortbilder. [Zwei Briefe]. Mit 43 Abb. Eingeleitet und hg. von Roger Perret, Die Affenschaukel. Literaturmagazin, Zwillikon, Nr. 16, 1992, S. 4–67 (S. 28–36, 47–63).

Sekundärliteratur
Auswahl von Aufsätzen, Kritiken, Erwähnungen in Büchern und Zeitschriften; ohne Ausstellungsbesprechungen.

Aikman, Cicely: An artist speaks: Sonia Sekula, The League, New York, Winter 1945–1946, S. 2, 13.
Indig, Otto: Kánikula. – [Budapest]: Franklin-Társulat [1947] [deutsche Übersetzung [?] Hochsommer (auch Riviera Hochsommer), Typoskript, 146 Seiten, Privatbesitz, Zürich; ev. engl. Übersetzung Dog days; keine Ausgaben in Buchform ermittelt].
Small, Verna: The artist: Earning, Mademoiselle, New York, Nr. 3, Juli 1952, S. 76–79, 109–111.
Cage, John: Silence. Lectures and Writings. – Middletown/Conn.: Wesleyan University Press 1961, S. 56, 193, 273.
Bolliger, Max: Sonja Sekula. Zur Bildbeilage dieses Heftes, Hortulus, St. Gallen, 2. Heft, April 1963, S. XI–XII.
Bolliger, Max: Über Sonja Sekula, du, Zürich, Januar 1964, S. 57–58.
Moholy, Lucia: „Immer wieder Geduld und Abwarten und viel Stille". Erinnerung an die Malerin Sonja Sekula, Die Weltwoche, Zürich, Nr. 1589, 24.4.1964, S. 35.
Bolliger, Max: Chinesische Prinzessin, in: Texte. Prosa junger Schweizer Autoren. Hg. von Hugo Leber. – Einsiedeln/Zürich/Köln: Benziger 1964, S. 59–63.
Bolliger, Max: Sonja Sekula, in: Sekula, Bertie (Hg.): Sechs Serigraphien. Aus Tagebüchern. – [Zürich]: 1967.

Duits, Charles: André Breton a-t-il dit passe. – Paris: Editions Denoël 1969, S. 101 f., 113, 125, 131 ff.
O'Doherty, Brian: [Einleitung], in: Foote, Nancy (Hg.): Who was Sonja Sekula?, Art in America, New York, Nr. 5, September–Oktober 1971, S. 74.
Foote, Nancy: Biography, in: Foote, Nancy: Who was Sonja Sekula?, a.a.O., S. 75.
Kantor, Morris: [Comment], in: Foote, Nancy: Who was Sonja Sekula?, a.a.O., S. 79.
Cage, John: [Comment], in: Foote, Nancy: Who was Sonja Sekula?, a.a.O., S. 79.
Hare, David: [Comment], in: Foote, Nancy: Who was Sonja Sekula?, a.a.O., S. 79.
Motherwell, Robert: [Comment], in: Foote, Nancy: Who was Sonja Sekula?, a.a.O., S. 79.
Lippold, Richard: [Comment], in: Foote, Nancy: Who was Sonja Sekula?, a.a.O., S. 79.
Feldman, Morton: [Comment], in: Foote, Nancy: Who was Sonja Sekula?, a.a.O., S. 79.
Parsons, Betty: [Comment], in: Foote, Nancy: Who was Sonja Sekula?, a.a.O., S. 79.
Nin, Anaïs: The Journals of Anaïs Nin 1944–1947. Edited and with a preface by Gunther Stuhlman. – London: Peter Owen 1972, S. 103, 112.
Gibson, Anne: Painting outside the paradigm: Indian space, Arts Magazine, February 1983, S. 98–104.
[Lesschaeve, Jacqueline]: The Dancer and the Dance. Merce Cunningham in Conversation with Jacqueline Lesschaeve. – New York/London: Marion Boyars 1985, S. 52, 83, 232.
Mann, Klaus: Tagebücher 1936–1937. Hg. von Joachim Heimannsberg, Peter Laemmle und Wilfried F. Schoeller. – München: edition spangenberg 1990, S. 10 ff., 90.
Waldberg, Patrick/Waldberg, Isabelle: Un amour acéphale. Correspondance 1940–1949. Edition établie et présentée par Michel Waldberg. – Paris: Editions de la Différence 1992, S. 109, 135, 174, 190.
Perret, Roger: „Ein schönes, weisses Warten". Die Malerin und Schriftstellerin Sonja Sekula, Neue Zürcher Zeitung, Nr. 165, 18./19.7.1992, S. 50.
Perret, Roger: „Auf Bedeutungsjagd, auf Bedeutungsflucht". Die Wort- und Farbkünstlerin Sonja Sekula, Die Affenschaukel, Nr. 16, 1992, S. 5–25.
Loriol, Christine: Domino für eine fast Vergessene, Annabelle, Zürich, Nr. 8, 8.4.1993.
Rutka, Georg: Wiederbegegnung mit einer fast Vergessenen. Lesung im Kunstmuseum Winterthur: Texte der Künstlerin Sonja Sekula, Der Landbote, Winterthur, Nr. 92, 23.4.1993.
Köchli, Yvonne-Denise: In New York hat jeder eine Story über sie. Zur Wiederentdeckung der Luzerner Wort- und Farbkünstlerin Sonja Sekula (1918–1963), Die Weltwoche, Zürich, Nr. 1, 6.1.1994, S. 11.
Vogel, Maria: Die vergessene Malerin Sonja Sekula. Aus der Sammlung des Kunstmuseums Luzern, Luzerner Zeitung, 30.8.1994.
Gibson, Ann: Lesbian Identity and the Politics of Representation in Betty Parsons's Gallery, Journal of Homosexuality, Nr. 1–2, 1994, S. 245–270.
Wanner, Kurt: Der Himmel schon südlich, die Luft aber frisch. Schriftsteller, Maler, Musiker und ihre Zeit in Graubünden 1800–1950. – Chur: Verlag Bündner Monatsblatt 1994, S. 443 ff.
Matheson, Sonja: Wie klar scheint mir das Unerklärliche. Zu einer Hommage an Sonja Sekula (1918–1963), Der kleine Bund, Bern, Nr. 5, 7.1.1995, S. 6.
Gibson, Ann: Universality and Difference in Women's Abstract Painting: Krasner, Ryan, Sekula, Piper and Streat, The Yale Journal of Criticism, Nr. 8, 1995, S. 103–132.

Biographie

1918

Am 8. April wird Sonja Sekula in Luzern geboren. Vater: Béla Sekula (1881–1966), aus Ungarn stammend. Arbeitet als Briefmarkenhändler. Mutter: Bertie (1896–1980), geborene Huguenin. Die Familie wohnt in der nach der Geburt Sonjas gemieteten Villa Sonnenhof in Luzern. Im gleichen Haus leben auch zwei ältere Kinder aus einer früheren Ehe des Vaters: Hedy und Karl.

1925–1930

Wahrscheinlich Besuch der Privatschule Brun in Luzern.

1930–1931

Schuljahr in Zuoz.

1932–1933

Besucht die städtische Handelsschule in Luzern.

1933–1934

Besuch des Hochalpinen Töchterinstituts in Ftan.

1934–1936

Kunst- und Sprachstudien in Florenz und Ungarn.

1935

Lernt um diese Zeit die Schriftstellerin und Fotojournalistin Annemarie Schwarzenbach kennen und verliebt sich in sie.

1936

Am 23. September schifft sich die Familie nach Amerika ein. Die Sekulas lassen sich in der Nachbarschaft des Malers George Grosz in Douglaston, Long Island, nieder.

1937

Nimmt Malunterricht in der Privatschule von George Grosz. Ab September besucht sie das Sarah Lawrence College in Bronxville, New York.

1938

Um diese Zeit zieht die Familie Sekula an die 400 Park Avenue in New York. Selbstmordversuch Sonjas, vielleicht während oder nach einer Europareise.

1939

Am 8. März muss sie nach einem Zusammenbruch das Studium am College

abbrechen und sich zur Behandlung in die psychiatrische Klinik des New York Hospital in White Plains, New York, begeben. Vermutlich noch in diesem Jahr ziehen die Eltern nach Scarsdale bei White Plains, wohl um in der Nähe ihrer Tochter zu sein.

1940
Sonja kann hin und wieder die Klinik verlassen, um die Eltern zu besuchen oder mit Freunden auszugehen. Ab Sommer wohnen die Sekulas in Westport, Connecticut.

1941
Sie wird im Frühling aus der Klinik entlassen und nimmt das Kunststudium an der Art Students League in New York auf.

1942
Ab diesem Jahr wohnt sie mit den Eltern an der 399 Park Avenue in New York. Als Sommersitz wird später ein Haus am Asharoken Beach in Northport, Long Island, gemietet. Lernt den Kreis der im amerikanischen Exil lebenden Surrealisten um André Breton kennen. Näher bekannt oder befreundet ist sie unter anderem mit Marcel Duchamp, Roberto Matta, Max Ernst und den amerikanischen Künstlern David Hare und Robert Motherwell.

1943
Beteiligung an zwei Gruppenausstellungen in Peggy Guggenheims Galerie Art of This Century in New York. Erste und einzige Publikation eines Textes zu Lebzeiten in der Zeitschrift VVV.

1945
Hält sich vermutlich im Sommer für einige Zeit in der New Yorker Wohnung André Bretons auf. Im September reist sie mit der Malerin Alice Rahon, in die sie verliebt ist, durch Mexiko.

1946
Erste Einzelausstellung in Art of This Century. Ab Herbst Aufenthalt in einem Haus in der Nähe von Santa Fe in New Mexico.

1947
Reist von New Mexico nach Mexiko weiter, wo sie von April bis Juni den englischen Maler Gordon Onslow Ford in Erongaricuaro am Patzcuaro-See besucht, den sie wie Frida Kahlo und andere in Mexiko lebende Künstlerinnen und Künstler vermutlich durch Alice Rahon kennengelernt hat. Rückkehr nach New York. Lernt den Komponisten John Cage kennen und wohnt

ab 5. November mit ihm und dem Tänzer Merce Cunningham in einem Haus an der 326 Monroe Street in New York. Um 1950 zieht dort auch der Komponist Morton Feldman ein.

1948
Erste von fünf Ausstellungen in der Betty Parsons Gallery in New York, mit der sie einen Vertrag abschliesst.

1949–1950
Im Frühling Aufbruch zu einer fast zweijährigen Europareise. Hält sich vor allem in Paris auf, von wo aus sie unter anderem St. Moritz, St-Tropez, Rom, Athen, London, Tanger und die spanisch-marokkanische Wüste besucht.

1951
Im April erleidet sie am Tag nach der Eröffnung ihrer Ausstellung bei Betty Parsons einen Zusammenbruch und muss in die Klinik in White Plains gebracht werden. Gegen Ende des Jahres kann sie das Spital wieder verlassen. Gibt die Wohnung an der Monroe Street auf, die vom Künstler Richard Lippold übernommen wird, und zieht zu den Eltern an die Park Avenue.

1952
Vermutlich im Sommer wieder in der Klinik in White Plains. Im Herbst reist sie mit der Mutter in die Schweiz und tritt in das Sanatorium Bellevue in Kreuzlingen ein.

1953
Im Januar gibt Béla Sekula die Wohnung an der Park Avenue auf und lagert die Bilder seiner Tochter ein. Behält noch jahrelang sein Büro an der 22 East 29th Street. Im Herbst verlässt Sonja Sekula die Klinik in Kreuzlingen und wohnt mit der Mutter in der Pension Tiefenau in Zürich.

1954
Im Januar wieder in New York. Im Mai Eintritt in die Klinik Hall Brooke in Westport, Connecticut. Die Eltern wohnen im Hotel Seville in New York.

1955
Im März verlässt sie die Klinik in Westport. Rückkehr mit den Eltern in die Schweiz. Die Familie wohnt in der Pension Tiefenau in Zürich, ab Sommer im Chalet Opel in St. Moritz. Am 1. Dezember beziehen die Sekulas eine eigene Wohnung im Haus Heimat in St. Moritz-Bad, wo Sonja Sekula zeitweise auch ein Atelier hat.

1956
Aufenthalt im Sanatorium Bellevue in Kreuzlingen. Im November/Dezember wohnt sie in der Pension Tiefenau in Zürich.
1957
Erste Einzelausstellung in der Schweiz in der Galerie Palette in Zürich und letzte Ausstellung bei Betty Parsons in New York. Vermutlich im Sommer wieder in der Klinik in Kreuzlingen. Im Herbst Aufenthalt in Ascona.
1958
Im April Umzug mit den Eltern nach Zürich an die Steinwiesstrasse 18, wo Sonja Sekula im Souterrain des Hauses ein (Wohn-)Atelier bezieht. Der ihr von New York bekannte Zen-Philosoph Alan Watts besucht sie in Zürich. Im Herbst muss sie die Klinik Hohenegg in Meilen aufsuchen.
1959
Kann erst im Mai die Klinik wieder verlassen.
1960
Auflösung des Vertrages mit der Betty Parsons Gallery. Im Frühling ist sie wieder in der Klinik Hohenegg; vom 8. August bis 20. Dezember in der Privatklinik Wyss in Münchenbuchsee.
1961
Der mit ihr bekannte Maler Wifredo Lam und Alice Rahon besuchen Sonja Sekula in Zürich. Im Mai muss sie die Klinik in Münchenbuchsee aufsuchen.
1962
Der mit ihr befreundete amerikanische Schriftsteller William Goyen besucht sie. Vermutlich von April bis Juli Aufenthalt in der Klinik Hohenegg.
1963
Erneut in der Klinik Hohenegg. Am 25. April Selbstmord in Zürich. Sonja Sekula liegt begraben auf dem Friedhof Somplaz in St. Moritz.

Dank

Dieses Buch ist dem Andenken an die Galeristin Suzanne Bollag (1917–1995) gewidmet, die sich unermüdlich für das Werk von Sonja Sekula eingesetzt hat und ohne deren Vermittlung ich es nicht kennengelernt hätte.
Ohne die Ermunterung und grosszügige Unterstützung von Max Bolliger, Weesen, Lilly Frey, Zürich, Suzanne Huguenin, Menzingen/New York, und Dieter Schwarz, Kunstmuseum Winterthur, hätte dieses Buch nicht realisiert werden können.
Ihnen und nachstehenden Personen und Institutionen danke ich herzlich für Texte, Bilder, Dokumente und Informationen:
Lourdes Andrade, Mexico City; Archives of American Art, Smithsonian Institution, Washington D.C.; The Art Students League, New York; Ferdinand Bösch, Luzern; Hans Bolliger, Zürich; John Cage†; Cunningham Dance Foundation, New York; Hilda Dalvit, Zürich; Schweizer Generalkonsulat, New York; Ann Gibson, State University of New York, Stony Brook, New York; Willi Goetschel, New York; Anne Marie Goldschmidt, Menton; Roland Gretler, Zürich; Peggy Guggenheim Collection/The Solomon R. Guggenheim Foundation, Venedig; Rudolf Johannes Haller, Friedburg; John Heliker, New York; Hochalpines Institut, Ftan; Henry Huguenin, Vésenaz; Schweiz. Institut für Kunstwissenschaft, Zürich; Manina Jouffroy, Venedig; Kunstmuseum Winterthur; Sarah Lawrence College, Bronxville, New York; Gérard Le Coat, Lausanne; Manon, Zürich; Marlies May, Gipf-Oberfrick; Sylvia Mosimann, Aeschi; The Museum of Modern Art, New York; Brian O'Doherty, New York; Gordon Onslow Ford, Inverness, California; Gabriella Padovan, Zürich; Jean Ramsperger; Andreas Reges, Kriens; Kaba Roessler, Diesbach; Anne Rotzler†; Galerie Patrick Roy, Lausanne; Peter Seinet, Luzern; Anne Marie Sekula, Santa Fe, New Mexico; Jeffrey C. Sekula, Knoxville, Tennessee; Rodolphe Sekula, Zollikofen; Stadtarchiv Luzern; Jules Stauber, Schwaig bei Nürnberg; Erica Steiner, Küsnacht; Angela Thomas Bill, Zumikon; Jana Tucek, Meilen; Linda Wheeler, Hoover Institution on War, Revolution and Peace, Stanford, California; Privatklinik Wyss, Münchenbuchsee; The Jane Vorhees Zimmerli Art Museum, New Brunswick, New Jersey; Galerie Zodiaque, Yvette Peillex, Perroy, sowie Leihgeberinnen und Leihgebern, die namentlich nicht genannt werden wollen.
Ebenfalls danken möchte ich Jacqueline Dougoud für die Durchsicht der Texte, Bettina Kobold für die Übersetzungen, Martin Peer für die Fotografien, Elisabeth Wandeler-Deck für den Gedankenaustausch über Sonja Sekula und dem Lenos Verlag für sein grosses Engagement.

Roger Perret

Annemarie Schwarzenbach im Lenos Verlag

Lyrische Novelle
Mit einem Essay von Roger Perret
147 Seiten, gebunden
auch als Taschenbuch erhältlich: Lenos Pocket, Band 14

Bei diesem Regen
Erzählungen
Mit einem Nachwort von Roger Perret
248 Seiten, gebunden
auch als Taschenbuch erhältlich: Lenos Pocket, Band 33

Auf der Schattenseite
Ausgewählte Reportagen, Feuilletons und Fotografien 1933–1942
Mit einem Nachwort von Regina Dieterle
389 Seiten plus 64 Seiten Bildtafeln, broschiert

Jenseits von New York
Ausgewählte Reportagen, Feuilletons und Fotografien aus den USA 1936–1938
Mit einem Nachwort von Roger Perret
191 Seiten, broschiert

Tod in Persien
Mit einem Essay von Roger Perret
151 Seiten, gebunden

Freunde um Bernhard
Roman
Mit einem Nachwort von Michael Töteberg
198 Seiten, broschiert
Lenos Pocket, Band 16